U0548245

POSITIVE DISCIPLINE
for Single Parents

单亲家庭的
正面管教

让单亲家庭的孩子健康、快乐、茁壮成长

[美] 简·尼尔森　谢丽尔·欧文　卡萝尔·德尔泽尔◎著
杨淼　张丛林　林展◎译

北京联合出版公司
Beijing United Publishing Co.,Ltd.

图书在版编目（CIP）数据

单亲家庭的正面管教 /（美）简·尼尔森（Jane Nelsen），（美）谢丽尔·欧文（Cheryl Erwin），（美）卡萝尔·德尔泽尔（Carol Delzer）著；杨森，张丛林，林展译.—北京：北京联合出版公司，2017.8（2022.5 重印）
ISBN 978-7-5502-9992-4

Ⅰ.①单… Ⅱ.①简… ②谢… ③卡… ④杨… ⑤张… ⑥林… Ⅲ.①家庭教育 Ⅳ.①G78

中国版本图书馆 CIP 数据核字（2017）第 063480 号

POSITIVE DISCIPLINE FOR SINGLE PARENTS: Nurturing Cooperation, Respect, and Joy in Your Single - Parent Family —Revised and Updated 2nd Edition
By Jane Nelson, Cheryl Erwin, and Carol Delzer

单亲家庭的正面管教
作　　者：［美］简·尼尔森　谢丽尔·欧文　卡萝尔·德尔泽尔
译　　者：杨森　张丛林　林展
选题策划：北京天略图书有限公司
责任编辑：管文
特约编辑：高雪鹏
责任校对：阴保全

北京联合出版公司出版
（北京市西城区德外大街 83 号楼 9 层　100088）
（北京联合天畅发行公司发行）
水印书香（唐山）印刷有限公司印刷　新华书店经销
字数 280 千字　787 毫米 × 1092 毫米　1/16　20.25 印张
2017 年 8 月第 1 版　2022 年 5 月第 8 次印刷
ISBN 978-7-5502-9992-4
定价：37.00 元

献给卡萝尔，她让我相信了单亲父母有特殊的需求；献给谢丽尔，她支持单亲家庭不是破碎家庭的见解。她们两位都为自己的孩子提供了一个温暖舒适并赋予孩子力量的家，是单亲父母的杰出榜样。

——简·尼尔森

献给我的儿子菲利普，他给我带来了那么多快乐；献给汤姆，他的勇于改变使得这本书成为可能。

——谢丽尔·欧文

献给我女儿杰西卡，感谢她给我的所有灵感；献给她的父亲，感谢他为了帮助我做好一名单亲妈妈所给予的合作。

——卡萝尔·德尔泽尔

引 言

单亲家庭：启程

在本书第一次出版以来的这些年中，单亲养育的一些情况已经发生了变化，然而，很多事情没有变。统计数据没有变：大约一半的婚姻仍然以离婚收场，而且，美国人口普查局的数据显示，约有 59% 的美国儿童都会在一个单亲家庭中度过一段时光。

拥有孩子们的监护权的单亲爸爸比以前更常见了，一个评估报告声称，从 1996 年到 1999 年，拥有监护权的单亲爸爸的人数增加了 25%。像朱迪·福斯特①和罗茜·欧唐内②那样的名人们让人们注意到了这个事实，即，有些成年人选择做一名单亲父母——并且，喜欢这样。

电视中的单亲父母更多了。曾经有一位美国副总统对一个倡导健康、快乐的单亲家庭理念的电视节目（还记得电视剧《墨菲·布朗》③ 吗?）公开表达愤慨，并且不感到有什么不妥，这样的日子似乎已经很遥远了。正如美国家庭生活的很多方面一样，

① 朱迪·福斯特（Jodie Foster），美国影视明星，分别于 1989 年凭借《暴劫梨花》和 1991 年凭借《沉默的羔羊》两次捧得奥斯卡最佳女主角奖杯。——译者注

② 罗茜·欧唐内（Roise O'Donnell），美国影视明星，代表作有《少年狗仔队》《西雅图夜未眠》《人猿泰山》等。——译者注

③ 《墨菲·布朗》（Murphy Brown），美国经典情景喜剧。——译者注

我们对单亲养育的看法正在改变，但是，对单亲养育的某些恐惧和其他情感并没有变。

当一群单亲父母被问到作为一名单亲父母的感受时，我们很可能会受到各种情感反应的轰炸。“我感到不知所措。”一位单亲妈妈说。“内疚。”一位单亲爸爸说。并且，其他一些词语会倾泻而出：“孤立无援”“筋疲力尽”“痛苦”“恐惧”“没有安全感”“脆弱”“孤独”“抑郁”“焦虑”“极度悲伤”。

导致单亲养育的原因有很多。有人因为配偶离世而成为单亲父母；有人则根本就没结婚，要么是因为自己选择了不结婚，要么是因为被爱人抛弃；还有一些人是因为离婚。无论是何种原因，一旦你踏上了这条路——也就是一旦你发现自己成了一名单亲父母——然后怎么办？

在我们这个复杂的世界里，做一名单亲父母是一个巨大的挑战。单亲养育是一种“养育+”：你要面对养育孩子的所有日常事宜，外加独自承担那些本应由两人共同完成的事情。

此外，许多单亲父母心怀疑虑，并形成了一些会削弱他们有效养育（和生活）能力的看法。单亲父母可能已经变得更常见，但他们仍然会质疑自己成功养育孩子的能力。像朱迪斯·沃勒斯坦的《第二次机会：离异十年后的男人、女人、和孩子》[①] 这样的书，已经使很多成年人相信孩子必定会因为拥有一个单亲父母而受到伤害，而且，对于一个双亲不生活在同一屋檐下的孩子来说，他成功和幸福的前景注定黯淡无光。

做一名单亲父母当然不容易。本书的三位作者都曾作为单亲妈妈养育过孩子，我们永远不会低估困难——也不会低估回报。尽管许多成年人开始单亲养育的旅程是出于他们自己的选择，但

① 英文书名为 Second Chances：Men，Women，Children a Decade After Divorce，作者是 Judith Wallerstein。由 Ticknor&Fields 出版社于 1989 年出版。——作者注

更多的人不是。伴随着离婚或丧偶而来的悲伤和痛苦使得独自养育孩子这一现实更令人畏惧。当你因失去而痛苦时，需要时间去疗愈，而且许多单亲父母还在忍受仍然疼痛的伤口。悲伤、痛苦和被抛弃的感觉有时候会让人不知所措，并且会让你很难自信而乐观地开始单亲养育的旅程。

父母们通常能意识到自己在单亲家庭中生活的感受，但是，有时候令他们惊讶的是，他们的孩子也有很多相同的感受。如果一位父母去世了，孩子会有自己的悲伤。如果他们只知道一位父母，他们可能想知道为什么那个缺席的父母不在身边。而且，如果他们目睹了自己父母的离婚，无论离婚的原因是什么，这些孩子都必须学会接受他们的新处境，并接受他们自己的愤怒、内疚、困惑和被遗弃感。

只有时间才能治愈由于一个配偶或父母的死亡或由于离婚而失去一个配偶或父母所带来的伤痛。然而，当离婚的父母双方能够为了孩子的利益而以一种尊重的方式合作时，与婚姻破裂相关的创伤就会显著减少。很多离婚的父母选择继续积极参与共同养育他们的孩子，这就使得那些孩子们拥有两个家（和两个家庭），每一个家里都有一位爱他们的父母。将一种亲密关系重建为一种共同养育的工作伙伴关系（在本书里，我们会探究完成这种转变的方式）需要时间和大量的付出，但是，孩子们将不仅能够在一个与社会定义的“正常”不一致的家庭环境中生存下去，而且还能茁壮成长。

无可否认，单亲养育是一种充满压力的生活方式。经济上的压力似乎是不可逾越的。平衡一份工作、一个家庭、充足的陪伴孩子的时间以及给自己留出的时间，是一件棘手的任务。如果向那些单亲父母们提起他们的社交生活，他们可能会嗤之以鼻。“什么社交生活？”他们会说，“谁有那闲工夫？”

作为一名单亲父母，有可能既幸福又成功吗？那些在单亲家庭里长大的孩子们会受到伤害吗？当他们长大后，他们会有属于自己的稳定的两性关系吗？一位父母真的能提供一个孩子健康而完整地成长所需的一切吗？这些问题时常困扰着所有的单亲父母。

然而，当单亲父母们聚在一起，并探究过所有的恐惧和挫折后，一件有趣的事情就会发生。“等一下，”一个爸爸可能会说，“现在我们都靠自己，我的家里更平静了。”大家可能会开始点头，慢慢地，一些美妙的事情发生了。尽管有时候可能需要花时间才能意识到这一点，但是，做一名单亲父母也有好的一面。

无论你是如何成为一名单亲父母的，你可能会发掘出你从未意识到的自己所拥有的力量。你一定会遇到学习新技能、运用你的创造力，并增强你对自己和孩子的信心的机会。还有其他的好处。许多单亲父母发现，他们喜欢自己家里没有冲突——没有另一个父母在事后批评他们的决定和行动。单亲父母往往能够更具有自发性，并且会发现他们更喜欢自己的孩子了。

电影《克莱默夫妇》[①] 是说明一位父亲在成为一名单亲爸爸后如何与儿子建立亲密关系的一个好例子。如果这位爸爸沿着他雄心勃勃的职业轨迹前行，把所有的养育责任都留给孩子的母亲，他就会错过这个美妙的机会。

一些单亲父母发现，他们的新的生活方式是一种解放；他们喜欢自己的独立、出现的新机会，以及从独自掌控一个挑战中获得的满足感。而且，感觉到自己可以随时约会是很开心的事！

孩子们也能够在一个单亲家庭里茁壮成长。知道你不仅能够从一次痛苦的经历中坚持下来，还能够从中学习——甚至可能从中受益——会赋予孩子力量。由单亲父母抚养的孩子们有机会为

---

① Kramer vs. Kramer，1979 年上映，由达斯汀·霍夫曼和梅丽尔·斯特里普出演。反应了 20 世纪 70 年代单亲家庭中遇到的各种问题。中文译名《克莱默夫妇》。——译者注

他们的家庭做出真正的贡献，并且会对他们自身的价值和能力有更多的了解。

如果你正在读这本书，你很可能是（或者即将成为）一名单亲父母。你将发现识别潜在问题的方法并且发展出预防它们的技能，这是新版《单亲家庭的正面管教》的目标——也是作者们的希望。我们希望你能发现你面临的问题的解决方案。尽管我们认识到，并不是所有单亲父母都经历过离婚，但到目前为止，这仍然是单亲养育最常见的原因。如果你没有经历过离婚，那就庆幸吧——并且在我们与那些离婚的人们分享想法和信息时，要有耐心。在这些讨论中，你会发现许多事情也适用于你自己的情况。

正面管教养育技能可以帮助你和你的孩子一起快乐地工作和生活——至少大部分时候是这样。本书提供的所有正面管教养育工具，都旨在帮助父母们教给他们的孩子那些获得人生幸福与成功的重要技能，给单亲家庭提供一个令人鼓舞的关注点，否则他们可能会一直沉湎于悲伤和失败。我们与你们分享了一些单亲父母的磨难和成功，希望你们能从中得到鼓励和一些观念，从而让你们自己的旅程更加顺利。

园丁告诉我们，没有偶尔肆虐的狂风，一棵树就不会形成强大的根系。正是风的力量使得树木钻进地里，深深扎根，牢牢抓住，并且坚持不懈。著名的加利福尼亚海岸边的柏树，一直历经风雨的洗礼，但它们牢牢地扎根于岩石中，而且即使在最猛烈的狂风中，它们也不会放手。它们的美丽是从塑造它们的风中得来的。

做一名单亲父母可能不是你的选择。你可能常常想知道你和你的孩子们是否能够熬过去。在这个复杂的世界里，做一位父母通常是很困难的，但是，做一名单亲父母会更难。然而，单亲家庭是有可能培养出有责任感、尊重他人、充满智慧的孩子的。如果你身心开放并愿意学习，你可能会发现，单亲父母的生活中蕴含着你从未想到过的——给你和你的孩子的——机遇。

在这个特殊的时刻，无论你发现自己身在何处，你想要的，很可能和大多数父母想要的一样：一个让所有成员受益的家庭，一种丰富而充实的生活，以及一群即将成长为满足的、有能力的大人的孩子们。不，这并不总是很容易；但是，是的，这是可能的。

目　录

第 3 章 处理感受：你的和孩子的

对于单亲父母来说，感受可能是一个令人特别烦恼的问题……学会从一个孩子的角度去理解感受——而不仅仅是从我们自己的角度——能帮助我们解决问题，而不是使问题恶化……

第 4 章 沟通的艺术：解读能量的线索

沟通有多种形式。大人们习惯使用语言沟通……但是，我们相互“说”的很多东西，都不是通过语言……

第 5 章　平衡、兼顾以及单亲养育的其他技巧

做一名单亲父母，可能是人生中最棘手的一种平衡艺术。有太多的事情要做，而很多时候又没有多少时间去做……

第 6 章　征服高空钢索：平衡的技巧

单亲父母可能比大多数人更容易变得难以承受和精疲力竭。他们可能会感到孤独和不堪重负，没有人帮助，也没有财力——一个人孤零零地站在没有安全网的高空钢索上……

第 7 章　与单亲妈妈或爸爸一起生活：你与自己孩子的关系

所有的单亲父母都不时地想知道他们的选择对孩子造成了怎样的影响。与父母们一样，孩子对自己的处境会有各种各样的感受——而这些感受会塑造他们的很多行为，以及他们与你的关系……

第 8 章　单亲家庭不是“破碎的家庭”：运用合作与鼓励

毫无疑问，单亲养育对于涉及到的每个人来说，都是很有挑战性的，而且，我们和我们的孩子在成为单亲家庭时，可能背负着沉重的感情包袱。但是，单亲父母和他们的孩子的生活是完全有可能很美好的……

第 9 章　家庭会议：让你的家庭成为一个团队

对于单亲父母和他们的孩子来说，家庭会议是作为一个家庭建立一种新的身份认同、学会相互欣赏并发现单亲家庭不是“破碎”家庭的一种极好的、赋予人力量的方式……

第 10 章　理解不良行为：不只因为你是单亲父母！

许多刚离婚的父母都相信，自己孩子的所有不良行为都直接与离婚有关，而事实可能完全不是这样……

第 11 章　进入你的孩子的内心世界：正面管教的实际运用

进入你的孩子的内心世界，就是建立一种理解、爱和信任的关系。而这只会对你和你的孩子作为一个家庭的旅程有好处……

第 12 章　非惩罚性管教：单亲父母的有效工具

所有的父母最终都必须问问自己认为管教是什么……如果我们相信管教的目的是要教给孩子为他们自己的行为承担责任，是找出解决问题的办法，并避免以后再出现同样的问题，结果将会大不一样……

第13章 超越单亲：照顾好你自己

要成为健康、有效的父母，我们首先必须是健康、有效的人……照顾好你自己是你最重要的工作之一……

第 14 章　单身与孩子：社交生活和约会对象

单亲父母确实需要他们自己的生活，而且，大多数单亲父母最终的确会发现自己已经为约会做好了准备……单亲父母们如何才能让自己和孩子轻松地向新的情感关系过渡呢？

第 15 章　你的孩子的另一位父母：离婚之后

对大多数单亲父母来说，养育中的一个重要问题——而且通常是带来很大压力的问题——是如何对待自己孩子的另一位父母……

第 1 章

为单亲养育做好准备

单亲父母，首先是父母。他们只是碰巧成了单身的父母而已。然而，单亲父母担心的很多事情——尤其是在他们刚开始单亲养育的时候——都集中在了“单亲”这一部分上：“我的孩子们会受苦吗?”“我怎样才能赚到足够的钱来维持生计?”“当我的孩子们生病，而我需要陪着他们的时候，我却不得不工作，我怎么能够应付得过去?”“我该怎么处理自己感受到的所有情绪——愤怒和内疚，沮丧和抑郁?”“我还能找到另一段感情吗？如果我找到了，我要怎么才能为约会挤出时间，同时仍然有足够的时间陪孩子?”“当我想花时间与别人相处的时候，我该如何处理孩子们因此表现出来的愤怒和痛苦?”“我的孩子们会不会因为双亲不在一起生活而失去很多东西?”“我怎么才能给我的孩子们既当妈又当爸呢？我没有时间或精力做一个有效的父母，更别提两个了。”“我怎么才能补偿我的孩子们可能经历的艰难呢?”

然而，作为一名单亲父母，还有另一部分，或许是最重要的部分：就是作为普通的传统寻常“父母”的那部分。单亲父母也一样：他们是父母。他们要处理所有的父母都要处理的那些寻常但往往让人困惑的问题：“我怎么才能让我的孩子们去做他们的家务活？”“我怎么才能鼓励我的十几岁的孩子跟我交谈？”“我该如何管教？”“我的孩子们信任他们自己吗？”“我的孩子们会重犯我的错误吗？”“我该如何执行我设立的限制？”“有什么办法让我的孩子们不再抱怨吗？”“同胞之间的争斗怎么办？家庭作业呢？只要和睦相处就行了吗？”

这些问题听起来熟悉吗？所有这些担忧都是真实的，而我们要处理其中的每一个问题。然而，单亲父母们确实发现，他们担心的问题不只是日常养育中的问题。而且，他们中的大多数人对于离婚、单亲家庭以及单亲家庭中长大的孩子，都怀有至少几个错误的信念和恐惧。其中的一些早就成了我们的文化的一部分，以至于我们很少停下来去质疑它们。但是，这些信念有很多是不正确的，而且其危害远远大于好处。

单亲养育：谎言与现实

很久以前——或许是在这个世界还是一个更亲切、不那么艰难的地方的时候——父母们只有在遭遇不幸（配偶离世）或者以某种方式违背社会道德准则（婚外怀孕）的时候，才会独自养育孩子。如今不一样了。

在过去的25年里，单亲家庭的数量增加了一倍；在美国的所有新生儿中，由未婚妈妈所生育的几乎占了30%，而且，根据最近一次人口普查的结果，

> 在过去的25年里，单亲家庭的数量增加了一倍；在美国的所有新生儿中，由未婚妈妈所生育的几乎占了30%，而且，根据最近一次人口普查的结果，美国大约有1600万孩子生活在单亲家庭中。

美国大约有1600万孩子生活在单亲家庭中。

有些孩子不止一次经历了这个过程，当他们的父母离婚、再婚，并再次离婚的时候。

单亲家庭现在可能更常见了，但是，我们对单亲家庭的很多看法还来自于从前。这些谎言有时候会削弱大人和孩子相信他们自身的潜能和美好未来的能力。我们的社会形成的对于单亲养育的谎言都有哪些呢?

“我的孩子注定会失败。”很多人相信，跟着单亲父母长大的孩子会比同龄人更有可能遭遇学业困难、陷入法律上的麻烦，并出现严重的社会问题。也就是说，单亲父母的孩子会成为少年犯、辍学生和瘾君子。这是真的吗?

事实上，很多研究人员近年来对这个问题进行了研究，并且有了一些有趣——并且令人安慰的——发现。很多成功人士都是由单亲父母抚养长大的；实际上，研究人员发现，好的养育技能可以抵消大量的压力和困难。也就是说，在那些单亲父母愿意投入时间和精力来养育自己的孩子，并且与孩子建立起充满爱的关系的家庭中，孩子们的不利条件并不比传统的核心家庭中的孩子们的更多。

关于单亲养育的谎言

- “我的孩子注定会失败。”
- “在单亲家庭长大的孩子们，他们自己永远不会有健康的两性关系。”
- “单亲父母的孩子需要角色榜样，而且他们的父母越早再婚越好。”
- “单亲父母的孩子会低自尊。”
- “单亲家庭是‘破碎的家庭’。”

对单亲家庭孩子的很多悲惨预言，更多地与经济困难有关，而不是与一个孩子和双亲还是单亲生活在一起有关。贫穷和经济拮据确实对单亲父母和他们的孩子有严重的影响：1994 年美国人口普查局的数据表明，一对有孩子的已婚夫妻的收入中位数是47，244美元，而一个单身母亲（离婚或从未结婚）的平均收入只有14，902美元。离婚后获得监护权的母亲的收入平均下降30%，而且，由于绝大多数拥有监护权的单亲父母都是母亲，其结果——时间长报酬低的工作、更大的压力，没有能力为孩子提供资源和机会——确实很严重。

尽管我们没有容易的办法来解决这些经济上的困境，但是，我们能为单亲父母提供切实可行的方法来改善他们的处境——以及他们的孩子对未来的预期。单亲父母拥有独特的机会来教给自己的孩子知道他们是谁，以及他们能够做到的事情并不取决于他们拥有什么。好消息是，单亲父母的孩子并不是“注定会失败”的。有了努力、爱和正面管教养育技能，单亲父母们能够把他们的孩子培养成有能力的、满足的、成功的人。

> 也就是说，在那些单亲父母愿意投入时间和精力来养育自己的孩子，并且与孩子建立起充满爱的关系的家庭中，孩子们的不利条件并不比传统的核心家庭中的孩子们的更多。

“在单亲家庭长大的孩子们，他们自己永远不会有健康的两性关系。”不是这样的！事实上，密歇根大学最近一项针对6000多名成年人的研究发现，离婚父母的成年子女中，有43%的人婚姻美满——其百分比与在双亲家庭中长大的孩子的相同！事实上，父母离婚的孩子似乎投入了更多精力维护他们的两性关系，也许是因为他们自己的经历使得他们更不可能把健康的两性关系视为理所当然。

当然，孩子们是从自己的父母那里学习的。如果你变得尖刻，经常抱怨异性，并通过你的行为表明两性关系不值得花心思或者“永远不会有结果”，你的孩子就很可能接受这种心态。然而，如果你诚实地对待你自己的感受，努力保持一个开放的心态，并做出健康的两性关系技能的榜样，你的孩子就会知道，尽管两性关系需要承诺和耐心，但它们能为生活增添很多乐趣。找到疗愈自己的方法和希望，是教你的孩子们的最佳方法。

“单亲父母的孩子需要角色榜样，他们的父母越早再婚越好”。波琳·梅丝非常担心她的儿子。8 岁的贾斯汀对自己的父亲一无所知，他的父亲在他出生前就离开了波琳。母子二人的生活似乎一直过得很不错，直到贾斯汀参加了童子军[①]。一天晚上，当波琳把贾斯汀从一个童子军会议上接回家后，她注意到他异乎寻常的安静。

“小伙子，你看起来有点伤心，”她说，“出什么事了？”

贾斯汀默默地想了一会儿。然后，他抬起头盯着妈妈的脸。“这个周末在湖边有童子军露营。我真的很想去，但是，其他所有的孩子都是跟他们的爸爸一起去。”他迟疑着，担心地瞥了波琳一眼，“妈妈，你很棒——但你会是那里唯一的妈妈，这会让我感觉怪怪的。而且，你不知道怎么搭一个帐篷或其他任何事。克林特的爸爸提议让我待在他们的帐篷里，但那也让人感觉怪怪的。”

> 单亲父母拥有独特的机会来教给自己的孩子知道他们是谁，以及他们能够做到的事情并不取决于他们拥有什么。

贾斯汀叹了口气。“妈妈，”他伤感地说，“我爸爸为什么离开？”

---

① 童子军（Cub Scouts），是一个国际性的、按照特定方法进行训练的青少年社会性运动。其目的是向青少年提供生理、心理和精神支持，培养出健全的公民。其最终目的是将来这些青少年能为社会做出贡献。——译者注

波琳伸出手抱住儿子，纷乱的情感和想法一股脑涌了出来。她应该和贾斯汀一起去露营吗？也许她应该请他的舅舅或教堂的一个青年指导人员陪他去。也许，她又该开始约会了。虽然她的上一段感情已经痛苦地结束了，但是，也许贾斯汀需要一位父亲。她像儿子一样叹了口气，不知道该做什么以及如何帮助他。

然后，波琳想起曾经在一个单亲父母养育班上听到的内容：当困境出现时，不要为你的孩子感到难过，而要让他或她参与到寻找可能的解决方法中来。如果找不到一个解决方法，就要通过积极的倾听提供支持（我们会在第 2 章予以探讨），然后，要相信你的孩子有处理痛苦情形的能力，而不会自怨自艾。

波琳对贾斯汀说："为什么我们不坐下来用头脑风暴想出一些可能对你有用的方法呢？我先来。我们可以告诉所有的爸爸都留在家里，以便妈妈们有机会学习怎么搭帐篷。或者，我可以打扮得像个爸爸一样，并看看我能否蒙混过关。"

贾斯汀咧开嘴笑了，说："我可以自己去露营并搭一个帐篷，其他所有的孩子在他们的爸爸睡着以后可以来我的帐篷里，我们讲恐怖故事。"波琳说："你可以看看乔舅舅是否愿意去，或者你可以接受克林特的邀请。"贾斯汀补充道："我可以邀请萨米。他也没有爸爸。我们可以轮流指挥对方。"

这时，波琳和贾斯汀都笑了。然后，他们认真地看了看列出的清单。贾斯汀说："妈妈，我不认为其他的爸爸会留在家里，而且你也绝对没办法打扮成一个爸爸蒙混过关。如果乔舅舅愿意去的话，我真的也想邀请萨米一起去。如果乔舅舅不愿意去的话，与克林特和他的爸爸一起去可能也没那么糟。毕竟，就像你一直告诉我的那样，没有人会感到我可怜，除非我感到自己可怜。"贾斯汀靠过来，紧紧地拥抱了妈妈。"谢谢你，妈妈。"

大多数单亲父母迟早都会面对类似这样的时刻。孩子们能够从父母双全的家庭生活中受益匪浅——如果那些父亲和母亲行为都很健康的话。实际上，与拥有一个健康、有效地发挥作用的父亲或母亲相比，孩子们与两个存在冲突并且不健康的角色榜样在一起生活所受到的伤害要大得多。然而，大多数孩子偶尔会希望能像在身边随处可见的那样：一个既有妈妈又有爸爸的家庭。所以，如果一个孩子不能和他的亲生父母在一起，他的单亲父母应该再婚吗?

单亲父母有很多方法帮助他们的儿子或女儿茁壮成长——那些能够学会的有关养育儿子和女儿的事情（性别的影响将在第7章中讨论)，但是，没有伴侣，单亲父母也能够成功地养育自己的孩子。明智的做法是建立一个良好的支持系统——拥有一个朋友、亲戚以及在你可能做不到的时候能给予帮助的人的圈子。在第6章，你会发现做到这一点的方法。你也许会找到一个充满爱心并尊重你的伴侣，然而，如果你正在独自养育孩子，要坚信：你能行!

“单亲父母的孩子会低自尊。”低自尊在当今世界上似乎很普遍。但是，事实是，单亲父母的孩子们遭受低自尊困扰的可能性，并不比那些来自双亲家庭的同龄人更大，只要单亲父母能够学习并运用那些赋予孩子们力量，并教给他们相信自己的价值和潜力的技巧和态度。

当孩子们相信，“我有能力，我能以有意义的方式做出贡献；并且我在自己的生活中有力量和影响力”，他们就会拥有自尊。单亲父母能够像其他父母一样，给孩子们提供同样多的机会来培养这些信念。而且，双亲和单亲家庭都有可能在为自尊提供基础方面做得很失败。

强烈的自尊感是很重要的。它能帮助孩子们抵制消极的同龄人压力，并给予他们面对挑战的勇气和尝试新事物的能力。这句

你也许会找到一个充满爱心并尊重你的伴侣，然而，如果你正在独自养育孩子，要坚信：你能行!

话非常值得重复一遍：父母——无论单亲或者已婚——能够教给他们的孩子人生技能，运用鼓励的艺术，并给孩子们机会去考验他们的羽翼。事实上，单亲父母的孩子们有一个美妙的机会认识到他们有归属、他们能为自己的家庭做出重要贡献，以及他们能面对并克服任何挑战。

“单亲家庭是‘破碎的家庭’。”“爸爸，”一天晚上，五岁的米里亚姆在走进厨房时说，“别人的家里怎么有那么多人和东西呢？”

马克·辛格把手中正在切的蔬菜放到一边，冲着他的女儿微笑。“这是一个有趣的问题，”他说，“你是什么意思呢？”

米里亚姆在厨房的操作台上坐下，并拿起了一片胡萝卜。“唔，”她一边嘎吱嘎吱地嚼着胡萝卜，一边说道：“基蒂·帕克斯说我来自一个破碎的家庭，因为我只有一个爸爸，而我的妈妈住在别的地方。而且，我们周围的每个人都有一个爸爸和一个妈妈，还有更多的孩子和东西。所以，我想知道为什么我们不一样。”

马克把米里亚姆揽进怀里，并在沙发上坐了下来。“我想我们有一个非常棒的家庭，”他说，“但是，这个家有点不一样。家里有你、有我还有马格西，我们的小狗——”

“还有石头，我们的小猫，”米里亚姆插嘴道，“还有我的蜥蜴，雷克斯。这是一个真正的家吗？”

“当然是啦，”马克凝视着女儿的眼睛说，“我们的家是我生活过的最棒的家，并且没有人有一个和它完全一样的家。这让它非常特别。而且，你知道吗？当你去看妈妈时，你有另一个家。你有两个家！”

> 当孩子们相信，“我有能力，我能以有意义的方式做出贡献；并且我在自己的生活中有力量和影响力”，他们就会拥有自尊。

米里亚姆咧开嘴笑了，并

抱住了爸爸。“谢谢你，爸爸，”她说，“什么时候吃晚饭？”

你能做到！

没有哪个家——而且没有哪个家庭——是破碎的，除非这个家里的人让它破碎。而且，即使已经破碎的事物，也能够修复。如今，家庭有各种各样的形式和规模，孩子由双亲养育，由单亲父母养育，由祖父母养育。无论你的家庭是什么形式，学习有效的养育技能，建立健康的情感关系，并且赞美你们的特别的形式，将帮助你家里的每一个人做到最好并感觉最好。

第 2 章

改变你对单亲养育的看法

你可能已经相信，与单亲父母一起生活的孩子们自然而然地会有所缺失，但是，事情完全不是这样。正如我们之前所说的，很多快乐而成功的人都是由单亲父母抚养大的——甚至是在孤儿院里长大。影响最大的不是生活环境，而是我们如何理解那些生活环境。每个人都要确定，挑战是通往生活中的快乐和成功的绊脚石还是垫脚石。理解这一点并不能消除单亲父母的困难和担忧，但是，它能够为以对孩子有益而不是有害的方法解决困难提供希望和一个基础。

要从放弃你不得不为你的孩子只有一个父母而做出补偿的信念开始。不要设法既当妈妈又当爸爸，这是不可能的，也是不明智的。一个健康的父母就足够了。要努力培养一种对作为一个单亲家庭的积极态度：“情况就是这样的，并且我们将会从中获益。”

孩子们会跟随你的指引

孩子通常会模仿自己父母的态度，尽管有时侯他们会选择与之相反的态度。如果你感到抑郁、被剥夺、内疚或不幸，你的孩子很可能会有同样的感受。如果你有一种受害者的心态，你的孩子很可能也会感觉自己像受害者。如果你有一种乐观、勇敢的态度，你的孩子们很有可能受到影响去向你学习。我们能够给予我们的孩子的最好的礼物，就是无论我们的环境如何，都对人生充满希望——而且，在所有的环境下，无论多么困难，都会提供学习和成长的机会。要努力将注意力集中在如何充分利用好你现有的机会上。

为了未来而养育

用几分钟的时间回想一下你第一次看见你的每个孩子的那一刻。还记得那种惊奇、敬畏以及那些宝贵的新生命的最初瞬间所带来的纯粹的力量吗？很快，你带着那个宝宝回家，而生活不知怎么就变成了每天努力生存、应对每个新转变和每个新阶段。那些惊奇和敬畏有时候会消失在模糊的记忆中，淹没在抚养一个孩子所要做的大量

> 我们能够给予我们的孩子的最好的礼物，就是无论我们的环境如何，都对人生充满希望——而且，在所有的环境下，无论多么困难，都会提供学习和成长的机会。

工作里。

宝宝什么时候才能睡一整夜？什么时候能站起来？什么时候能走路？我们会花好几个小时琢磨喂食的时间和发育图表，并热切地讨论如厕训练的不同方法。时光飞逝。在我们发觉前，我们的孩子已经开始蹒跚学步，而我们必须在管教方面做出重要的决定。我们应该打孩子的屁股吗？暂停（Time－out）怎么样？上学的时候到了，然后，孩子十几岁了。有那么多的日常决定要做，而通常仅仅是处理新行为（和不良行为）就会用掉我们所有的时间和精力[①]。

然而，或早或晚，那个时刻总会到来——一个骄傲的十几岁孩子开着家里的汽车带着一群朋友飞驰而去，留下妈妈或爸爸坐在安静的家里被一堆问题所包围。他在抽烟吗？或者在吸大麻？他是正在喝酒还是在狂欢？性呢？他会足够信任我，把他生活中发生的事情都告诉我吗？他相信自己吗？他能对生活做出正确的选择吗？我过去做得足够吗？还是做得太多了？我是一个足够好的父母吗？

所有的父母都会面对这样的时刻和这些问题。单亲父母有时会不必要地担心；毕竟，这个责任似乎完全只落在了一副太脆弱的肩膀上。如果你的孩子在你看到这些文字时已经快长大了，请你放心；做出改变——让事情变得更好——永远不会太晚。如果你的孩子还小，那么你就有机会塑造你和孩子的未来——用一种深思熟虑、充满爱以及着眼于未来的方式养育你的孩子。

也许，你此刻就能做的最好的事情之一，就是花些时间问自己一个非常重要的问题：你真正希望你的孩子是怎样的？当他们

---

① 关于养育婴幼儿的更多信息，请见简·尼尔森、谢丽尔·欧文、罗丝琳·达菲的著作《0～3岁孩子的正面管教》，北京联合出版公司，2015年8月第1版，以及《3～6岁孩子的正面管教》，北京联合出版公司，2015年2月第1版。——作者注

长大成人并开始过自己的成人生活时，你希望他们拥有什么品质？你现在的所作所为会培养出他们的那些品质吗？

你可能希望你的孩子们拥有良好的判断力、有责任感、自立、友善、诚实、体贴，勇敢、品行端正、勤奋、感恩——每个父母的清单都会有一点儿不同。重要的是，你要认识到：现在我们作为父母所做的一切将塑造我们的孩子的未来。如果我们希望我们的孩子们有责任感，那么我们处理打翻的牛奶、违反禁足的行为或者未完成的家庭作业的方式，就必须能在他们身上培养出那些品质。

这些想法会让大多数父母不知所措，并且可能会让你纳闷，“我究竟怎样才能做到？尤其是作为一名单亲父母？”你只需记住，最重要的工具就是那些你已经拥有的：你对你的孩子们的爱，以及你的智慧和常识。你自己的人生和你对于人生做出的决定将教给你的孩子很多（有时候会比你想教的还要多）。这本书就是为了给你提供一些额外的工具和技巧，或许还有一些新理念。

如果你打算从你的家出发，开车横穿这个国家去一个你以前从未到过的地方，你毫无疑问会查看地图，计划一条最佳路线，并确保你的车状态良好。养育孩子应该是一个同样谨慎的旅程。现在花点时间来设立你作为一个父母的目标并思考长期的结果，将会让你一路上避免数不清的麻烦和困惑。作为一个单亲父母——所有的苦恼和责任都必须承担——制订一个计划并知道你希望什么样的结果可能更重要。这一路上肯定会转错弯并且进入死胡同，就像所有的父母都会遇到的一样。

> 也许，你此刻就能做的最好的事情之一，就是花些时间问自己一个非常重要的问题：你真正希望你的孩子是怎样的？

花时间思考我们希望自己的孩子从生活中——以及从我

们身上——学到什么，是通往成功的单亲养育之路的关键的第一步。

欣赏优点

尽管看上去有点不可思议，但是，作为一名单亲父母是有好处的。那个广为流传、经久不衰的谎言——当父母双方共同分担时，养育会更简单——并不一定是对的。当你独自养育时，很容易将拥有一个配偶的优势理想化，但是，不和谐在双亲家庭中往往是随处可见的。妈妈和爸爸几乎从来没有在如何养育自己的孩子这件事上意见完全一致过。正如阿尔弗雷德·阿德勒指出的："相反相吸，但是，他们通常很难在一起生活。"令人吃惊的是，那些曾经看起来讨人喜欢的差异会多么迅速地变成令人讨厌的缺点。养育方式相反的夫妇往往直到孩子出生之后，才会有这个可爱的发现。

看看你周围有多少夫妻在"正确"的养育方式上存在分歧——以及他们通常是多么频繁地因为自己的孩子而发生冲突。一位父母相信严厉控制，而另一位相信宽容仁慈。当双方都觉得有必要为对方的错误观念做出弥补时，这些信念甚至会变得更加强烈而明确——为了弥补"软弱无力"的父母，严厉的父母会变得更加严厉。而为了弥补"刻薄"而"死板"的父母，宽容的父母会变得更加宽容。他们会为了谁是正确的而发生激烈争吵，而实际上他们都是无效的。事实上，孩子们对于介于两者之间的被称作"以尊严和尊重的方式

> 你只需记住，最重要的工具就是那些你已经拥有的：你对你的孩子们的爱，以及你的智慧和常识。

和善而坚定”的管教会做出最好的回应——这是单亲父母能卓有成效地做到的。

严厉控制是无效的，因为它最终会造就一个兼具反叛、愤恨、报复、偷偷摸摸和低自尊的危险的孩子。有时候，被过度控制的孩子会变成“总是寻求别人认可的人”，并在其一生中都允许别人控制他们，常常把自己对人生的选择建立在别人的认可和看法上。娇纵同样无效，因为它教给孩子们操纵别人来获得自己想要的任何东西，而自己不付出任何努力。有时候，被娇纵地养大的孩子会相信，除非其他人服侍他们或者屈服于他们，否则他们就是不被爱的，并且他们可能会为努力获得安全感而不断地试探界限。

无论哪一种方式，这些孩子都无法探索并发展他们自己的能力。他们学不到可以帮助他们解决问题、运用良好判断力，以及自信而乐观地面对生活中的挑战所需的技能和信念。

我们指出双亲养育存在的问题，并不是想暗示如果孩子有双亲就会受到伤害。大多数单亲父母有时候会渴望有一个帮手，而大部分已婚父母有时候会无法达成一致。没有哪一种情形是完美的。我们的目的是帮助单亲父母们别再将双亲养育理想化，以便他们对解决自己问题的其他办法有一种更开放的心态。大多数情形都既有优势又有不足。你可以选择将注意力集中在单亲养育的优势上。

单亲养育的优势

很多人在回顾自己失败的婚姻时会说：“离婚让我那么不知所措，以至于我绝不相信有一天我会说这实际上是一件好事。我不知道我能成长多少和学习到多少，并且从没想过我能找到一种比原来好十倍的恋情。当我变得更坚强和更成熟时，我就做好准备迎接一位更坚强和更成熟的配偶了。我曾经认为我的离婚是世界末日，而实际上那是一个更加美好的世界的开始。”

当我们不成熟并且缺乏安全感的时候，我们经常（无意识地）寻找拥有我们所缺乏的性格的伴侣，来作为完善我们自己的一种方式。我们还可能倾向于选择与我们的成熟（或不成熟）程度相同的伴侣。但是，在我们与这样的人结婚后不久，我们不但不会感到完整，而且会开始一场改变我们的伴侣的征战——让他们更像我们自己。这不会造就一种爱和尊重的关系。然而，当我们变得更成熟并且更有安全感时，我们想要的是与我们有相同兴趣和生活方式的伴侣。当我们对共同的生活方式的需要得到满足时，建立一种爱和尊重的关系就变得容易多了。

离婚可能是极其痛苦的，尤其是当它超出你的控制时。如果你是被抛弃的一方，你可能要应对被拒绝、怀疑自我价值，以及害怕没有人会再爱你的感受。如果是你选择了离开你的前任伴侣，你可能会感到既内疚又悲伤。我们强烈建议你找一位心理咨询师帮助你处理这些问题。你通常能通过你的教堂或其他社区组织找到这样的免费小组。

基本上，你有两种选择：你可以带着愤怒、怨恨、低自尊或任何你让其主导你的生活并使你软弱无力的信念度过你的余生，或者你可以从你面对的任何情形中寻找学习和成长的机会。为了你自己——以及你的孩子——我们强烈鼓励你利用这个机会，为你希望你的孩子将能养成的一些特征——勇气、坚韧以及对你学

> 事实上，孩子们对于介于两者之间的被称作“以尊严和尊重的方式和善而坚定”的管教会做出最好的回应——这是单亲父母能卓有成效地做到的。

习和成长的能力的自信——做出榜样。

很多单亲父母都害怕孤独。他们忘记了当他们在婚姻中的时候往往极其孤独。他们通常都那么忙于处理一种糟糕的关系带来的苦恼，以至于没时间关注自己的孤独。但是，当这些苦恼消失后，他们就有了时间体验孤独。尽管这可能不是一种令人愉快的感受，但是，你可以从中学习。要安静地坐下来并沉思任何正在困扰你的事情。要问问你的孤独："你有什么能教给我的？"得到的答案可能会让你很惊讶。

对待孤独的方法将在第13章进行探讨。

共担责任并共同做出贡献

单亲养育的另一个好处是它给孩子们提供了感觉到被需要的机会。单亲父母更愿意让孩子分担家庭和日常生活中的责任。当孩子们被允许体验做出贡献的骄傲和快乐时，他们会变得很能干。参与分担责任——成为团队的一部分——是他们获得这种体验的一种方式。

如果父母为了弥补孩子只有一位父母的缺失，而努力为孩子们做得太多，孩子们就不会有机会培养主动性并获得新能力。坚强的性格来源于耐心、努力和延迟满足。与其担心你的孩子因为你是单亲而可能遭受的缺失，不如将精力集中在给他们能培养积极的人生观并达成其目标的技能的责任上。

> 基本上，你有两种选择：你可以带着愤怒、怨恨、低自尊或任何你让其主导你的生活并使你软弱无力的信念度过你的余生，或者你可以从你面对的任何情形中寻找学习和成长的机会。

共同做决定

让孩子参与分担责任并为家庭做出贡献的一个好办法，是邀请他们通过家庭会议一起做决定。当孩子们真正被需要并有归属感和价值感时，他们会觉得自己特别有能力。孩子们对自己参与做出的决定有可能更热心并更有动力去遵守。要让你的孩子帮助你一起决定就寝时间和早上的安排、家务活、家庭作业、家庭娱乐活动的计划，以及任何有助于你们的家庭顺利运转所需要的其他事情。

我们将在第 9 章详细讨论家庭会议。

增进亲密感

与一个单亲父母生活在一起，孩子们有机会为家庭做出有意义的贡献，感受到被需要和被倾听，以及被认真对待，所有这些都会培养家庭的亲密感。你的处境可以被看作是与你的孩子建立一个团队关系的机会。强调这些好处，我们并不是想暗示问题不存在，但是，我们的确想指出，通过将其他家庭的情况理想化，并对你自己的情况保持一种消极的态度是完全没有帮助的。关注好处，与否认你或你的孩子经历的痛苦和感受不是一回事。事实

> 与其担心你的孩子因为你是单亲而可能遭受的缺失，不如将精力集中在给他们能培养积极的人生观并达成其目标的技能的责任上。

上，这将帮助你和你的孩子以有益的方式努力克服消极的感受和困难的问题，正如你在后面几章将会发现的那样。

我们无法控制在我们的生活中发生的每一件事情，但是，我们可以控制我们对待所发生的事情的方式。作为一名单亲父母，你有机会教给你的孩子这个宝贵的原则。如果你一直在选择一种消极的方式来对待你的处境，要向你的孩子承认并请求他们的帮助。重新开始永远不会太晚。

需要记住的几点

养育，尤其是你独自养育，很少是简单的。而且，无论你得到了多少有帮助的信息，并非所有信息在所有时间对所有的孩子都管用——或对所有的父母都管用！阅读一本养育书籍，可能会让人很沮丧，因为它可能会使你想“我做的全部都错了”，并使你在开始之前就放弃——或者你会想，“这听上去太棒了”，然后会试图立刻改变所有的事情。在你读这本书的时候，记住以下几点可能会帮助你充分利用你学到的东西。还要记住，本书中的理念已经被证明对很多父母都极其有帮助——无论单亲还是已婚——这些父母运用同样的正面管教养育技巧已经养育或正在养育他们的孩子。

亲子关系始终是最重要的。养育的建议和技巧都很好，而且会很有帮助，但是，比任何事情都重要的是父母与孩子之间建立在无条件的爱、尊重和信任基础之上的关系。如果这种关系很牢固——如果你的孩子确切无疑地知道，你无论如何都爱他们——

要记住的几点

- 亲子关系始终是最重要的。
- 不要试图立刻改变所有的事情。
- 要相信你的心、智慧和常识。

你可以犯很多错误，而结果依然很好。

所有的养育，建立在爱的基础上才会最有效。没有爱的技巧只是技巧。花时间通过交谈、欢笑、玩耍以及只是待在一起建立适当的基础，可能是你在你的孩子身上做的最好的投资。

不要试图立刻改变所有的事情。你在本书中可能会发现很多你想尝试的观念。但是，同时改变太多——尤其是在一个可能已经经历了大量改变的单亲家庭中——可能会让生活变得更复杂，而不是变得更容易。

一次挑选一两个方法，并尝试一段时间。在尝试更多的方法之前，要看看这些方法感觉怎么样，以及你的家人有怎样的反应。逐渐而深思熟虑的改变，可能会比使家庭陷入混乱并且很快就被放弃的突然改变更有效。

要相信你的心、智慧和常识。没有人比你更了解你的孩子。你的内在智慧会告诉你何时是在你的家里做出改变的正确时间。然而，要记住，新技巧一开始通常会让人感到很笨拙。学会相信你自己的判断并遵从你的内心可能需要时间，而且你可能不得不努力培养这么做的自信，尤其是当你对自己的信心被动摇时。当你在阅读并思考从本书中学到的东西时，要让你对孩子的爱作为你的向导。这会帮助你决定你的家庭需要什么、什么时候改变最合适，以及如何做出这些改变。

然而，要记住，新技巧一开始通常会让人感到很笨拙。

第 3 章

处理感受：

你的和孩子的

愤怒的吼叫、烦躁的唠叨、歇斯底里的哭泣、面无表情的沉默——我们选择用来表达感受的这些方式，通常是完全没有成效的。而且，有那么多事情能引发我们强烈的感受：变化（比如离婚或死亡）、压力、难以相处的两性关系，有时候仅仅是生活本身。许多父母不理解的是，孩子们会有和他们一样的情绪——而且用来处理情绪的方法甚至可能更少。

父母们有时会忘记情感能够对行为产生多么深刻的影响；而且，常常很容易只处理行为，并且专注于“解决”这种行为，就像你可能试图修理一个坏了的洋娃娃或者寻找一个喜欢的玩具中丢失的一片那样。你可能会发现，有时候，除了平和、安静、不出现问题及其造成的感受之外，你什么都不想要。

> 许多父母不理解的是，孩子们会有和他们一样的情绪——而且用来处理情绪的方法甚至可能更少。

当孩子们表达他们的感受，

尤其是强烈的感受时，父母有时候想为这些感受承担责任，而不只是努力理解感受。我们想保护我们的孩子，所以，我们通常会发现很难情感诚实地说出我们真正的感受。或者，我们完全不理会这个棘手的问题。“不要用那种语气跟我说话，小子!”我们会说，或者“没什么可害怕的。”由于这些反应，孩子们可能会认为感受是危险的事情，不应该讨论。但是，感受（无论是好的还是坏的）始终是生活的一部分，所以，教给我们的孩子（并且我们自己要学会）知道我们不需要害怕我们的感受——我们能够处理它们，甚至能从中学习——难道不是更好吗?

对于所有的父母——尤其是单亲父母——来说，学会识别并处理一个孩子的感受，是处理孩子行为的至关重要的第一步。

对于单亲父母来说，感受可能是一个令人特别烦恼的问题。从你的经历中，你可能对焦虑、孤独、内疚、恐惧、愤怒、痛苦、困惑或者很多其他感受很熟悉。而且，当你受到这些强烈情绪中任何一种的控制时，会很难处理一个事实——孩子的行为是那些同样狂乱的感受的一种密码。很难分辨一个孩子只是在发脾气，还是实际上遭受着丧失的痛苦并感到愤怒和伤心，并且在用他知道的唯一方式告诉你。对于所有的父母——尤其是单亲父母——来说，学会识别并处理一个孩子的感受，是处理孩子行为的至关重要的第一步。

什么是感受?

感受有一个不好的名声，因为很多人将其和“情绪化表达”归为一类。发脾气是一种情绪化表达。行为消沉通常也是一种情绪化表达。然而，一种感受只是一种感受。事实是：感受本身不会造成问题，是行为（或完全不行动）造成了问题。

感受会给予我们宝贵的信息。事实上，有一些感受，比如恐惧，是为了帮助保持自身的安全——帮助我们把愚蠢的行为从明智的行为中剔除。其他感受充当着一个晴雨表的作用，一种关于我们的生活中在发生着什么的信息源。无论是孩子还是大人，都会对一次新的经历或一个突然的变化感到恐惧；当一些事情改变或威胁到他们的世界时，他们有理由愤怒，他们也可能悲伤、痛苦和沮丧。当我们能够聆听自己的感受，而不加评判或审查时，我们才能聆听我们的内在智慧对于造成这些感受的问题的解决方案。事实上，有大量的研究告诉我们，《星际迷航》中的斯波克先生[①]是错的。情绪不只是妨碍我们过一种理性、合乎逻辑的生活的凌乱的烦恼，恰恰相反，它们对于我们做出正确的决定并对我们周围世界做出回应的过程来说似乎是至关重要的。

孩子们是通过观察自己的父母来学习如何处理自己的感受的。不幸的是，大多数父母通过情绪化表达来处理难以处理的感受。他们要么把自己强烈的情绪发泄到周围的人身上，要么完全压抑情绪。然而，没有表达出来的感受不会消失，而只是隐藏了起来。当这些感受最终被释放时，因为一直任其恶化，其破坏性要大得多。

帮助孩子处理他们的感受是很重要的，比如，他们对于只有一位父母的失望，或者对于父母离婚的愤怒和困惑。父母能够帮助孩子们以不伤害他们自己和别人的方式表达他们的感受。孩子们（和大人）需要知道，感受与行为是不同的。感受永远是没问题的——它们从来没有对或错。另一方面，我们的行为可能是恰

---

① 斯波克先生，美国电影《星际迷航》中进取号飞船上的灵魂人物之一。具有半人类半瓦肯人血统。因瓦肯人摒弃感情而拥抱纯粹逻辑的哲学，使得斯波克经常做些不近人情的事情。——译者注

当或不恰当的。比如，感到愤怒没关系；而用这种愤怒作为打人的借口就不对了。

很多大人不承认他们的感受，因为害怕那些感受所暗示的行为。例如，他们可能会不承认自己不快乐，因为害怕必须考虑那些他们还没准备做出的改变。在潜意识中，他们压抑着自己的感受（即使那些感受可能会以愤怒或沮丧的形式泄露出来）。这种否认感受的有害模式会传给他们的孩子。

你听到过多少次这样的对话？一个孩子说："我恨我的妹妹！"一个大人劝告说："不，你不恨。你知道你爱你的妹妹。"

对孩子这样说会更健康："我能看出来你现在感觉多么生气和伤心。我不能让你打你的妹妹，但是，让我们看看我们能否为你找到一个方法来表达你的感受，而不伤害别人。"

愤怒呢？

最难处理——并且被我们的社会认为最不能容忍的一种情绪，就是愤怒。愤怒，往往是当我们感到无能为力或受到伤害时，我们试图用来照顾自己的一种方式；愤怒常常是在掩饰我们内心深处的更痛苦的感受。有时候，孩子们之所以表现出愤怒，是因为他们对父母的要求或者对他们自己无力完成一件事情或者无力满足自己的好奇心而感到沮丧。愤怒往往是对其他情绪的一种掩盖，比如伤心或恐惧。（失去一位父母或者感觉缺乏无条件的爱是让人很伤心的。）反抗大人也是孩子们（尤其是十几岁的孩子）个性化——发现他

> 感受永远是没问题的——它们从来没有对或错。另一方面，我们的行为可能是恰当或不恰当的。

们是谁而不是他们父母希望他们是谁——的一种方式。

然而，大多数大人会发现，孩子们的愤怒行为很难处理。孩子们会以各种不恰当的方式表达他们愤怒的感受——这些方式常常会让他们陷入麻烦。正确地表达愤怒，能够成为澄清事实并为讨论令人烦恼的事情打下基础的一个好方法。然而，太多的时候，愤怒会失控，从而关闭沟通的大门，有时候甚至会将我们所爱的人置于危险之中。

以恰当的方式处理愤怒的感受

艾利克斯6岁的时候，他的爸爸搬了出去，而艾利克斯的妈妈戴安娜很担心家庭的解体对她儿子的影响。艾利克斯是一个聪明、敏感的小男孩，几乎总是乐于帮忙并且很快乐。他从来不是一个有攻击性的孩子，所以，有一天晚上，当母子俩睡前在床上玩挠痒痒，艾利克斯突然开始用拳头打她的肚子时，戴安娜感到既震惊又困惑。

戴安娜曾经和艾利克斯非常坦诚地谈过他爸爸要离婚的决定，但是，很显然，这个小男孩的心里有一些他自己不知道的感受。第二天，当戴安娜开车接儿子放学时，她问他对于昨天晚上发生的事情有什么感受。

> 孩子们会以各种不恰当的方式表达他们愤怒的感受——这些方式常常会让他们陷入麻烦。正确地表达愤怒，能够成为澄清事实并为讨论令人烦恼的事情打下基础的一个好方法。

艾利克斯沉默了一会儿，最后说："妈妈，有时候，我对一些东西感觉很愤怒，我就是想打人！"

戴安娜不是心理学专家，但是，她的常识和对儿子的爱告诉她，她必须帮助他解决这些过于强烈的情绪。"艾利克斯，"她

处理你的孩子的情绪

处理你的孩子的强烈情绪能够成为进入你的孩子的内心世界并且建立亲密关系、理解和信任的一个很好的机会。以下是你可以尝试的一些方法：

- 让你的孩子画一幅他感受到的情绪的画。它有颜色吗？有声音吗？
- 让你的孩子讨论他或她的感受，而不是将其付诸行动。孩子们通常不会清醒地意识到他们的感受（或者不知道他们的感受是什么），所以，用一种平静的声音问他们几个简单的问题（“听上去你可能感觉很伤心并想要报复”或者“你现在真的感觉很生气吗”）可能会有帮助。
- 将他们的行为转移到一种更合适的方式上。捂着枕头大叫、在后院转圈或玩水或画画或者玩黏土，也有助于发泄情绪并恢复平静。
- 在你的孩子按照他或她的强烈感受行事之前，先做一段让人冷静下来的暂停。
- 让你的孩子注意当他变得非常愤怒时，他的身体里在发生什么。因为愤怒是一种生理反应（肾上腺素被释放出来，心率和呼吸加速，血管扩张等等），大多数人会从身体上感觉到愤怒。无论是你还是你的孩子，都能够学会识别自己的早期征兆（握紧的拳头或咬紧的牙关，剧烈跳动的心脏，或者揪在一起的五脏六腑是常见的反应）并在愤怒失控之前提供冷静下来的途径。

说，“你知道，当你有这种感受时，你不能打我。我们不能这样对待彼此。但是，我理解你的感受，而且，我认为我们需要为你找到一种发怒而不伤害其他任何人的办法。”

戴安娜去了一趟玩具店，并带回一个充气的“拳击袋”。然后，她告诉艾利克斯，当他感到愤怒或伤心时，他可以打这个拳击袋。戴安娜把这个拳击袋放在了厨房，以便当艾利克斯用它的时候，她能和他说话。

艾利克斯和妈妈都对他打拳击袋时的凶猛感到很惊讶。但是，随着时间的流逝，打拳击袋的时间对母子二人都变成了一种疗愈。偶尔，戴安娜和艾利克斯会彼此来回击打拳击袋。“你也很生爸爸的气吗?”艾利克斯有一天问，“如果你愿意，你可以假装这就是爸爸。”通常，打拳击袋的时间是以欢笑和拥抱结束的。

在第四个拳击袋最后因为慢撒气而坏在厨房的角落里之前，艾利克斯用坏了三个拳击袋。他认识到，尽管他的感受有时难以处理，但是，这些感受是正当的并且是他自己的，而且是可以通过一点理解和帮助来控制的。他还发现，生他爸爸的气但仍然爱他是可能的。这个发现为艾利克斯和他的双亲之间建立牢固、健康的关系打下了基础。

戴安娜没有忽视艾利克斯的感受，也没有试图说服他不要有这些感受。她没有坠入沮丧、绝望，或责备她自己。她帮助艾利克斯找到了一种以不伤害他自己或别人的方式去理解和处理他的感受的方法。拳击袋帮助艾利克斯表达了他愤怒的感受，直到它们能被控制并且他能将精力集中在其他事情上。

当你学会通过进入你的孩子的内心世界并从他们的角度看待事情，来探索他们的感受时，对你和你的孩子来说都是很珍贵的。在单亲家庭生活的孩子，可能会体验到各种各样的情感，尤其是如果他们不得不处理死亡，或父母离婚，或仅仅是与他们的朋友不同的话。他们会感到强烈的愤怒、内疚、困惑、担忧、悲伤和恐惧。

认可孩子的感受

“我的孩子们在他们的爸爸搬出去之后开始做噩梦并难以入睡，”一位妈妈说，“我以为他们只是抗拒上床，但结果他们是害怕窃贼，因为家里现在没有男人了。我甚至从来没想到过这些。”

很多时候，我们和自己的孩子之间所经历的那些日常的紧张和冲突，是由他们的感受所导致的。学会从一个孩子的角度去理解那些感受——而不仅仅是从我们自己的角度——能帮助我们解决问题，而不是使问题恶化。事实上，有时候，理解并接纳孩子的感受就是解决一个问题所需要的全部。孩子像大人一样，需要感觉到被理解和接纳——而认真的倾听可以是建设性的沟通的第一步。

希瑟，6岁，正计划着在圣诞假期去她的爸爸家住十天。尽管希瑟每隔一周的周末都会去她的爸爸家，但这次不一样。她的奶奶和姑姑已经从外地来和她以及她的爸爸共度圣诞假期了。这已经计划了好几个月；希瑟对于将要再次见到奶奶和第一次见到姑姑感到很兴奋，但她已经习惯了与爸爸单独相处。她和她的爸爸一起过的周末很美妙，他们做很多事情，比如轮滑、散步和做游戏。希瑟很珍惜这次和爸爸在一起的特别的时光。

很多时候，我们和自己的孩子之间所经历的那些日常的紧张和冲突，是由他们的感受所导致的。学会从一个孩子的角度去理解那些感受——而不仅仅是从我们自己的角度——能帮助我们解决问题，而不是使问题恶化。

在到爸爸家的第二天，希瑟就哭着给家里的妈妈克里斯蒂打电话。因为爸爸让她穿一件舞蹈服去看《胡桃夹子》。“我不想穿那条裙子，”希瑟哭着说，“我想穿你给我的那件运动衫。”

接到女儿电话时，克里斯蒂正忙着。“穿你爸爸让你穿的那条裙子，”她语速很快地告诉希瑟，“圣诞老人可能会到芭蕾剧院，如果你不好好的，他会知道的。”当克里斯蒂挂上电话时，她意识到，用圣诞老人来操纵希瑟，既不公平也不是解决问题的方法。羞愧和内疚不是好的激励方式，它们不会赋予孩子选择更好的行为的力量。克里斯蒂期待着希瑟下一次打电话来的机会，以便她能更友好、更尊重。第二天，当希瑟再次打来电话时，克里斯蒂的机会来了。

“爸爸刚刚让我离开厨房——他说我碍事了。”她抽泣着说。

克里斯蒂努力进入希瑟的内心世界并去理解孩子行为背后的感受。“听起来好像你感觉被冷落了。与你的奶奶和姑姑共同拥有你的爸爸很困难吗？”

希瑟闷闷不乐地嘟囔着说：“是的。”她已经习惯了自己完全拥有她的爸爸，而现在他没有任何时间来陪她。“自从我到这儿之后，他根本就没有陪我玩过，而且我没有任何好玩儿的事。”希瑟伤心地说。

克里斯蒂问希瑟是否想过把她的感受告诉爸爸。

希瑟沉默了一会儿。“也许我会那么做。”她说。

第二天，当克里斯蒂的电话再次响起时，电话那头已经是一个快乐得多的孩子了。“我告诉了爸爸我们谈论的事情，妈妈，”她说，“他同意了每天至少陪我玩一次。今天早上，我们出去散步了——就我们两个人。”希瑟高兴地和妈妈又聊了几分钟，然后挂了电话。克里斯蒂笑了。

当希瑟感觉到被理解时，她就能够从一个不同的角度解决她的问题。克里斯蒂避免了替她解决问题或指责她的本能冲动，并且通过充当女儿的教练，帮助希瑟为她自己的感受承担起了责任，以尊重的方式向爸爸表达了她的感受，并找到了一个解决她的问题的方法。

积极的倾听：沟通的关键

问：我14岁的女儿养成了一个习惯，当她对什么事情感到生气时，就会冲进自己的房间，砰地一声关上门，并把门锁上。她的爸爸没有来看过她，也不给孩子任何抚养费。我尽到了最大努力，但是，我做着两份工作依然难以支付账单。我女儿最近的行为让我没有能力处理了。我发现自己站在她的门外，朝她大喊着让她开门。上次发生这种情况时，我开始使劲敲门并咔咔地转动门把手，而这只是让她更大声地冲我尖叫。我的邻居告诉我，我应该把她房间的门卸下来，这样她就无法躲着我了。我该怎么办？

答：你自己的疲惫和沮丧都反映在了你的问题里。一个人拮据地养育一个孩子是一件很吃力的事情，而且，有时候孩子的行为会使其更难。你的女儿正在应对青春期，这意味着她正努力地在确立自己的独立和与你保持某种联系之间寻找平衡。不幸的是，十几岁的孩子有时会选择争吵作为保持联系的一种方式——而愤怒有时确实让人感觉像是一种强有力的纽带。毕竟，你们之间在交换那么多的能量！

用惩罚或者试图控制你的女儿（比如强迫她开门或者把门卸掉）作为回应，也许只能让事情变得更糟。一个好的开始是承认你们两个人都在经历着的那些强烈感受。要试着给她一点时间，让她独自在她的房间里发泄她的感受，而你要做几次深呼吸让自己冷静下来。

当你们两个人都感觉平静一些之后，要试着站在她的门外，用一种平静的语气（她也得让自己平静下来听你说话）告诉她，你能听出来她感到多么愤怒、伤心或害怕（你的智慧将帮助你知道她有什么感受）。要告诉她，你理解她需要自己待一会儿，但是，你愿意提供帮助。然后，要告诉她，如果她想谈谈，可以来找你。

要有耐心，孩子们通常需要一段时间才能相信大人做出的改变。但是，如果你真诚地想倾听她的感受（要记住，倾听不一定意味着你同意），并且如果你能抑制住强迫她开门的强烈欲望，最终，她也许会决定与你面对面地谈一谈，而不是隔着一扇锁着的门大喊大叫。积极的倾听，而不是试图控制局面，会让你的女儿知道她的感受对你来说很重要，以及你们可以一起讨论她的感受。

积极的倾听，是倾听并将孩子的感受映射给孩子的艺术。它给孩子提供了一个机会，让他们感觉到自己被理解并且让自己经常感到困惑的事情得到理解——并学会相关词汇，而且这也给父母提供了一个发现孩子行为背后的感受的机会。积极的倾听并不一定意味着父母赞同孩子，但会让孩子感到自己被理解了——这是我们所有人时不时都需要的——并且给孩子一个弄清楚他自己的感受并进一步解决问题的机会。

罗恩 10 岁的儿子在探望过妈妈之后，一脸不悦地回到家里。“嗨，米奇，”罗恩大声喊道，“我想你了。等你打扫完你的房间后，我们可以去玩一会儿我们说过的球类运动。”

米奇的这个周末一点儿都不开心。妈妈的新男友来了——带着他的两个年幼的儿子——米奇不得不和这两个男孩共用他的房间和他的物品。他感觉被取代了并且很生气，而打扫他在爸爸家的房间的想法超出了他的忍受限度。“我才不在乎打什么球呢，”他对困惑的爸爸说，“而且，我也不会去打扫我的房间！”他跺着脚去了后院，留下罗恩在那里不知道下一步该怎么办。

罗恩有几种选择。他可以坚持让米奇打扫他的房间，或者，他可以生气地问米奇：“你怎么了？不要那样对我说话！”（难道这听起来不熟悉吗？父母们经常告诉自己的孩子该怎么做，而不是倾听并认可孩子表达的感受。）

罗恩选择的是给米奇一些时间冷静下来。然后，罗恩映射了米奇的感受。“听上去你很生气。”当米奇最终走进屋子时，他温和地说。米奇不置可否地嘟哝了一声。“你似乎还觉得很伤心。”爸爸继续说，“你想谈谈吗？”

虽然花了一些时间，但是，米奇开始把他和妈妈过的周末以及他的感受告诉了爸爸。一旦米奇意识到爸爸理解并接纳他的感受，他们就一起寻找解决这个问题、米奇对爸爸的行为问题以及打扫他房间的问题的办法。而且，在此之后，他们还有打球的时间。

理解并接纳我们和我们的孩子的感受，是建立坦诚而信任的关系的第一步。学会“倾听”非语言信息，尊重并准确地表达我们自己并一起解决问题，是建立一个有效而充满爱的单亲家庭接下来的几步。

第 4 章

沟通的艺术：

解读能量的线索

沟通有多种形式。大人们习惯于使用语言沟通；我们大量地运用语言（然后还奇怪为什么孩子们毫无反应）。但是，我们相互之间“说”的很多东西，都不是通过语言。信息是被包含在我们的肢体语言和我们的能量中的。

我们的情绪会在我们周围造成一种明显的能量。你进入过一个人们刚刚争吵过的房间吗？那里可能没有一点声音，然而，你能感受到空气中弥漫着的凝滞而令人感到刺痛的愤怒。通常，我们运用非语言方式（我们的面部表情、我们的语调、我们的姿势）沟通的信息，要多于用语言沟通的。

孩子们对大人发送的非语言信息特别敏感。在他们学会阅读之前，他们就会“阅读”能量了！当一个大人的话语和非语言信息不匹配时，孩子们会本能地信任非语言信息。例如，凯蒂正在告诉她的妈妈她与她的爸爸以及他的新女友斯蒂芬尼在一起度过的美妙时光。突然，凯蒂中断了讲爸爸和斯蒂芬妮给她买的新娃娃的事情，问妈妈："你生气了吗？"

"没有，凯蒂，当然没有。"妈妈说（她的声音里只有一点点不耐烦），"为什么这么问？"

"哦，"凯蒂回答，"你一直在叹气，而且你的眉毛都皱在一起了。"

凯蒂的妈妈现在有一个机会让她的女儿知道，她有时会感到伤心或孤独——但她不是在生凯蒂的气，而且她很高兴凯蒂能喜欢和她爸爸在一起。

父母们也必须学会留心自己孩子的非语言线索。一个平时很快乐的孩子，如果从学校回到家里就一声不吭地走进自己的房间，给你的线索可能是他需要谈谈。一扇被砰地摔上的门、颤抖的下巴，或者夜里无法入睡，可能是你的孩子需要和你一起整理某些感受的证据。

当你能够学会映射孩子的话（包括语言和非语言）并共情时，就会让他们思考所发生的事情——这是一个探究真实感受的时刻。当你辩驳他们所说的话时（或说教，或在他们准备好之前就提供解决办法），你就只会挑战他们为自己的立场争辩或者完全拒绝交谈。而且，你可能会错失疗愈、表达爱以及建立信任的重要机会。

如何积极地倾听

一个孩子可能会说："没人想跟我玩。"父母做出的一个无效的回应可能是："哦，别这样，你有很多朋友。"尽管父母的话可能是对的，但它没有认可这个孩子当时的感受——而且，这实际上切断了对于正在发生的事情的任何真正的沟通。

积极倾听的例子

想象一下，这些话是一个孩子说的。你会如何回应？

- 从来没人邀请我参加派对。
- 看牙医会很疼。
- 我不喜欢我学校里的老师。
- 你不公平！

积极的倾听可能会让你做出以下回应：

- 听上去好像你感到很失望并觉得受到了冷落。你想谈谈吗？
- 看牙医有时会疼——有时候我也不喜欢去看牙医！
- 你似乎对你的老师很失望。你能跟我多说一些吗？
- 听上去好像你认为我犯了一个错误。你能告诉我为什么你有这种感觉吗？

这些话会让孩子们感觉得到了倾听，并知道他们有这种感受没关系。通过爱和理解来认可一个孩子的感受，是打开真正沟通的大门以及建立信任关系的一种很好的方法。

一个积极的回应可能是："你似乎认为你没有任何朋友。我能看出来这让你很伤心。"当这个孩子有机会回应时，父母应该说："还有吗？"这个问题往往能让孩子说出被隐藏起来的更深层的感受。而且，重要的是要带着真正的兴趣和好奇，而不是评判，来问这个问题。（毕竟，没有人喜欢被审问！）有时候，所有的孩子真正需要的只是有人倾听和理解。体贴、积极的倾听，会促进大人和孩子双方共情，并给父母理解的机会，以便他们接下来能处理真正重要的事情。

对待失去：时间和耐心的奇迹

父母们最难接受的事情之一，是我们既不能改变我们的孩子的感觉，也不能保护他们免于不愉快的感觉。孩子们会像大人一样强烈地感觉到悲伤和失去。我们很容易努力劝说我们的孩子不要痛苦，不是因为我们不理解，而是因为我们不想让他们遭受痛苦。然而，大多数时候，一个充满爱心的父母能做的最有帮助的事情，就是倾听、接纳，并在此过程中保持耐心。

杰姬一直认真地与她的孩子们一起制订对待紧急情况的计划。他们知道该给谁打电话，知道电话号码以及如果妈妈去学校接他们晚了该怎么做。所以，当一个漫长的会议和几个红灯让杰姬在一天下午晚到了十分钟时，她并没有过度担心。7 岁的查尔斯知道，如果他很担心，他可以告诉学校的秘书，而且他应该站在学校门口等待妈妈的到来。

当杰姬把车停在学校，发现校长挨着一个歇斯底里的小男孩坐在一道矮墙上时，她感到既惊讶又恐慌。

“出什么事了?”她喊道，从车里冲出来的时候差点儿绊倒。她在查尔斯身边蹲下来，焦急地看着他布满泪迹的脸。“发生什么事了，小伙子?”

校长冲着她温和而同情地微笑着。“你的儿子害怕你不来了，”她说道，“他有点儿惊慌。”

在他们开车回家的路上，查尔斯的呜咽变成了偶尔的抽噎。“查尔斯，”妈妈开始说，“我能看出来你真的很不安，可我不理解为什么。你以前不这么黏人。我们已经讨论过如果我来晚了你该怎么做。你为什么不能只是等我来呢？”

一段长时间的沉默后，查尔斯以近乎耳语般的声音说：“我认为你可能出了什么事，妈妈，我认为你不会来了。”

“但是，亲爱的，”杰姬开始说道，“你知道我永远不会离开的……”然后，突然灵光一闪，杰姬理解了查尔斯的感受。他的爸爸在几个月前刚刚意外去世，而杰姬这时意识到，在她的小儿子看来，生命是那么脆弱。如果妈妈也离开了，他怎么办？

杰姬把车停在最近的安全地点，把查尔斯揽入怀中。“我也想念你的爸爸，而且有时我像你一样害怕。我想我无法总是控制发生什么事情，但是，我永远不会主动选择离开你们，查尔斯。你和你姐姐是我生命中最重要的人，我会始终尽最大努力陪着你们。”

儿子感受到的痛苦和恐惧几乎让杰姬心碎。更难的是，她意识到她无法用他小时候疗愈他失去宠物的方法来让他的感受变得好起来。孩子们确实会悲伤，无论是因为失去一位父母、因为走失一只宠物，还是一个梦想的破碎。父母们的全部希望，无论是对于他们自己还是对于他们的孩子来说，都在于时间确实能治愈一切。

对于无论因为何种原因而失去一位父母的孩子来说，黏着那位在自己身边的父亲或母亲是正常的，当那位父亲或母亲离开时哭泣是正常的，甚至回来晚一会儿就担心也是正常的。尽管这种依赖令人沮丧，但是，正常生活中的简单的节奏和惯例可以让人感到安慰。跟你的孩子谈谈你的日程安排、与他们一起制订出现意外情况时的计划，并且向他们保证在他们需要你的时候你会尽最大的努力来到他们身边（而且，如果你的计划有变，你会给

孩子们确实会悲伤，无论是因为失去一位父母、因为走失一只宠物，还是一个梦想的破碎。父母们的全部希望，无论是对于他们自己还是对于他们的孩子来说，都在于时间确实能治愈一切。

他们打电话），也会有帮助。积极的倾听也会让他们知道你理解他们的感受，并且能帮助你们找到一起度过疗愈过程的办法。

专家告诉我们，从失去一位心爱的人的痛苦中痊愈，可能需要两年或三年的时间。无论让你的孩子悲伤的那位父母是因何种原因失去的，你都无法将孩子从痛苦中解救出来。只有时间和理解能够减轻痛苦。你可以倾听、理解，并在适当的时候分享你自己的感受。要有耐心，尽管看起来似乎是不可能的，但会好起来的。

我自己的感受怎么办？

感受——悲伤的感受和开心的感受——是人类状态的一部分。它们不大可能在短期内消失。父母们经常与他们自己乱七八糟的情绪——排斥、担心、压力——抗争。而且，如同我们的孩子一样，感受会影响我们如何行为。当父母们感到疲惫、伤心或不知所措时，他们就无法做到最好；而且，有时候，我们的孩子会遭受我们的感受的冲击——而且不明白为什么。

“但是，我对我的前妻很生气。”你可能认为。或者，“我感到那么恐慌和害怕，以至于我什么事都做不了。”“有时，”你可能会说，“那些孩子让我那么生气，以至于我控制不住自己。”

父母们应该表达出他们自己的多少感受呢？让孩子们看到我们愤怒或伤心或害怕，是明智的吗？

掩盖或否认我们的感受，很少会管用。那些了解我们的人通常能感觉到它们。事实上，在涉及到探查心境和情绪时，孩子们拥有令人难以置信的敏感的“天线”。孩子们可能会因为缺乏更好的解释，而想当然地认为他们是造成父母的任何一种感受的原因。更糟糕的是，我们一开始否认自己的感受，然后又把它们发泄到自己的孩子身上——为凌乱的厨房大喊大叫，而不是说："我现在感到害怕和难以承受。我需要给自己一些时间，直到我感觉好起来。"

尽管有时候很难，但最好诚实地说出你的感受，尤其是当家庭经受着变化或压力的时候。父母的情感诚实不仅能帮助孩子理解到底发生了什么，而且还能鼓励他们诚实地表达他们自己的感受。你可以简单地说出你的感受（"我现在真的很生你爸爸的气"），而不用提到孩子们无需知道的细节或指责。

父母们甚至可以以一种非评判的方式表达对孩子行为的不愉快的感受。太多的时候，我们对孩子的"建设性的批评"伴随着大量的指责和不愉快的语调。

表达你的感受的一种有帮助的方法是运用"我式句"。"我式句"有助于我们知道说什么（以及不说什么）——尤其是在我们可能太生气而无法保持冷静的时候。比如，平静地说出下面这句话是可能的："如果你没有在你承诺的时间回家，我会感到害怕和不安，因为我爱你并且我担心你可能出了什么事。如果你在回来晚的时候给我打一个电话，我会很感激。"

或者，"我感到很沮丧，因为洗衣机坏了，而我们都需要干净的衣服。如果你能帮我个忙，现在就准备上床睡觉的话，我会很感激。"当感受能被诚实但尊重地表达出来时，孩子们更有可能理解真实的情况，而父母失去控制的可能性就较小。

单亲妈妈劳拉在结束了一整天的工作后刚刚回到家。她没有赶上一起吃晚饭，而且她筋疲力尽；此外，她在第二天早上还有一个会议，还需要一些时间来做准备。她渴望着平静和安宁——而她的两个女儿正在为谁先用浴室争吵。随着争吵的加剧，她们大声嚷嚷着让劳拉决定谁是对的。

劳拉感到自己越来越焦虑。终于，她再也无法忍受了，她也开始喊叫，训斥两个女儿要好好相处。当她停下来喘口气时，她意识到，发生这种情况更多的是她的问题，而不是孩子们的问题：她太累了，以至于对她们的争吵无法做出理性的回应。

劳拉深吸了一口气，面对着她的女儿们。她平静地说：“姑娘们，我今晚太累了，以至于对你们的争吵没有耐心。”她解释说她度过了漫长的一天，而明天还会这样，她需要照顾好自己。她问两个女儿，今晚能否请她们自己解决两人之间的问题，然后自己上床睡觉。劳拉说了晚安，给她们每人一个拥抱和亲吻，就回自己的房间了。

由于劳拉很少需要要求这种独处的时间，而且真诚地说出了自己的感受，而不是说教和责备，她的两个女儿能够让她独处——并自己解决两人之间关于浴室的争吵。

父母们在情绪低落或疲惫时，往往会在沮丧或失望中做出过度反应，或者坚持一种不理性的管教方式。他们真正需要做的是，通过让他们的孩子知道他们的感受，帮助孩子理解当时的状况，并教给孩子给予支持，来照顾好他们自己。永远不应该要求孩子们承担对他们来说太沉重的负担，或代替那位离开的父母。然而，对你的感受的简单解释，就能决定是造成愤怒和内疚，还是营造一种爱和合作的氛围。

走得太远了：如果我失控了怎么办？

学会诚实而建设性地处理我们的情绪，不只能让我们的家庭保持平和——还能防止伤害我们爱的人。没有哪个父母想伤害自己的孩子，但是，压力、挫折和愤怒会导致我们做出过后会后悔的行为。

从日托中心把两个儿子——比利和埃里克——接回家，是乔每天最开心的时刻。乔是一个单亲爸爸，工作很努力并经常很累，但他爱把两个儿子抱起来拥抱一下，检查他们画的画，并聊聊他们这一天过得怎么样。当他们到家后，乔会准备晚餐并放松一下——喝一点酒。而乔越"放松"，他就会变得对比利和埃里克的行为越恼怒。

一天晚上，吃过晚餐后，乔瘫坐在他的椅子上，看着他的两个儿子努力地帮忙收拾桌子。有账单要支付——太多的账单——而且汽车也出了毛病。乔与两个儿子的妈妈就探视问题发生了争吵，他的怒气导致他比平时多"放松"了一点。正当乔刚喝完第三杯酒的时候，比利把一个砂锅掉在了地上——乔爆发了。他把大哭着的儿子拖进了房间，在那里训斥他有多么笨。我需要一些新鲜空气，他想。他锁上了比利的房门，让埃里克看电视，然后出门去了附近的酒吧。

几个小时后，警察拦住了乔，并以酒后驾驶传讯了他。当人们发现两个男孩被独自留在家里时，对他的指控中又增加了儿童忽视。在法律的干预下，乔得到了每周一次的咨询，以处理他的嗜酒问题。他还参加了一个养育课堂来学习一些新的技巧。

尽管乔毫无疑问地爱着他的两个儿子，但他走得太远了。很多诉诸于体罚或情感虐待和言语虐待的父母们也是如此。一个承受着巨大压力的父母，尤其是一位可能在困难条件下独自养育孩子的单亲父母，怎样才能保持理智呢？

拥有一个由愿意倾听的朋友（见第 6 章）组成的支持网络是很有帮助的。而且，学会识别自身的某些危险信号是极其重要的。紧绷的下巴、紧握的拳头、加速跳动的心脏，或者提高的声音，可能都是在告诉你该小心了。毒品和酒精从来都不是解决问题的办法。

是我们控制感受？还是感受控制我们？

我们很容易让我们的情绪控制自己，或把它们当作不那么高明的决定的借口。当我们意识到自己的真正感受，并倾听、接纳以及从中学习的时候，我们就能够深思熟虑地行事，甚至在最困难的情形中都能做出最佳选择。

安德莉娅周末去外地参加了一个研讨会，她期待着把 8 岁的女儿艾米从艾米的爸爸家接回来。在分开的时候，艾米通常会想念妈妈，安德莉娅一边开车一边愉快地哼着歌，期待着一个大大的拥抱。在接到艾米后，安德莉娅带她出去吃了比萨。回到家后，她们放下东西去散步，聊着她们在分开时各自做了什么。然后，在艾米睡觉前，她们蜷缩在床上一起读了书。

当安德莉娅坐在餐桌旁整理周末的信件时，她看见她的女儿迟疑地穿过大厅朝她走来。“怎么了，亲爱的?”她问，“你睡不着吗?”

“我要给我爸爸打电话。”艾米回答说。

当艾米跟她爸爸通话时，安德莉娅静静地等着，尽量不让自己不耐烦地看时钟。这是一次简短的交谈；安德莉娅能看出来她的前夫约翰正忙着什么事。艾米慢慢地挂上了电话，当她转过身来面对妈妈时，眼泪顺着她的脸颊流了下来。

安德莉娅把手伸向女儿。“你看上去真的很伤心，宝贝儿，”她说，“你想告诉我出了什么事吗?”

艾米犹豫着，安德莉娅能看出来她不愿意说。最后，她说了出来：“妈妈，我睡不着，因为我想我爸爸。我们这个周末过得太愉快了，我现在就想和他在一起。”

安德莉娅被刺痛了。她和约翰离婚已经三年多了，调整曾经非常困难。但是，安德莉娅决定要做对女儿最好的事，甚至在艾米感到伤心和大失所望时帮助她保持和爸爸的关系。这曾经是一个痛苦的过程，但是，最近几个月，情感的创伤和动荡已经平息了。安德莉娅已经开始对她自己和女儿的生活感到有了安全感，并且很乐观。约翰很快就要再婚，而艾米对整个婚礼的安排兴奋不已。安德莉娅一直在设法应对，但是，现在她看到艾米很明显左右为难。

“好。你想做什么呢，艾米？怎么才能让你感觉好一点？”安德莉娅问道。

艾米立即回答：“我想回我爸爸家。我想在那里睡觉，然后让他早上送我去学校。”

安德莉娅的表情一定反映出了她的痛苦。“可是，亲爱的，我刚刚回到家，”她说，“难道你不想和我在一起吗？”她看到了女儿的挣扎，意识到艾米在她自己的愿望和想避免让妈妈伤心之间左右为难。取悦妈妈的愿望占了上风。

“哦，别担心，妈妈，”艾米突然说，“我会没事的。我这就回去睡觉。”她向自己的房间转过身去，但在此之前妈妈看到了艾米颤抖的下巴。

安德莉娅深吸了一口气。“艾米，”她说，“我不确定你的爸爸会说什么，但是我们可以给他打一个电话，问问他是否愿意来接你。这是你真正想要的吗？”

“哦，是的！”艾米回答道，并跑向了电话。这次交谈的时间要长一些，当艾米挂上电话时，她笑了。“他马上就过来，妈妈。”她说，然后就跑去收拾早上要穿的衣服了。

当约翰到来时，他脸上带着对安德莉娅同情的微笑。“你确定这样做你没事吗？”他问，“我不想妨碍你和艾米在一起的时光。”

“嗯，”当艾米走过客厅时，安德莉娅回答说，“这似乎就是她现在需要的。是的，是有一点伤心，但是我会没事的。”

安德莉娅努力微笑着，给了女儿一个拥抱，然后把门关上了。“哦，好吧，”当她走回餐桌旁时，她对自己说，“这真的没关系。我真的很高兴她能告诉我她需要什么……”安德莉娅的思绪飘忽起来，她突然哭了。

这真让人伤心，她想，当她的感受击中她时，她瘫坐在了沙发上。怎么还会这么伤心呢？

艾米在第二天早上上学之前打来了电话。“我真的很抱歉，妈妈，”她温柔地说，“我猜，我有时候既想要你又想要爸爸，我不知道该怎么办。”

安德莉娅能够用带着微笑的声音回答了。“艾米，告诉我你的真实感受是需要勇气的。我很高兴你做到了。”她们聊了几分钟，直到艾米放下心来，出发去学校。

“有时候，我还是感到那么没有安全感，并且会害怕。”那天晚些时候，安德莉娅对她最好的朋友说，“我猜我仍然认为我不知怎么就会失去她。我真的不喜欢和别人共同拥有她，即便是和她自己的父亲。我认为我做对了，但是，艾米想离开我让我很伤心。自从昨天晚上开始，我就有了一个心结。”

她的朋友同情地笑了。“你做了你认为对艾米最好的事。而且艾米知道了她可以把她的感受信任地告诉你，并且她可以同时爱并喜欢她的双亲。要有信心，安德莉娅，要信任你的女儿以及你俩之间的关系。你俩都会好起来的。”

赞同孩子的愿望并非总是必要的（或明智的）。当你迅速介入并试图解决孩子的每一次情绪不安时，你可能是在鼓励你的孩子成为爱操纵别人的人。但是，在这个例子中，安德莉娅相信她的直觉——艾米陷入了由她想用自己的方式解决问题的一种真实需求而产生的情感冲突中。尽管让人很伤心，但安德莉娅愿意倾听并接纳女儿的感受，相信这最终会让她和女儿更亲密。如果艾米反复做出这类行为，安德莉娅可能就需要多想一想她的回应，以便艾米既知道可以信任地把她的感受告诉妈妈，也知道无论情绪多么真实，都不是操纵别人的一个借口。

人们很容易相信做“对的”事总是会感觉更好，但正如安德莉娅了解到的那样，选择对我们的孩子来说最好的事情有时是困难的，甚至是痛苦的。然而，尽管痛苦也要去做，而不是让自己被痛苦的感受控制，这是可能的。

第二天下午，当艾米回到家时，在出去玩之前，她给了妈妈一个特别大的拥抱。那天晚上的晚些时候，安德莉娅跟艾米谈了，并略微解释了她的感受。妈妈和女儿都知道了对彼此诚实是没问题的，而且知道了那些不用愤怒和指责去处理的困难情形能够成为建立信任和亲密的机会。

感受只是感受

要记住，即使最难面对的感受也仍然只是感受，而我们的处理方式既可以是建设性的，也可以是破坏性的。当愤怒和压力变得难以承受时，无论孩子还是大人都可以学着做一下暂停——不是作为一种惩罚性的禁闭，而是作为一种冷静下来并感觉更好的方法，以便一种情形可以得到平静的处理。而且，我们可以找到表达沮丧的替代方法，比如，捂着枕头大叫而不是冲一个人大叫会很管用。

选择对我们的孩子来说最好的事情有时是困难的，甚至是痛苦的。然而，尽管痛苦也要去做，而不是让自己被痛苦的感受控制，这是可能的。

孩子和大人一样，能够学会

数到10、深呼吸以及冷静地讨论问题。一位爸爸说，当有被愤怒支配的危险时，他会拿出垃圾并砰砰地用力扔进垃圾桶里。当他返回家里时，他就能控制好自己，并且为寻找解决当前问题的建设性方法做好了准备。

改变我们处理强烈情绪的方法，需要时间和精力，而且我们也不会总是成功。但是，教给我们的孩子——以及我们自己——积极地处理感受，不仅会使我们诚实，而且节省了我们不这样做就要用来压抑或发泄我们的情绪的所有精力，以使其能得到更好的运用。花时间练习积极的倾听，去理解我们的孩子的感受，并帮助我们的孩子理解我们的感受，是建立信任和亲密关系的美妙而非常可行的方法，这会让我们在成长、改变以及应对困难时期的时候坚持下去。

> 当愤怒和压力变得难以承受时，无论孩子还是大人都可以学着做一下暂停——不是作为一种惩罚性的禁闭，而是作为一种冷静下来并感觉更好的方法，以使一种情形可以得到平静的处理。

第 5 章

平衡、兼顾以及单亲养育的其他技巧

这一整天的工作都令人沮丧，琳恩又累又烦躁地回到家，重重地倒在沙发上，盘算着在今天结束前她还能干些什么。

一堆账单在桌子上等着，地毯上到处是三个孩子的鞋子带进来的沙子，他们显然在学校的沙坑里玩得很开心，而且，厨房地板上到处是“酷爱”饮料洒出来造成的黏糊糊的斑点。细想一下，琳恩思忖着，浴室可能也需要清洁了。而且，车子也要换机油了。

琳恩开始头晕脑涨。快到晚餐时间了。冰箱里还有吃的吗？她疲倦地望着院子，但这只提醒她草坪需要浇水、施肥、修剪和修边了。就在这时，琳恩的孩子们抱着一摞书扑通一声在她身边坐了下来。“你能给我们读书吗，妈妈？”

这是一个得到心灵启示的时刻。情绪之海风平浪静，尘埃落定，薄雾散尽，阳光照亮了墙上的字迹，“欢迎，”上面写着，“来到单亲养育的世界。要小心点儿。”

无论你是离婚还是丧偶，男人还是女人，有监护权还是没有监护权，都不重要；做一名单亲父母可能是人生中最棘手的一种平衡艺术。有太多的事情要做，而很多时候又没有多少时间去做。

在一个“传统”的家庭里，一对夫妻可能会分担料理家务和照顾孩子的任务。而在一个单亲家庭里，同样有这些任务，但却只有一个大人去做——其前景看上去会令人难以承受。

单亲父母们经常说，正是一些小事让他们崩溃。当你迅速冲澡或去一趟商店时，没有人会替你照看一会儿孩子；没有人去抓猫叼进来的残缺不全但仍然活着的老鼠；没有人去帮你修补一件破了的衣服、解释为什么汽车发动不起来、洗衣服、修剪草坪或者铲雪。

最糟糕的是，在一天结束的时候，当孩子睡着时，没有人可以说说话，没有人可以分担担忧的事情，也没有人分享小成就。养育孩子的传统搭档，即另一位父母，可能完全不参与或毫不同情你。难怪单亲父母们常常抱怨感到孤立！永远没有足够的时间把每一件事都做完。其结果通常是沮丧、内疚、担忧和疲惫交织在一起——这绝对不是一种能促成我们希望与孩子拥有的那种关系的氛围。

那么，你怎么办呢？当悲伤已经过去，调整已经完成，而且生活表面上恢复了正常——无论压力有多大——接下来该怎么办？单亲父母要如何平衡对他或她的时间的所有要求，有效率地养育孩子，并且还能找到学习、成长并享受生活的时间呢？这是可能的吗？

我们将向你表明这是可能的——但是，这需要深思熟虑的计划、耐心，以及一些传统的辛勤工作。

> 无论你是离婚还是丧偶，男人还是女人，有监护权还是没有监护权，都不重要；做一名单亲父母可能是人生中最棘手的一种平衡艺术。

将需要优先做的事情排序：最重要的到底是什么？

单亲家庭完全可以像双亲家庭一样有效而且高效地运行（并且有同样多的乐趣），养育并鼓励孩子成长为有能力、健康的成年人。然而，最根本的是要知道如何以及在什么时候使用你的非常有限的时间和精力。

人们说，时间就是金钱。我们经常很谨慎地安排我们的金钱，却不加思考或计划地花费我们的时间，还在忙乱的一天结束时纳闷为什么我们做的事情那么少。认真地将需要优先做的事情排序，可能是任何一位父母——尤其是单亲父母——能做的最有效的事情之一。

生活中有些事情是我们不能避免的——例如，工作或上学——但是，我们是通过用在一件事情上的自由支配时间的多少来表明哪些事情重要的。其中有些是很难选择的：你应该专注于工作和事业，还是应该优先留出与孩子在一起的时间？你应该跳上职业的快车道，期望得到升职以及它可能给你的家庭带来的好处吗？还是你少花点儿时间在工作上，安于较少的经济报酬，但更多地参与到你的孩子的日常生活中？对于你和你的孩子而言，每种决定的长期结果是什么？

> 单亲父母要如何平衡对他或她的时间的所有要求，有效率地养育孩子，并且还能找到学习、成长并享受生活的时间呢？这是可能的吗？

对这些基本问题，每位父母的答案都不同，而且都需要好好地思考。然而，决定把每天的时间花在哪里是比较容易控制的。

试试下面的实验：把你在生活中最重视的事情列一个清单，

然后，把清单中的事项按优先顺序排列。你的孩子可能排在第一位。然后，准确地记录下你在一周左右的时间里在生活中每一件事情上实际花费的时间。结果往往会令人惊讶。当你发现你现在到底如何花费自己的时间之后，审视一下每周有多少时间，并确定什么是真正最重要的事情就相当简单了。

在理想情况下，我们如何运用自己的时间反映了我们最看重什么——以及我们所相信的对于建立家和家庭而言最重要的是什么。很多父母惊讶地发现，他们把自己的大多数时间花在了优先事项清单中位置靠后的事情上（比如看电视），并且把很少的时间和精力投入到了清单中位置靠前的人或事上。预先安排每周的家庭活动时间可能会有帮助。（如果你不安排这些活动，有时它们根本就不会发生。）审视一下你处理不可避免的家庭琐事的方法，也会有帮助：例如，稍微提前做一下计划，就可能使每周去一次商店成为可能，而不是每天去一次。

> 认真地将需要优先做的事情排序，可能是任何一位父母——尤其是单亲父母——能做的最有效的事情之一。

有许多有创意的方法能调整优先事项和责任，以便让它们更好地适应有限的时间。以下只是理顺和简化你的生活的几个建议：

打消不切实际的期望。你的妈妈可能一直让自己的地板一尘不染，熨平枕套，并在每晚六点半准时将做好的晚餐优雅地端上餐桌。但是，这并不意味着你也必须这样做——或者应该这样做。要审视一下你有可能做到哪些事情，并对自己保持切合实际的期望。

把所有你“应该”和“必须”做的事情列在一张清单上。花些时间考虑这张清单上的事项——并注意你对它们的感受。

简化单亲父母生活的方法

- 打消不切实际的期望。
- 尝试列出清单。
- 把做饭条理化。
- 分担打扫房间的责任。
- 花时间教孩子。
- 为娱乐留出时间。

你把多少时间花在了你相信自己“应该”做的事情上——因为你“一直是这么做的”或因为在你生命中的某个时刻被告知你“必须”做——而它们并没有真正提高你的生活品质呢？尽管这需要花些时间并做一些试验，但是，这能让你学会对自己想做的事情、自己认为真正有价值的事情以及自己实际上能有效地做到的事情感到满意。

尝试列出清单。按优先顺序把每天的任务列在纸上，先做那些最重要的事情。这些清单不仅能帮助你把事情完成，而且，把做完的事情画掉会成为一天中最令你满足的事情之一！要尽量在小事情（比如支付账单或缝一个松了的纽扣）出现时就去做，而不是把它们堆到以后再做。

把做饭条理化。在一天的工作之后，把晚餐摆上餐桌可能是单亲父母反复出现的噩梦。要试着准备一些可以吃几顿的菜肴（当你有时间的时候），比如炖菜或一只烤火鸡。要把你的橱柜存满能帮你将剩菜变为诱人的菜肴的食材。要买一本能帮助你在很短的时间里做出有营养的食物的烹饪书。或者，在周末做出双

> 在理想情况下，我们如何运用自己的时间反映了我们最看重什么——以及我们所相信的对于建立家和家庭而言最重要的是什么。

份的饭菜，并把多余的一份放在冰箱里，留到忙碌的一天再吃。要让大一点的孩子参与膳食的计划和准备——这对你们家里的所有人来说都会是一次很好的学习经历。

一位妈妈列了一份她的孩子喜欢的10种餐食的清单。它们都是很简单的东西，比如玉米卷、意大利面、金枪鱼焗面、肉饼、汤和烤奶酪三明治、汉堡包，以及千层面。然后，她为每一种做了一张索引卡片，一面写着食谱（还有配菜，比如沙拉和蔬菜），另一面写着要买的食材。在每周的家庭会议上，孩子们和妈妈会轮流随机抽出五张卡片。他们会将其列在一个日历上。每个孩子都要负责检查食物贮藏室，看看要做出他们抽出来的那些餐食还有哪些食材，并把需要购买的东西列入每周的购物清单。（小孩子会让大一点的孩子或妈妈替他们写出清单。）

他们每周一起去采购一次。每一个孩子都会帮忙找出他们选出来的（以及他们要帮忙做的）餐食所需的食材。这位妈妈解释说："我们的计划消除了那么多的麻烦。弄明白做什么饭要比做饭本身的压力大多了。以前，做饭是一个家务活，现在成了一项有趣的家庭活动。"

分担打扫房间的责任。对很多单亲父母来说，这是家庭生活中似乎无法控制的一件事。家里的所有成员一起做，会让打扫房间这件事更有趣。当每个人每天帮忙打扫10分钟，或一周帮忙打扫两个小时的时候，能完成多少事情会让你很惊讶。要试着每天做一点儿，而不是一次做很多。要给家里的每个成员提供洗衣篮——即使是小孩子也能学会把浅色衣服放进一个篮子，把深色衣服放进另一个篮子。要每天打扫一个房间。要在收拾玩具和衣服的家庭规则上达成约定，并坚持执行（稍后会详细说明）。

再说一次，如果让孩子参与整个过程，生活会更有乐趣。在家庭会议上，要让孩子帮助你列一份需要做的家务活清单。然后，要想出让孩子选择要做的家务活的有趣方法。一个方法是把每项家务活写在一张卡片上，并让孩子随机抽取几张卡片。另一个方法是制作一个转盘（也许为每一个房间制作一个），把需要做的家务活的图片贴在转盘上，并把一个旋转指针固定在中心位置。然后，孩子们可以旋转指针，看看他们要在清扫时间做哪一件或哪几件家务活。

花时间教孩子。尽管当时看上去并非如此，但是，教给孩子如何帮忙做家务能够在日后节约你的时间——还能让你的孩子学会成为自立而成功的人所需要的基本技能。要与他们一起做家务，教给他们如何才能把一项家务做到最好。然后，当他们自己做时，要以一种友好的方式加以指导。他们很快就能把事情做到让你满意，并且无须你的参与。只是要注意，不要把你的标准定得太高！（我们将在第 8 章和第 13 章进一步探讨教孩子、鼓励和自尊。）

为娱乐留出时间。当做完家务和琐事后有一段欢乐时光时，这些事情看上去就容易忍受多了。你可能会选择让全家人在周六上午做家务并打扫院子，把这一天里剩余的时间留下来做你们一起计划好的活动。每周都务必要留出欢聚和娱乐的时间：这些时间会让你们感觉像一家人。重要的是，要把娱乐计划记到你的日程上，否则它们可能只会变成美好的愿望。

其他一些事情可能需要在优先事项清单上后移很多。如果要在睡觉前拥抱一个需要聊聊的孩子和冲洗浴室之间做选择的话，选择拥抱孩子可能是明智的。房间可能不会像你希望的那样一尘不染，但是，家务活可以晚点再做，而那些错过的与孩子在一起的时刻可能永远不会再来了。

如果要在睡觉前拥抱一个需要聊聊的孩子和冲洗浴室之间做选择的话，选择拥抱孩子可能是明智的。

客观地看待事物

在最重要的事情上保持客观，可以消除我们权衡优先做的事情时的一些挫败感。丽萨是一位单身妈妈，她 3 岁的女儿艾比从幼儿园回家时总是看上去脏兮兮的——她显得那么脏，以至于丽萨经常因为每天晚上都要给她清洁并洗衣服而变得很恼怒。

“我已经受不了啦，”丽萨向一群单亲父母抱怨说，“今天下午，当我接艾比放学时，她在一个被堵塞起来的喷泉里玩得全身都湿透了，还弄得浑身都是泥。”丽萨长叹了一口气，“没有这些，我的日子都够忙乱的了。我对艾比很生气，对幼儿园也很生气。”

大家理解丽萨说的话：跟上忙碌生活的脚步，会让单亲父母没有精力从容而耐心地处理突如其来的意外。但是，他们向丽萨指出，活泼好动的 3 岁孩子注定会脏兮兮的。他们鼓励丽萨去做点什么，以澄清她对这所幼儿园的管理及其对孩子们的照管可能存在松懈的怀疑。一位经历过类似情形的父亲提出，去拜访幼儿园并观察一段时间可能会帮助丽萨决定能做什么——如果需要的话——来改变这种情形。他告诉她，花时间观察可能在现在看来似乎很耗费时间，但是，这最终会节省丽萨现在用在为她脏兮兮的女儿担心和苦恼的时间，而且，这样做还可能会让她对艾比得到的看护质量放心。意识到其他父母面临着类似的问题并认真思考了一些解决办法，让丽萨又能重新客观地看待事物了。

你怎么办?

当你对生活的兴趣不只局限于孩子时，就更容易对事物保持一种平衡的观点。不管你可能有多么忙，你优先考虑的事情之一应该是你自己。这不应该只是偶然，你必须留出时间滋养你自己。无论你多么努力，你都不可能满足对你的每一个需求，而且，如果你让自己变得筋疲力尽，你将没什么东西可以给予孩子了。要认识到你的局限。对于那些占用你的时间的新事情该说不时就要说不。

如果你经常花时间做些自己喜欢的事情，不管是什么，你和你身边的每个人都会受益。读一本书、洗个热水澡、听听音乐、摆弄机械、花时间和朋友在一起。(是的，你偶尔不在，你的孩子也能活得很好。)你能够通过善待你自己为孩子作出自尊的榜样。你的孩子会了解到，把自己照顾好是很重要的，而且他们将学会尊重别人的需要。而且，你会发现自己成了一位更加健康、平静的父母——以及一个更加快乐的人。(我们将在第13章更多地讨论滋养自己。)

当你对生活的兴趣不只局限于孩子时，就更容易对事物保持一种平衡的观点。不管你可能有多么忙，你优先考虑的事情之一应该是你自己。

离开我自己的孩子会怎么样？

对于很多单亲父母来说，无论是去工作还是度过一些属于自己的时间，离开自己的孩子都是真正的问题。我们渴望离开孩子；但是，一旦我们离开，又会傻乎乎地担心。高质量的儿童看护价格昂贵，而且很难找到。你可能足够幸运，附近有一位值得信赖的十几岁孩子可以帮你临时照看孩子，或者，你也许能与邻居轮流照顾孩子或形成一个临时照顾宝宝的合作小组。有一种选择，无论其对于忙碌的单亲父母来说有多么诱人，在你尝试之前都是必须要认真考虑的，那就是把孩子们独自留在家里。

不幸的是，不是所有的孩子都像《小鬼当家》[①] 里的小英雄那样足智多谋。对于父母们来说，把孩子单独留在家里可能很省事儿——而且有时候似乎是唯一可行的选择——但是，这对孩子们来说可能是灾难。可以把孩子独自留在家里吗？如果可以，什么时候呢？

判断一个孩子何时能够处理独自在家，取决于很多因素，而且年龄并不总是最佳的线索。永远不要把一个学龄前的孩子或学步期的孩子单独留在家里，而且，向你们当地的社会服务机构核实一下，看看当地是否有年龄多小是“太小”的具体法律规定是明智的。另外，在把孩子单独留在家里之前，要好好想一想你的孩子的成熟程度、自

> 把孩子单独留在家里可能很省事儿——而且有时候似乎是唯一可行的选择——但是，这对孩子们来说可能是灾难。

① 《小鬼当家》(Home Alone)，讲的是8岁的小孩凯文不慎被父母单独留在了家里，与前来偷东西的两个窃贼斗智斗勇的故事。——译者注

信心以及做出良好判断的能力。如果你有“任何”疑虑，就不要离开——而且，永远不要离开超过一个小时。即使你相信你的孩子已经足够成熟，能够理解当时的状况和保证自己的安全的规则，你也一定要认真地安排好。

要确保你的孩子一个人在家时感觉很舒适。对于独自待在一所空荡荡的房子里的一个孩子来说，树枝刮到窗户或者猫在外面乱叫都可能会很恐怖。当然，当留在家里的孩子不止一个时，情形会变得更加难以预料。除非你找到了一个可以信赖的十几岁孩子，否则永远不要留下一个孩子照料他们的弟弟妹妹。这个责任实在是太大了，而且有太多的事情可能会出问题。

如果你对自己的孩子处理独自在家很短时间的能力有信心，你也应该采取以下几个步骤，使其尽可能安全。

要跟你的孩子谈谈你不在家的时候可能发生的事情。对于可能会锁上的门要留下一把钥匙。要给孩子画一张在出现火灾或紧急情况时逃出房间的路线的草图。要写下紧急联络电话的号码并确保你的孩子知道如何用以及何时用。一位朋友或待在家里的邻居的电话号码可能也会有帮助。

要与孩子讨论如果有人敲门，或者有电话找一位不在家的父母时该怎么办。你可能想规定当你不在家时谁可以或不可以进你们的家，并用头脑风暴想出回答电话的可能方法。（一个12岁的女孩告诉来电话的人她的妈妈在洗澡，而且她会转告妈妈。）最近，奥普拉·温弗瑞的脱口秀说明了当孩子们独自在家时，陌生人有多么容易进到家里来。一位穿着讲究的陌生人以自己的汽车坏了为由，要求使用孩子家的电话，而这些孩子就让他进来了。事后，这些孩子的父母说他们告诉过自己的孩子绝对不要让陌生人进到屋里来。这个节目表明，孩子们可能没有智慧或自我力量去“做那些他们知道自己应该做的事情”，而且对于父母来说，期望孩子们做到是不明智的。

当孩子独自在家时保证其安全的方法

- 要跟你的孩子谈谈你不在家的时候可能发生的事情。
- 要与孩子讨论如果有人敲门，或者有电话找一位不在家的父母时该怎么办。
- 为允许做的活动制订规则。
- 要确保你的孩子理解规则。

为允许做的活动制订规则。比如，看电视和玩电子游戏是可以的，但是，在没有大人照管的情况下做饭或者用化学装置做实验可能是不合适的。你们可能还想就是否可以在户外玩要达成一致。

要确保你的孩子理解规则。绝对不要只是问孩子是否理解了规则——他几乎总是会告诉你他理解了。要把你们达成一致的规则写下来，贴在很容易看到的地方，并且让你的孩子向你复述，以此核实他的理解。如果他对你们已经达成一致的规则感到不愉快，你就不要离开家！

拼命地兼顾太多责任的单亲父母，可能很容易想把孩子单独留在家里“只是一小会儿”。如果孩子有责任感并且比较成熟，这样做可能还好。但是，在你关门离开之前，要想一下当你不在时可能发生的所有事情。我们的孩子是宝贵而且不可替代的，而我们的便利永远不值得让他们置身于危险之中。

平衡工作与家庭

问：我是一个单亲妈妈，有三个年幼的孩子。我很幸运；他们的爸爸付着赡养费，并且会花时间陪他们。然而，赡养费不足以维持我们所有人的生计，所以我不得不工作。我从收音机和电视上听到那么多有关父母在家里陪伴自己的孩子有多好的报道。我没办法选择不工作，但是，我一直担心我会因为不能多陪伴孩子而给他们造成伤害。父母可以出去工作吗？我的孩子会因为在儿童看护中心而受到伤害吗？

答：对于这个问题，专家们已经争论了很多年，而且可能会继续争论下去。我们相信，不管是留在家里陪孩子，还是把孩子送到儿童看护中心，都无法保证培养出健康的孩子；这需要深思熟虑、精力以及良好的养育和沟通技巧。不管你的情况如何——无论你是必须工作还是选择留在家里——你的心态是你的孩子健康成长的一个重要因素。如果你相信你是在尽最大努力，而且对你自己的选择有信心，你的孩子就可能会很好。如果你对自己的选择不放心和内疚，你的孩子就会感觉到你的心态，并且会在他们的行为中反映出来。单亲父母——或者任何父母——所能做的，就是尽其所能做出最好的决定，学习自己需要的技能，并接受自己可能会犯错误。正如我们在本书中多次说明的那样，错误是学习的大好机会。正面管教的养育技巧、鼓励、积极倾听，以及对你的选择的信心，将帮助你的孩子（和你）做得很好。

对于绝大多数单亲父母来说，工作根本不是一种选择，而是一种必需。然而，平衡职场需求和养育孩子是一项困难的任务。很多单亲父母发现，他们的工作使他们无法参加学校的家长会和孩子的音乐表演、足球比赛或其他活动，而且，在工作和留在家里陪伴生病的孩子之间做选择是很痛苦的。有些雇主会提供办公室育儿、弹性工作时间以及家庭假期，有一些则不提供。单亲父母经常发现他们对自己的职场生活或家庭生活感到不满意：他们就是没有足够的时间（或足够的精力）把这两者都做到像他们希望的那么好。

很不幸，没有简单的办法能平衡单亲父母的生活与谋生的需要之间的两难困境。每一个成年人——以及每一个家庭——都是不一样的。然而，你可以考虑用以下几个方法帮助自己减轻负担。

要确定你“需要”什么。确定你优先考虑的事情，可以帮助你决定在工作和事业上付出多大的努力。而且，正如我们将在第6章了解到的那样，聪明地管理金钱将有助于缓解经济压力，而正是经济压力迫使那么多单亲父母长时间工作或做两份工作。要花时间权衡工作给你带来的好处（薪水、保险等等）和你为此付出的离开孩子的时间。你可能会认定，一份要求不那么高的工作实际上能为你的家庭提供更好的生活。

了解社区资源。现在有很多单亲家庭，而越来越多的社区意识到了单亲父母有时候需要支持。现在，有很多医院和家庭诊所提供照顾“生病儿童”的服务，由专业健康人员照料生病的孩子，让父母们能更放心地去工作。虽然花费会有所不同，但是，内心的平静可能会让你认为这种花费是值得的。

探索你的选择。一些单亲父母发现，经营自己的生意，比如家庭式儿童看护或其他允许他们在家里工作的服务，让他们能更灵活地陪伴孩子。尽管并不是每一位父母都有可能（或喜欢）这样做，但是，发展你自己的生意，可能有助于你更多地和孩子在一起，同时又能抚育他们。

将你的日程安排与其他家庭成员同步。孩子们喜欢让父母出席自己的重要活动——而全职工作往往意味着参加所有活动是不可能的。与其期望你自己能出席每一场体育比赛和舞蹈表演（并且在你不能参加时责备自己），倒不如邀请你的家人或朋友来分享这些特别的时刻。

> 单亲父母经常发现他们对自己的职场生活或家庭生活感到不满意：他们就是没有足够的时间（或足够的精力）把这两者都做到像他们希望的那么好。

平衡工作与家庭

- 要确定你“需要”什么。
- 了解社区资源。
- 探索你的选择。
- 将你的日程安排与其他家庭成员同步。
- 要与孩子保持联系。
- 尽你自己的最大努力——然后放轻松。

如果你的前配偶有时间并能参加，要确保他或她知道是怎么回事。你们两个可以都参加（如果坐在一起不可行，就分开坐），或者你可以安排一个日程表，以便你们两人之中至少有一个能够出席你的孩子的特殊时刻。你的朋友和你的大家庭中的成员可能也喜欢和你分担这种责任——而当你知道自己的孩子得到一群关心他的人的支持时，你可能就不会因为工作而感到那么内疚和遗憾了。

要与孩子保持联系。单亲父母们经常发现自己要拼命地从工作单位跑到足球场、儿童看护中心、家长会、学校，然后再返回单位。我们并不是当今唯一忙碌的人；我们的孩子也有一连串的活动和职责，所以要尽可能确保你的孩子在需要的时候能找到你——而且你也能找到他们。手机能帮助单亲父母和孩子们保持联系，特别是在孩子逐渐长大而且更独立的情况下。要确保你们在日程安排、交通和其他计划上达成一致；大多数家庭发现，贴一张列有所有活动和接送时间的大日历非常有用。要让你的孩子知道你什么时间到；你要尽最大努力做到一致和可靠。

> 要花时间权衡工作给你带来的好处（薪水、保险等等）和你为此付出的离开孩子的时间。

要确保你的单位允许你的孩子在必要时与你联系。可以教给孩子在你工作的什么时间能给你打电话——以及什么时候不能给你打电话。一位单亲爸爸在他的办公室安装了一条私人电话线（自费），以便他的孩子们能在他们觉得需要的任何时间给他打电话。要让你的同事和办公室人员确保你能尽快收到孩子们留给你的信息。

尽你自己的最大努力——然后放轻松。担心、责备和内疚对任何人都没有好处。当你知道你已经做出尽可能最好的选择并且正在尽最大努力抚养你的孩子时，要放轻松——并将你的精力集中在帮助家里的每一个人适应必须要做的事情上。日常惯例、前后一致、鼓励和良好的沟通技巧将帮助你与你的孩子建立一种亲密的关系，即便你为此必须付出比你愿意付出的更多的努力。你的孩子将不仅能生存，他们还将从有机会学习合作和其他人生技能，有机会为你和这个家庭做出贡献中获益。

选择优质的儿童看护

正如工作是大多数单亲父母的生活中一个无法改变的事实一样，儿童看护是他们的孩子的生活中一个无法改变的事实。大多数有关儿童看护如何影响孩子的研究结果都让人感到安慰：孩子们在一个高质量的儿童看护环境中会做得很好。很多研究发现，对于预测孩子们的表现来说，“家庭因素”（养育技巧和父母对孩子的回应能力）似乎是比儿童看护更有力的指标——前提是你为自己的孩子找到了高质量的儿童看护。

> 当你知道你已经做出尽可能最好的选择并且正在尽最大努力抚养你的孩子时，要放轻松——并将你的精力集中在帮助家里的每一个人适应必须要做的事情上。

在给你的孩子寻找儿童看

护时，不要匆忙，有许多因素需要考虑。要让你的朋友们和专业人士做一些推荐。如果你选择请一位住家保姆或临时保姆的话，要认真地面试、核实推荐信，而且，要留出让她与孩子之间变得能舒适相处的时间。如果你选择用一个儿童看护中心，要参观儿家，并把你看到的情况记录下来。孩子们忙碌而开心吗？他们在看护中心自信地四处走动吗？建筑干净整洁吗？看护人员显得疲惫或愤怒吗？孩子们被鼓励学习、活跃、探索，还是被鼓励安静地坐着并且“听话”？

挑选好的儿童看护可能会让人感到很难，但是，找到好的儿童看护会在你必须离开孩子的时候给你内心极大的平静。这里提供了一份清单，列出了你在为自己的孩子选择儿童看护时可能想要了解的重要特征。如果你有问题，就要问。你有权利得到那些让你感觉舒服的信息。如果一个儿童看护中心不愿意回答问题或不愿意让你参观他们的工作情况，去看另一家可能是明智的。

选择儿童看护，可能是你作为一名单亲父母做出的最重要的决定之一。是的，高质量的儿童看护很贵，但是，你的孩子的幸福和你自己内心的平静值得这种花费。一些社区有补助金，可以为工作的父母提供儿童看护补贴；给你们当地的家庭资源组织打一个电话，它们可能既能给你推荐儿童看护又能提供经济援助。

保持平衡

你的优先事项、对你的时间的需要，以及生活本身都会经常发生变化，而且你可能会发现，这个月管用的办法下个月可能就需要调整。但是，花些时间把你必须要做的事情想清楚，你会得到很好的回报——压力减轻、挫败感减少、更健康的孩子和一个更平静的家。

选择儿童看护

你可能希望把以下这些用来判断优质儿童看护的标准写下来并随身携带：

1. 看护中心或托管家庭具备：
   - 执照，并在有效期内
   - 较低的员工流失率
   - 当地部门、州和（或）国家的认证
   - 充满爱心、以孩子为中心的环境
2. 员工是：
   - 受过良好的儿童早期发展和看护培训
   - 团队合作
   - 通过接受培训来保持最先进的理念
   - 对收入满意（这会减少员工流失率和不满）
3. 管教的方法是：
   - 正面的而不是惩罚的
   - 和善与坚定并行
   - 目的是帮助孩子们学习重要的人生技能
4. 一致性体现在：
   - 在课程和日常活动中
   - 在处理问题的方式上
   - 看护中心的日常管理中
5. 安全性由以下几项表明：
   - 活动设施
   - 健康规定
   - 应急准备

更详细的儿童看护信息见简·尼尔森、谢丽尔·欧文和罗丝琳·安·达菲合著的《3～6岁孩子的正面管教》（北京联合出版公司，2015年）。

第 6 章

征服高空钢索：

平衡的技巧

在大多数单亲父母的生活中，都会有事情似乎太多而无法处理的时候。你也许会发现自己梦想着去大溪地、阿拉斯加，或某个能让你平静而“他们”（无论“他们”是谁）都找不到你的无名荒野。单亲父母可能比大多数人更容易变得难以承受和精疲力竭。他们可能会感到孤独和不堪重负，没人帮助，也没有财力——一个人孤零零地站在没有安全网的高空钢索上。

但是，应该有一张安全网。单亲父母最重要的任务之一，就是通过形成一个当你生活中的焦虑和压力有吞没你的危险时，能给你提供可以依靠的资源的支持系统，来建立这张安全网。学会处理对你的时间的所有需要并不容易——但是，这对你作为一名单亲父母的效能和内心的平静来说是至关重要的。

应对经济压力

单亲养育让人最不知所措的一个问题，尤其是在头几个月里，就是由经济压力所造成的不安全感和焦虑。正如我们已经知道的那样，研究表明，单亲父母和他们的孩子的最大风险因素就是缺钱。

每一位单亲父母都有他或她自己的一长串的痛苦："我挣的钱不够。""我没有任何技能，除非当餐厅服务员。""我的前配偶不给孩子们抚养费，我该怎么办呢？""我的家人让我和他们一起生活，但他们没有多少钱，而我和我的孩子们会大量消耗他们的金钱和情感——更不用说我们在如何管教孩子上发生的争论了。""我还能回学校上学吗？还能获得一份更好的工作吗？""我到底该怎么支付大学的学费？"

有时候，向金钱造成的恐慌屈服似乎是难以避免的。但是，恐慌和害怕通常会使人无法用建设性的方法解决问题。如果对财务的担忧让你难以承受，就要从你能做到的每次迈出一小步来开始解决。而且，要注意你对自己所处境况的心态和看法；改变心态通常是改变生活的第一步。

> 单亲父母最重要的任务之一，就是通过形成一个当你生活中的焦虑和压力有吞没你的危险时，能给你提供可以依靠的资源的支持系统，来建立这张安全网。

如果你需要，就不要羞于寻求帮助。如果有必要，就要向社区服务或福利机构寻求帮助，然后，要制订一个计划，尽快学习一项新技能并养活你自己。很多教堂和社会组织有食品和衣柜，能够帮助你渡过

应对经济压力

- 寻找处境相同的其他单亲父母。
- 考虑建立一个儿童看护合作小组。
- 谨防自怜自艾和愤怒。
- 以开放的心态对待新的经历和观念。
- 变成一个学习的人。
- 学会管理你的金钱。

困难时期。你的社区可能有住房补贴。如果你的自尊心让你羞于寻求帮助，你只要向自己承诺有一天你会帮助别人。

寻找处境相同的其他单亲父母。可以考虑与另一位单亲父母合租住房，并共同看护孩子。要用家庭会议（见第9章）让所有的父母和孩子聚在一起，制订日常惯例、解决出现的任何问题，并通过提前想出解决方案来防止出现更多的问题。

考虑建立一个儿童看护合作小组。如果你没有大家庭或一个能与你分担照料孩子的前配偶，可以建立一个轮流照顾孩子的活动小组。要找到2～4个愿意在周末轮流照顾孩子的单亲父母。如果有4位父母，每位父母每个月要用一个周末照顾所有的孩子。这就会给每位父母留下三个空闲的周末。这个活动小组可以很好地组织起来，并将一些艺术活动、游戏、讲故事和简单的烹饪纳入其中。即便只有两个父母参与，每个人每月也有两个空闲的周末，以及两个由于计划周到而能与孩子共享更多快乐的周末。

> 如果对财务的担扰让你难以承受，就要从你能做到的每次迈出一小步来开始解决。

谨防自怜自艾和愤怒。怨恨会让你陷入消极思维而无法自拔，并且很难采取积极的行动。尽管可能需要时间，但是，要努力放弃你的“受害者心态”和愤怒。要把你的精力集中在找到解决方案上，要花时间滋养你自己，而且要记住，你的心态真的会使一切变得大不一样。

以开放的心态对待新的经历和观念。你可能想去图书馆查找励志的书籍或录像带或别人在类似情况下成功的鼓舞人心的故事。要以开放的心态对待新观念，并从别人的经验中学习。

变成一个学习的人。如果你没有受过教育，就要去上学。要从每学期在当地的一所大学、社区学院或技术学校上一门课开始。通常，会有奖学金和助学金来帮你支付学费，而且当地的一些组织，比如扶轮社[①]和同济会，可能会提供奖学金。本书的一位作者用 11 年时间（同时养育了 5 个孩子）获得了一个艺术学士学位；她就是因为有人建议她每次上一门课而开始上学的。提高你的教育程度不仅将会缓解你的经济压力，还可以为你的孩子做出勇气和决心的榜样，并且会增强你自己的自尊。

当玛西亚决定孤注一掷地回学校读硕士学位时，她的两个孩子分别是 6 岁和 9 岁。这看上去是一个好主意，但是，她禁不住想知道这对她与两个孩子的关系——以及她自己承受的压力——会有什么影响。在一次家庭会议上，她把这个想法告诉了她的儿子凯文和布拉德利。

“小伙子们，我有件事想让你们想一想，”在与两个儿子互相致谢、说出自己的感激以及一两个有趣的故事之后，玛西亚说，“我想回大学在职读书，以便我能获得一个硕士学位。我想这会帮我找到一份更好的工

> 要把你的精力集中在找到解决方案上，要花时间滋养你自己，而且要记住，你的心态真的会使一切变得大不一样。

① 扶轮社（Rotary），一个提供慈善服务、致力于世界亲善与和平的慈善组织。——译者注

作，这样我们就能搬到一个更好的社区——但是，这意味着我会经常不在家，而且在家里的时候也要学习。我真的需要你们的帮助。”

两个男孩没说话，思考着这个新计划。布拉德利首先开口说：“我们不得不在日托待更长的时间吗？我不想这样。”

“你可能不得不待更长的时间，布拉德利，”玛西亚说，“我告诉你吧。让我们做头脑风暴，想出对我的计划的所有问题和想法。然后，我们可以寻找解决办法。”

玛西亚和两个儿子一起探讨了回学校上学对妈妈来说意味着什么。凯文和布拉德利说出了他们对日托、在爸爸家待更长时间以及可能没有足够的时间和妈妈在一起的担忧。他们担心她的安全以及是否有能力做所有需要做的事情。他们用头脑风暴想出了几个潜在问题的解决办法，把其他问题留给了下次家庭会议。但是，在这次家庭会议结束时，三个人都一致同意回学校上学是一个好主意——并且他们要一起努力去实现。

“嗨，妈妈，”当玛西亚起身去做爆米花的时候，凯文说，“如果你是一个学生，你能弄到足球比赛的票吗？”当玛西亚微笑着说也许有这种可能的时候，两个男孩都欢呼起来。

回学校读书是一件大事，但很多成年人发现这非常值得付出努力——这是很多学校报告“大龄”学生的数量大幅增加的一个原因。要让你的孩子和你一起努力；要对你们即将体验到的好处形成一个家庭愿景。而且，要记住：这的确需要勇气，但有时你不得不一跃而起，并且在下落的过程中打造你的翅膀！

学会管理你的金钱。我们生活在一个富足和物质主义的时代。有些财务问题与单亲父母的关系不大，而与心态和糟糕的预算能力关系更大。确实，没有昂贵的服装、车和精美的家具而且不能去餐厅吃饭，至少在一段时间内可以凑合。然而，很多成功人士都能告诉你他们早年精打细算并“凑合”的故事。

太多的单亲父母认为，如果没有奢侈品，他们的孩子就是受到了剥夺，并且很容易受到诱惑试图用物质来弥补孩子没有双亲家庭的缺憾。要花点时间思考一下这种强调物质重要性的心态可能传递给孩子的信息。当你对预算以及延迟满足[①]带来的长远利益采取积极的心态时，你就能教给你的孩子很多比物质主义对他们更有益的技能。尽管当时看起来不是这样，但是，你的孩子从“凑合”中学到的要比从富裕的生活中学到的多得多。

让你的孩子参与做预算

尽管孩子们可能会被富足的生活宠坏，而且如果你用物质财富来弥补他们的缺失可能会让他们形成不健康的心态，但是，让他们参与实际做预算能教给他们重要的价值观和人生技能。

要通过让你的孩子参与预算的过程来教给他们做预算。要在家庭会议上讨论本周能花多少钱。要解释钱从哪里来，以及你们必须支付哪些账单，并谈谈为不时之需存钱的需要。要让你的孩子帮忙决定一些能让你们省钱的方法。要邀请他们与你一起做头脑风暴，找出一些免费或便宜的娱乐方法，例如家庭游戏之夜、公园旅行以及一美元的电影。当孩子们被邀请这么做时，他们会非常有创意，并能想出很多办法。他们还能学会做出

当你对预算以及延迟满足带来的长远利益采取积极的心态时，你就能教给你的孩子很多比物质主义对他们更有益的技能。

① 延迟满足（delayed gratification），是指为了追求更大的目标，获得更大的享受，可以克服自己的欲望，放弃眼前的诱惑。——译者注

便宜而健康的饭菜。要让每个孩子每星期至少负责一顿饭；让他们决定做什么饭，帮忙采购，然后烹饪（或帮助烹饪）。

期望与现实：学会在现实世界中茁壮成长

这听起来很容易；然而，在现实世界中生活往往一点儿也不容易。珍妮是一位单亲妈妈，她的工作是律师助理。她有两个孩子，年龄分别是8岁和11岁；他们的父亲已经6个多月没有给她任何抚养费了，而她每周微薄的收入付不起她的账单。感到不堪重负和恐惧，已经成了她的生活常态。

珍妮已经就得到抚养费的事找过了地方检察官，但是，地方检察官无法保证她能收到钱。由于不知道还能向哪里求助，她让她的上司知道了她对自己赚的钱不够支付账单感到很失望。她威胁要找另一份工作。她的上司知道她的薪水就她的能力来说是很合理的，因而不能也不愿意给她更多。珍妮越抱怨，她的上司就越想考虑找一位新助理。

珍妮日渐沉重的负担和不当的表达方式，让她差点失去自己的工作。与拥有一份不足以支付账单的工作相比，失业肯定会给她造成更大的压力。

珍妮有哪些选择呢？她可以去找一份收入更高的工作；然而，她的能力是否足以得到一份更好的收入是值得怀疑的。或者，她可以仔细审视一下自己的情况，看看做预算是否会有帮助。恰巧，珍妮正把一大部分收入花在买衣服和一辆新车上。她是陷入物质主义陷阱的人的一个极好的例子。珍妮的期望与她的现实相差甚远。

经济上的困扰通常来自于一个信念（或现实），即我们拥有的不足以满足我们的需要。这反过来会造成一种匮乏感。改变一种感受可能是一项很难的任务，但是，承认一种心态是改变它的第一步。匮乏感通常会导致自怨自艾和责备他人，而这通常会妨碍你发挥自己的能力。

珍妮感到了匮乏和害怕，而这妨碍了她工作的效能以及看到解决自己的财务问题的办法的能力。一旦她承认了自己的感受，就为迈出下一步做好了准备。珍妮从做预算开始。她写下了自己的所有生活必需品：食物、住所、基本衣物、孩子的看护和交通。然后，她看着自己的生活必需品预算，并确定哪些可以削减。她决定找一位室友来帮助支付房租。她开始和孩子们一起制订膳食计划，并且决定将外出就餐由每周两次改为每月两次。珍妮买的是一辆维护起来很昂贵的奥迪 Ego 款汽车。她卖掉了这辆车，买了一辆二手车——一辆以维护费用低廉而著称的车。

珍妮还发誓再也不用自己的赊账卡了。她制订了一个还清欠款并且只有在自己有现金——而且只有在买完生活必需品之后——才购物的计划。珍妮的人生新方向里一个很重要的部分，是要集中精力提高自己作为一名律师助理的技能。她开始每学期在一所社区学院上一门课。她想确保当她的上司准备好支付更多工资时，她配得上涨薪。

统计数据告诉我们，绝大多数具有监护权的单亲父母都是女性，而缺乏金钱和财务管理技能是这么多单亲家庭苦苦挣扎的重要原因。如果你在负债或者不能有效地管理你的金钱，要考虑寻求帮助。大多数社区都提供训练有素的信贷顾问，他们可以帮你做预算、整合债务并为改善你的财务健康状况做计划。

还有另外一些问题是单亲父母们应该花时间考虑而他们通常没有考虑的。其中包括立遗嘱、为孩子们准备大学的学费、获得足够的保险保障、明智地投资以及为退休做打算。如果这些想法让你头晕脑涨，那就一次解决一个问题，并在你需要时请求帮助。

可供考虑的几个想法：为你自己和你的家庭创造安全感

- 学会明智地做预算。
- 慎重地使用信用卡。
- 立遗嘱。
- 与一位值得信赖的、有资质的顾问探讨投资、退休和财务计划。
- 如果你需要帮助，要找一位信贷咨询师。

大多数社区都提供咨询师、收费低的法律诊所[①]，以及能帮你在法律和经济问题迷宫中找到出路的财务顾问。

你的心态是关键

你曾经注意过那些似乎拥有的很少，却开心而感激地生活着的极少数人吗？再就是一些无论已经拥有多少，总是想要更多的人。幸福的确更多地基于心态而非境遇。要培养一种对你所拥有的心存感激的心态。要花些时间在家庭会议上或作为一种餐前仪式，让你家里的每个人分享至少

大多数社区都提供咨询师、收费低的法律诊所，以及能帮你在法律和经济问题迷宫中找到出路的财务顾问。

① 法律诊所（legal clinics），一种起源于美国的教育方式，由课堂教学和案件代理两部分组成。它既能为法学院的学生提供处理案件的经验，又能为客户提供法律服务。法律诊所一般在一个特定的地区为客户提供免费法律公益服务。——译者注

一件他或她感激的事情（总是会有事情值得感激的）！你不仅会更快乐，还将拥有那种能帮助你在自己的生活中——以及你身边的人的生活中——创造富足的正能量。

把艰难时刻视为机会以及把问题视为要征服的挑战是很困难的，但是，要记住，你的孩子会很快地效仿你。如果你是一种匮乏和“哦，可怜的我”的心态，你的孩子很可能会接受这种心态。然而，如果你努力保持一种积极的心态并对学习有益的技能保持开放的心态，你的孩子就很可能会追随你的精神。

> 要培养一种对你所拥有的心存感激的心态。

当然，你的心态将会受到考验。你的孩子（和你）会遭到电视广告和其他旨在向你们灌输物质主义的广告的狂轰滥炸。你的孩子会面对他们的同龄人的名牌心理。你可能会想和他们讨论独立思考而不是接受别人的价值观的智慧。

学会明智地做预算和处理工作的需要，将有助于将单亲养育的最大压力之一置于掌控之中。但是，养育本身呢？我们能把一个方面做得足够好，而不忽视生活中的其他方面吗？

学会依靠别人：建立一个支持网络

做一名单亲父母常常看起来就像做独行侠一样，只是没有了唐托和白银[1]。有那么多的事情要做而得到的帮助又那么少——

[1] 《独行侠》（The Lone Ranger），1933 年开播的同名广播剧，并于 2013 年改编为电影，通过印第安人武士唐托之口，叙述了约翰·瑞德在唐托的帮助下化身沙漠勇士——独行侠，将坏人绳之以法的故事。其中白银是独行侠所骑的白马的名字。——译者注

或者看起来是这样的。

卡拉是一位事业蒸蒸日上的有才华的职业女性，从女儿出生6年以来，她大部分时间都是一名单亲妈妈。她的女儿阿什利是一个非常好的女孩——聪明、友好而且忙个不停——但有时候她非常棘手。所以，当卡拉在一个下午走进朋友爱丽丝的厨房时，眼泪似乎不知从哪儿就冒了出来。

“我比世界上的任何人都更爱我的女儿，”卡拉冷静一些后解释说，“但我有时候讨厌养育孩子。这感觉就像一个陷阱。我不知道如何做一个好母亲，并且仍然能拥有我自己的生活。”

“你听起来快承受不住了，”爱丽丝轻轻地说，“发生什么事了？”

卡拉叹了口气，“我感觉好像没有属于自己的时间，也没有做我需要做的事情的时间。我总是不得不去接阿什利放学或带她去什么地方。找儿童看护非常麻烦，而我又担心没有人能像我那样照顾我的女儿，或者我应该花更多的时间陪她。而且，我越觉得沮丧，我对她的控制就越多，越没有耐心。我感觉就像钻进了一个壁橱①里——事实上，我猜我就是这样。我羞于谈我的感受。我想做一位好母亲——而我常常做不到。”

爱丽丝朝她的朋友笑了。“你知道，”她说，“我打赌你不是唯一有这种感觉的人。我听说有一个单亲父母的养育课程——也许值得你去了解一下。”

卡拉有些怀疑，但她认为任何事都值得尝试一下。所以，一天晚上，她坐在了一个满是其他单亲父母的房间里，他们正说着很多她自己曾经说过、想过和感觉到的事情。我不孤独——而且我不是一个可怕的父母，她意识到。也许有办法解决我感觉到的

① 钻进了一个壁橱，原文为Crawl into a closet。在英语中，come out of the closet是指公开承认秘密（尤其是指因耻辱或尴尬而一直保守着的秘密），所以在这里，作者应该是指自己的所作所为并不是那么光彩。——译者注

所有的事情。

因为生一个孩子需要两个人，人们似乎因此就认为养育注定需要一对伴侣。有时候，当伴侣不复存在时，单亲父母们会感觉必须给自己的孩子既当妈又当爸。所以，除了管一个家、维持生活和照顾孩子的压力之外，苦恼的单亲父母们发现自己在努力扮演一个双重角色：既要打棒球又要玩芭比娃娃；既要踢足球，又要打电子游戏；既要烹饪、缝补，又要当教练、帮忙做木工作业；既要做孩子的朋友，又要做他们的父母和老师。如果你能毫不费力地做所有这些事情，祝贺你。但是，真的有必要这样做吗？

有时候，两个人要比一个人好，那就是当你需要一个安全网来依靠的时候。这里有一些方法能让你着手为自己建立一个支持系统。

商人们早就知道关系网的价值。医生们经常会推荐患者找别的医生做二次诊断。而单亲父母对关系网——能够提供建议、帮助、技能和看问题的其他角度的人——有一种特殊的需求。当你意识到你不必懂得所有的事情，而只需要知道去问谁的时候，这是一件多么棒的事情啊。但是，你怎么找到可以问的人呢？单亲父母如何建立一个支持网络呢？这里有一些建议：

向社区核实是否有养育课程。养育课程不仅是学习新技能的好地方，而且也是认识其他父母的地方，他们中的一些人也许和你的处境类似，而且可能已经发现了解决你的问题的方法。养育课程还会让你意识到自己并不孤单——而有时这会让事情变得完全不一样。

在你需要时请求帮助。我们的文化历来推崇有能力单打独斗获得成功的“顽强的个体”。但是，顽强的个人主义不仅会高估单亲父母，而且还可能是极其危险的。要留心听，注意看，并且不要害怕请求帮助。一位邻居可能会很乐意帮助你的孩子练习击

学会依靠别人：建立一个支持网络

- 向社区核实是否有养育课程。
- 在你需要时请求帮助。
- 与大家庭保持牢固的关系。
- 为友谊留出时间。
- 寻找单亲父母的组织或其他支持小组。
- 不要把你的前配偶一笔勾销。

球；教堂的人可能会很高兴教给你的孩子编织或缝纫。一位有与你的孩子同龄孩子的同事也许能在养育理念、儿童看护或交通方面提供帮助。而朋友们可能在你不擅长的领域有专长：房屋维修、园艺、运动。要问一问，看看会发生什么。

与大家庭保持牢固的关系。即使你不再有婚姻关系，孩子的祖父母或外祖父母、姑姑（姨）、叔叔（舅舅）以及其他家庭成员仍然是提供建议和帮助你养育的一个很好的资源。孩子们也会从与其他家庭成员的良好关系中获益；这往往会在过渡时期给人一种稳定感和传承感，而且孩子们知道自己仍然属于大家庭，通常会心存感激。当不可能保持现有的家庭关系时，要与朋友和支持你的群体建立一个新的“大家庭”。

为友谊留出时间。朋友不仅是好的倾听者，他们还可能是智慧的源泉以及很好的问题解决者。不要害怕与那些关心你的经历和感觉的人交谈。

寻找单亲父母的组织或其他支持小组。在你们当地查找单亲父母的组织，比如“无伴侣父母”（Parents Without Partners）。如果没有这样的组织，可以考虑自己创办一个。只需要找到另一位愿意参与的单亲父母，然后你可能会发现，当其他单亲父母认识到你们的组织的价值及其创造的机会时，它就会得到飞速发展。

你们当地的家庭服务机构也许能给你做一些推荐。

电脑世界也为单亲父母提供了令人兴奋的新机会。现在，单亲父母可以通过互联网学习养育技巧、分享经验或者只是与其他单亲父母“聊聊天”。有为单亲妈妈、单亲爸爸、有监护权的父母、没有监护权的父母——可以一直列下去——办的各种网站，而且不需要找人为你照顾孩子！你也许在你自己的键盘上就能发现一个给你提供信息和支持的新世界。

不要把你的前配偶一笔勾销。处理单亲父母巨大压力的一件重要事项，可能就是让你的孩子的另一位父母——如果他或她能做到的话——在你的孩子的生活中发挥他或她的作用。尽管这在感情上也许很难做到（见第 15 章和第 16 章），但从长远看，这对你的孩子来说可能是最好的事情——而且这可能会减轻你的一些负担。即便他或她不参与，你做好你自己也就足够了：一位父母，尽你最大的努力。

你与你的孩子的另一位父母的关系可能会很复杂并带有情绪——但是，有时候，那位父母能看到一种情形中被你遗漏的一方面，或者可能知道比你尝试过的处理一个问题的方法更有效的方法。学会倾听（并认识到你可能并不总是对的）偶尔会让你感到技不如人——但这也是一种解脱。

“妈妈，”7 岁的科迪在与爸爸共度周末后，大叫着冲进了家门，“到这儿来——我要给你一个惊喜！”

珍妮特跟着自己兴奋的儿子进了车库，想知道发生了什么事情。当科迪略微有点儿摇晃地爬上他的自行车，自豪地骑到街上，并向着她露出一个在黑夜里都能看到的笑容时，她大吃了一惊。

> 即便他或她不参与，你做好你自己也就足够了：一位父母，尽你最大的努力。

自行车一度是珍妮特和科迪的一个难题。附近的每个孩子都已经会骑车好几个月了，但科迪似乎学不会。珍妮特已经尝试了她能想到的所有办法来帮助他，但几次摔伤已经动摇了科迪的信心：每次他意识到自己在独自骑车时，就开始摇晃。怎么都不管用——练习不管用，在他旁边跟着跑不管用，鼓励不管用，忽视这件事也不管用。自行车已经变得比生活更重要了。

现在，在与他的爸爸度过一个周末之后，科迪就能自豪地骑着车在附近转了。而当珍妮特看着他骑车时，她开始想知道是什么造成了这种差别。

原来，爸爸给他买了一辆自行车放在自己家里，当他们尝试骑车时，奇迹发生了。“爸爸做了什么我没有做的事吗？”珍妮特问儿子。科迪想了一会儿。“嗯，”他说，“他在放开手的时候，没有告诉我。他还教了我如何摔倒。”

珍妮特被震惊了。她从来没想到过这些事情，但这让一切变得不同了。科迪已经掌握了骑自行车需要的所有技能，他缺少的是信心。知道自己摔倒了也没事，给了他再次尝试的勇气。珍妮特既为儿子感到高兴，又为她不是帮助他学会骑车的人而感到失望；但是，当她看到科迪和他的朋友们在一起骑车转圈时，她决定要感谢科迪的爸爸做了她没能做到的事。

珍妮特和科迪都学到了有价值的一课——学会成功地摔倒是生活本身相当重要的一部分。做一名单亲父母可能会让人恐惧；我们感觉要为孩子、为他们的幸福、为他们的快乐承担责任。我们感觉自己应该总是知道该怎么做——而很多时候我们完全不知道。我们能够获得的最重要的财富之一，就是要勇于冒着“摔倒”的危险去学习那些我们可能会失败或失去自己的梦想的事情，并且仍然能活下去。有时候，我们甚至会因为这种经历而变得更坚强。

> 学会倾听（并认识到你可能并不总是对的）偶尔会让你感到技不如人——但这也是一种解脱。

无需完美

知道我们作为父母不会永远能力不足和失败，是很有帮助的。父母无论多么努力都不可能是完美的，但是孩子们不需要完美的父母。他们只需要爱他们、接纳他们并愿意学习和尽到最大努力的父母。

做一名单亲父母可能会令人不堪重负。这也可以成为与你的孩子们建立特殊关系的一个激动人心的机会。为我们的时间和金钱做好预算，并学会在我们需要时寻找帮助，将使单亲养育不那么负担沉重，并且让度过的每一天都更加快乐。

第 7 章

与单亲妈妈或爸爸一起生活：

你与自己孩子的关系

马修，9 岁。“我爱我妈妈，而且她工作真的很努力，”他说，“但是，让我讨厌的一件事情是，自从我爸爸搬出去后，家里就只有我一个男生了。我妈妈和我的姐姐们就像黏在了一起一样，而且我认为，她们不明白有时候我和她们的感觉不一样。她们也从来不想做我想要做的那些事情，比如打棒球或街头曲棍球。我真的很怀念爸爸在身边的那些日子。”

“我的妈妈从不提我爸爸，”13 岁的香农说，“他在我还是个婴儿的时候就离开了。我的外祖母说我爸爸吸毒，我不需要了解他。但这真的很难做到。我的大多数朋友都有爸爸，即使他们不住在一起，而我甚至都不认识我的爸爸。我妈妈很酷，我喜欢和她在一起生活。但是，我想知道我的爸爸在哪儿，我想知道他是否曾经想过我。”

“我有时非常想念我的妈妈，以至于我都无法做我的家庭作业。”7 岁的詹姆斯说，“她两年前去世了，而让我真正伤心的是，我越来越难以想起她的样子了。爸爸有了一个新女朋友，而且她真的很好——但她不是我的妈妈。爸爸告诉我妈妈在天堂，但是，我对上帝把妈妈从我身边带走感到有点生气，而且当我看到别的孩子和他们的妈妈在一起时，我也会生他们的气。我几乎总是在生气或伤心。但我没有告诉爸爸。我不想让他伤心。”

10 岁的丹尼尔却是另一种情形。“我很高兴我的妈妈和爸爸离婚了，”他坚定地说，“他们两个人一直都不开心。妈妈经常哭。我弟弟和我在大部分时间里都待在我们的房间里，而且我们从没一起去过任何地方。现在他们离婚了，情况变得好多了。我们会和他们两个在一起，而且因为没有人再心烦，所以我们可以做更多好玩的事情。我知道有些孩子在父母离婚时会伤心，但对我来说，离婚更好一些。”

卡丽娜，16 岁。“我只知道我的妈妈和爸爸总是在吵架。他们在一起的时候吵架，现在离婚了还在吵架。他们在电话里大喊大叫，在我的学校里大喊大叫，而且为了不让爸爸到我们家里来，妈妈不得不申请了一张限制令。当我和他们中的任何一个人在一起时，我要做的就是照顾我的弟弟。永远没有足够的钱能让我和我的朋友们一起做些事情：妈妈说这是因为爸爸没有支付抚养费，而爸爸说这是因为妈妈拿走了他所有的一切。有时我恨他们两个人。我永远不会结婚！”

进入你的孩子的内心世界

所有的单亲父母都不时地想知道他们的选择对孩子造成了怎样的影响。与父母们一样，孩子对自己的处境会有各种各样的感受——而这些感受会塑造他们的很多行为以及他们与你的关系。

但是，因为他们还小，他们通常会感到无力改变自己的处境，而且因为他们通常对自己的父母有强烈的忠诚感和保护的本能，他们可能不会坦率地与你分享他们的内心世界。而且，即便在同一个单亲家庭里，也没有哪两个孩子会以完全相同的方式对生活做出反应。

在 10 岁前的大部分时间里，孩子们都是以自我为中心的；也就是说，他们把自己视为自己的世界的中心，并且可能相信他们身边发生的大多数事情在某种程度上都是与他们有关的。孩子可能想知道一位父母的离开是否是因为自己是个坏孩子或者不可爱；他可能会相信父母离婚在某种程度上是他的错。尽管很多成年人会花费大量时间解释离婚的原因并推卸责任，但是，孩子通常最关心的是自己会怎么样。有一件事是所有孩子都认可的：他们不希望自己夹在愤怒的父母之间的战争之中。

应对混乱的局面

问：大约六个月前，我儿子的爸爸从我们家里搬了出去。杰里米 5 岁。一开始的时候，他似乎还不错，但他最近似乎在挑衅我。他爸爸说，杰里米在他的家里既开心又可爱，但是，杰里米会冲我大声嚷嚷，或者走进房间冷不丁地踢我。5 分钟后，他又会拥抱我，并对我说他爱我。我试过忽略他的行为，或者让他暂停一会儿，并威胁他如果他不友好一点的话，就让他一个人坐在车库里，但我知道这都不管用。我感到很困惑并且很害怕。我该怎么办？

有一件事是所有孩子都认可的：他们不希望自己夹在愤怒的父母之间的战争之中。

答：一个5岁的孩子对你和对他爸爸的行为之所以不同，是有很多原因的。

孩子们通常会把不好的情绪都发泄到他感觉“最安全”的父母身上，这也许能解释杰里米为什么对他的爸爸（那位“离开”的父母）不做出这种行为。在某种程度上，你的儿子感觉无论他的行为多么不可爱，你都不会抛弃他。你在设立限制时要尽最大努力做到既充满爱意又始终如一。而且，要有耐心；最好的疗愈就是时间的流逝。

如果你记住和善与坚定并行，就能帮助你处理这些艰难的时刻。你可以运用积极的倾听来认可杰里米的感受（并帮助他理解他自己难以承受的情绪），并要对那些不被允许的造成伤害或不尊重的行为保持坚定。惩罚性的暂停和其他惩罚是不会有帮助的。事实上，它们很可能会恶化你儿子对你的行为。

尽管在情绪激烈时要记住这些可能会很难，但是，你应该尽量不要把孩子的行为当作是针对你的。孩子们有时候会因为自己的处境而责备自己，有时则会责备父母。要记住，这种责备通常与一个孩子的愤怒和恐惧有关。倾听而不评判、提供支持并努力建立信任，将帮助你们渡过这些艰难的时刻。

归属感的重要性

大多数成年人都相信，养育一个健康的孩子的最重要因素就是爱。尽管我们肯定不会争辩爱能够在一个家庭里创造奇迹，但是，我们确实会质疑某些人所说的爱。一些父母以爱的名义娇纵自己的孩子；另一些父母以爱的名义逼迫、保护或惩罚孩子。我们需要问："是什么让一个孩子感觉到被爱呢?"那些研究人类和人类关系的学者们发现，当孩子（还有大人）体验到归属感和价值感时，他们会感觉到被爱。

我们都需要相信我们与他人是融洽的，相信自己在这个世界上有一个特殊的位置，相信我们能够为身边的人做出贡献。我们需要感到仅仅因为我们是我们自己，我们就有价值。当我们感受不到归属感时（我们都会有这样的时刻），我们可能会努力用别的方式——通常是以错误的或自取其败的行为——为自己创造这种感觉。

> 当孩子（还有大人）体验到归属感和价值感时，他们会感觉到被爱。

我们稍后会深入探讨不良行为的错误目的（以及如何处理），但是，重要的是要认识到归属感始于家庭。作为单亲家庭的一员，孩子的归属感以及他与自己的父母形成一种亲密、信任的关系的能力，可能会因为各种原因而受到挑战。

要花点时间，并尽你所能，设身处地地为你的孩子想一想。要透过他的眼睛去看这个世界。他经历了哪些变化?他遭受了哪些损失?他认为自己与周围的人是相同还是不同的?他感觉到被爱了吗?他感觉到被需要了吗?他感觉到自己很特别了吗?而且，无论你是因为什么原因而成了一名单亲父母，你的处境如何影响你的孩子感觉到他有归属以及在这个世界上有一个特殊位置的能力?

我们有很多方法可以为我们的孩子创造归属感。我们可以花时间和他们在一起，倾听他们，邀请他们说出自己的主意并帮助我们。帮助他人和做贡献是获得价值感的两种最好的方式。父母们可以学会珍视孩子独特的天赋和品质，接受他们自身，而不是我们希望他们成为的样子。我们能为他们提供培养人生技能的机会，以便他们能感到有信心和有能力——这是归属感的另一个关键因素。

我们可以努力进入他们的内心世界，并理解他们的归属感可能怎样受到了其父母的选择（无论多么必要或者多么正当）的伤害或削弱。我们可以找到一些方法，在一个似乎要尽力把我们分开的世界里保持情感连接。记住归属感的重要性，将帮助你透过你的孩子的行为看到他们的内心。

记住归属感的重要性，将帮助你透过你的孩子的行为看到他们的内心。

建立信任

孩子们对于他们感知到的自己的家庭与同龄人的家庭之间的差异是非常敏感的。在我们的世界里，与别人不同可能是一件痛苦的事情。正如我们已经知道的那样，孩子会像他们的父母一样强烈地感觉到悲伤、愤怒、失去和恐惧。尽管深爱着孩子的父母们很难接受，但是，再多的智慧、良好的养育技巧和关爱，也不会把伤痛的经历所造成的所有痛苦都消除。然而，我们可以运用这些经历，通过帮助孩子们知道自己能解决生活中的挑战，来为孩子建立强烈的归属感和价值感。尽管良好的沟通技巧会有极大的帮助，但是，对于单亲父母和他们的孩子来说，欣然接受生活的本来面目，并从以前只能看到问题的地方看到机会，几乎总是需要时间和耐心的。

尽管深爱着孩子的父母们很难接受，但是，再多的智慧、良好的养育技巧和关爱，也不会把伤痛的经历所造成的所有痛苦都消除。

父母怎样才能与自己的孩子建立一种亲密而信任的关系呢？无论你成为单亲父母的原因是什么，以下这些建议都会有帮助。

倾听，倾听，倾听。一位父亲跟他的单亲养育班的负责人说，他学到的最重要的技能就是积极的倾听，因为这能让他的孩子们说出他们的真实感受。“我并不总是喜欢我听到的，”他苦笑着说，“但是，我现在能更好地理解他们身上发生的事情了。他们觉得把自己的感受和想法告诉我是安全的；而且，即使他们的感受或想法让我不舒服的时候，我通常也知道怎么做才能比过去更好。他们现在更信任我了，而且我们能一起解决问题。”

再怎么强调倾听你的孩子的重要性也不为过。当你能够进入他们的内心世界时，你就能更好地运用你的智慧和对他们的爱来帮助你做出决定并处理他们的行为。

要“允许孩子问”。孩子们当然不需要知道你的私生活中所有可怕的细节。但是，当父母因为自己对一些敏感话题感到不安而禁止谈论时，孩子可能会认定与父母太难交谈，并可能会对发生的那些事情及其原因形成他们自己的错误信念。

卡尔相信，不告诉他 4 岁的女儿迈拉有关她妈妈的事情是在保护她。他的女朋友翠西没想过要她的小女儿迈拉，并在生下女儿后不久就离开了。对于卡尔来说，成为一个婴儿的单亲父亲是一个艰难的转变，但他设法做到了，而且现在迈拉成了他生活中的快乐。他再没听到过翠西的消息，而且他让自己相信她再也不会回来了。当迈拉终于问起自己失踪的妈妈时，卡尔在困惑中犹

与你的孩子建立一种信任和亲密的关系

- 倾听，倾听，倾听。
- 要“允许孩子问”。
- 要核实孩子的感受——不要想当然。
- 共度特别时光。
- 做到相互尊重。

豫着，然后，他告诉迈拉，她的妈妈脑子生病了，不得不离开了他们。从那次交谈之后，每当迈拉问关于妈妈的问题，卡尔就会转变话题。

迈拉不再问有关妈妈的问题，但是，她的行为开始发生变化。她经常做噩梦，而且没有她的旧“毯子”就拒绝睡觉。她在幼儿园里躲着其他孩子，并且在午饭和点心时间孤零零地坐着。迈拉的老师决定花点时间陪这个孤独的孩子，并在卡尔来接女儿回家的一个晚上来找了他。

“迈拉生病了吗?”老师问卡尔。

“据我所知没有，”卡尔迷惑不解地回答，“为什么这么问?”

“哦，她最近总是落落寡欢，而她以前一直都是我们很关心的一个非常友好的小朋友。当我问她为什么不再跟其他孩子玩耍时，她告诉我她的脑子生病了，不应该和任何人在一起。”

卡尔叹了口气。他知道把事情说清楚的时候到了。他咨询了一位顾问，然后，在一天晚上，当吃过晚饭并让迈拉穿上舒服的睡衣后，他把她抱到自己的腿上，开始用简单的话告诉她关于她妈妈的事情。

他们谈了很长时间。一旦迈拉意识到她能问爸爸问题，她就问了很多。卡尔告诉迈拉，她的妈妈是一位温柔的女士，但她只是没有准备好照顾一个小婴儿。他给她看了她妈妈的一张照片，并告诉她，他多么喜欢当她的爸爸。最重要的是，他告诉迈拉他一直害怕告诉她真相，因而犯了一个错误；迈拉的妈妈没有生病，迈拉也没有生病。是的，他不知道她的妈妈是否还会回来，但是，也许有一天他们可以考虑找到她在哪里。而且，是的，卡尔永远不会选择离开迈拉。

“你是我生命中最重要的人，小天使，”他说，感觉喉咙有些哽咽，“从现在开始，你可以问我你需要知道的任何事情。我可能不知道所有的答案，而且有时可能会犯错，但我会尽最大的努力。”

迈拉保留了她妈妈的照片，而且，在一段时间里，她没完没了地问关于她妈妈的问题。卡尔偶尔会感到沮丧和泄气，但他尽自己的最大努力倾听迈拉的想法和感受，并且平静而诚实地做了回答。这花了一段时间，但是，生活最终回归到了舒适的日常状态——而且，卡尔意识到，他觉得和自己的女儿比以前更亲近了。

确定孩子对你的过去——和他们的过去——究竟需要了解多少可能会很困难。然而，运用情感诚实并允许孩子问，会非常有助于你与你的孩子之间建立起信任。如果你不确定说什么或者说多少，要考虑咨询一位擅长与孩子打交道的咨询师。现在建立一种信任与亲密的关系，会省去随着孩子长大和成熟而给你带来的无数麻烦。

要核实孩子的感受——不要想当然。人们很容易相信孩子的适应能力很强而且能处理任何事情这种陈词滥调。毕竟，事情往往看起来就是这样的。然而，只是因为你的孩子没有抱怨或做出不良行为就想当然地认为你的孩子很好，可能是错误的。有些孩子会很努力地取悦并保护自己的父母，而绝口不提他们自己的需要和恐惧。

父母们有时候会害怕问自己的孩子怎么样。但是，如果你带着真正的好奇和兴趣（而不是作为一种指责或抱怨），孩子们可能会诚实而自信地回答，并允许你更深入地走进他们自己独特的内心世界。孩子们经常会用“我不知道”来回答父母的问题——这至少有三个原因。一个原因是为了回避那些他们视为“审问”或侵犯他们隐私的问题。另一个原因是他们不相信你真的想知道他们在想什么，而只是想要一个特定的回答。第三个原因是他们真的不知道——至少没有清醒地意识到。他们

运用情感诚实并允许孩子问，会非常有助于你与你的孩子之间建立起信任。

可能需要你的帮助，来承认并说出他们的感受，这会让他们感觉得到了认可。

与你的孩子开始交谈的一种方法是问“什么”和“怎样”的问题，或者以“我注意到……”开始。例如，一个妈妈可以对她的儿子说（面带微笑并以热情的语气）：“亲爱的，我注意到你今天一直很安静。你有什么事吗？”或者，一位爸爸可以问：“你觉得我能做点什么来帮助你感觉好起来？”

如果你的孩子确实不明白他或她自己的感受，你要试试积极的倾听，并做出他或她能纠正或确认的猜测。“你似乎吓坏了”或者伤心、愤怒或开心——或你的直觉告诉你的任何感受。如果你真的好奇，你的孩子通常会让你知道你猜对或猜错了。然后，你可以让孩子“多告诉我一些吧”。表现出真正的兴趣通常会吸引孩子们敞开心扉，并让大人更接近他们。

共度特别时光。正如我们已经知道的那样，如果我们不为家庭活动——即使像聊天和只是待在一起这样简单的活动——安排出时间，有时就根本不会发生。是的，这会花时间；但是，每天即便只抽出十分钟与每个孩子单独在一起，都会极大地改变你们的关系的质量。你们可以一起去散步或读一本书；你们可以一起做饼干或洗盘子。你们可以把特别时光作为你们睡前惯例的一部分，让你的孩子跟你说说他这一天里最开心的时刻（以及最伤心的时刻），然后把你最开心和最伤心的时刻也告诉他。

一位单亲妈妈和她的儿子决定每周四晚上出去共进晚餐。他们轮流选择一家花费不多的饭店去吃饭，并且都理解不对对方的选择提异议。艾伦总是选比萨；他的妈妈通过选择中国菜、墨西哥菜或意大利菜拓宽了艾伦的视野。两人都发现外出吃饭——只有他们两人——给了他们一段不被打扰的时间来交谈、相互了解，以及就是简单地待在一起。无论你如何安排，固定的特别时光都是你与孩子的关系更亲近的美妙一步。

做到相互尊重。相互尊重可能是健康的人际关系中一个最重要的因素，但是，太多的时候，我们更擅长要求尊重而不是给予尊重——尤其是在与孩子的关系中。孩子们没有与大人同等的权利，他们也不应该有；但是，他们确实拥有作为人类的同样的价值，而且应该得到尊重的对待。

孩子们没有与大人同等的权利，他们也不应该有；但是，他们确实拥有作为人类的同样的价值，而且应该得到尊重的对待。

要在一次家庭会议上花些时间让你的孩子解释尊重对他们来说意味着什么。运用头脑风暴想出对自己以及相互之间表现出尊重的方法。例如，尊重可以具体体现在我们彼此交谈、对待别人的财物以及进入别人空间的方式上。给你的孩子和善而坚定的管教与尊重，是建立信任关系的一种有效方法。

过于亲密的问题

爱、信任和亲密是让一个单亲家庭运转的重要因素，但是，有时候，单亲家庭里的成员会有一点过于亲密。

南希是一位单亲妈妈，独自带着孩子已经快 3 年了，她 5 岁的女儿斯蒂芬妮是她生活的中心。事实上，自从斯蒂芬妮的父亲搬出去以来，南希没有一晚上离开过自己的女儿。因为南希身有残疾而且没有在外面工作，她和斯蒂芬妮过的日子就是不断地去野餐、去公园、参加茶会和一起参加其他活动。

然而，变化已经隐约可见。斯蒂芬妮要准备上学前班了，而她的妈妈发现，一想到女儿一整天都不在身边就无法忍受。另外，南希意识到斯蒂芬妮将要开始结交新朋友并发展新兴趣了，而且南希开始害怕，在某种程度上，自己在女儿的生活中将不再那么重要。

她想，也许我能在家教斯蒂芬妮。她越这样想，就越喜欢把斯蒂芬妮留在身边并保护她免受外部世界的困难和影响这个主意。

然而，南希足够明智地意识到，自己需要一些帮助才能做出一个如此重大的决定。通过她所在的教堂，她能得到免费的咨询，尽管把斯蒂芬妮留给一个临时保姆一两个小时都很难，但南希还是预约了一位咨询师来讨论自己的处境。

对于这位咨询师来说，理解南希的困境并不难。单亲父母们通常都将自己的大量时间和精力用在自己的孩子身上。他们可能正在从作为配偶中的一方到单身的转变中挣扎。他们可能感到孤独和害怕。他们可能正在为自己的孩子在单亲家庭中长大所受到的影响而担心——并努力做出补偿。而且，因为他们爱自己的孩子，他们有时会变得过度参与孩子的生活，模糊了健康的亲子界限并变得过于亲密。

当出现这种情况时，单亲父母就很难让孩子成长并在家庭之外与他人发展人际关系——父母自己也难以有他或她自己的生活。孩子们最终可能会感觉自己被困住了或者难以承受，而当他们试图挣脱束缚时，父母就会感到伤心，并感觉孩子背叛了自己。

南希的咨询师理解母亲与女儿之间深深的爱与亲情联结。但是，她建议南希，对斯蒂芬妮一点点地放手是要做的一件健康而又充满爱的事情。斯蒂芬妮需要拥有同龄的朋友，她需要学会如何在这个世界上与人融洽相处，需要拥有学校给她带来的所有体验与冒险。南希可以分享所有这一切，而不是加以限制。

同样重要的是，这位咨询师补充说，南希需要开始她自己的新生活。可以从加入一个单亲父母的群体开始；参加一个课程或者外出与一位朋友共进晚餐或看场电影也是很好的一步。

南希在内心深处知道这位咨询师已经给了她明智的建议。她知道，如果她和斯蒂芬妮不总是在一起，她们会更健康。让南希吃惊的是这对斯蒂芬妮来说有多么难。南希第一次雇了一个临时保姆，以便能和自己的朋友一起去看电影。当南希试图离开时，斯蒂芬妮哭了起来，并紧紧地抱着她。南希禁不住想妥协并留在家里，但是她没有，她把斯蒂芬妮从自己的身上拉开，说："亲爱的，我三个小时之内就会回来。"然后就离开了。

南希和朋友在一起时并不开心，而且没有记住电影里的任何一个场景。但是，当她回到家时，斯蒂芬妮正开心地和临时保姆玩着游戏。

"你的车一开走，她就不哭了，"保姆说，"我们度过了一个愉快的夜晚。"南希很快意识到，下次她出去时可能会容易些——无论是她还是她女儿。

让南希面对失去斯蒂芬妮的恐惧，以及让斯蒂芬妮面对失去妈妈的恐惧，都是需要一段时间的。她们两个人都不得不培养让对方拥有一些独立的勇气。然而渐渐地，南希发现，随着她和斯蒂芬妮都交了新朋友，培养了新兴趣，她们两个人都更开心了，而且更喜欢在一起的时光了。

父母的职责就是养育一个有能力的、成功的成年人——而这意味着要允许孩子锻炼他们自己的翅膀，探索安乐窝之外的世界，并且最终飞走。父母的慰藉是，我们与孩子之间的亲情联结既柔韧又牢固：柔韧到足以让他们有伸展羽翼的空间，牢固到足以与他们的心一生都紧密相连。

父母的职责就是养育一个有能力的、成功的成年人——而这意味着要允许孩子锻炼他们自己的翅膀，探索安乐窝之外的世界，并且最终飞走。

性别问题

问：我很担心我的前妻告诉我们的儿子的那些关于男人的事情。我理解她很生我的气，我确实为了别人而选择离开了她。但是，她总是告诉我们8岁的儿子杰克，男人都是混蛋（甚至更糟糕）并让他最好小心点，要不然他长大了也会像我一样。如果我儿子相信男人都是坏人，他怎么能有自尊呢？

答：愤怒和伤心有时会让父母们说一些不该说的话，做一些不该做的事。但是，你是对的：如果你和你的前妻能不再互相攻击，尤其是在性别方面，你们的儿子会更加快乐并且更加健康。相信自己的性别"坏"，可能会使培养健康的自尊感变得很复杂。运用情感诚实，以简单的、不责备的方式表达感受是可能的。去见一位心理治疗师或者调解人（或者把这本书送给你的前妻），能帮助她学会更有效地表达她的感受的方式，而不是给你的儿子造成困惑。

近年来，研究人员和很多作者在性别问题上投入了大量的精力，研究单亲家庭的男孩和女孩是和妈妈在一起更好还是和爸爸在一起更好——或者和父母中的任何一方在一起都好，还是要与父母双方都在一起。孩子们与自己同性别的父母在一起对孩子更好吗？异性父母能养育出健康的孩子并理解他们的经历吗？孩子们需要两性的行为榜样才能健康成长吗？

对性别问题研究的发现是各种各样的，但是，有一些事情，我们是相当确定的。一些备受尊敬的权威人士，如威廉·波拉克博士[①]和玛莉·派佛博士[②]，相信男孩和女孩（以及妈妈和爸爸）以不同的方式表达和处理情感，而我们的文化给我们的儿子和女儿传递的信息往往是不健康而且有害的。

> 男孩和女孩（以及妈妈和爸爸）以不同的方式表达和处理情感，而我们的文化给我们的儿子和女儿传递的信息往往是不健康而且有害的。

女孩们可能特别容易受到物质主义文化的影响，尤其是当她们进入青春期的时候。她们从广告、媒体和同龄人那里了解到的是性感、瘦、世故和成熟是最好的。与父母的紧密依恋是不酷的。女孩可能会比男孩更自如地表达情感，但是，她们在表达情感时常常会以愤怒、挑衅的方式，当面冲父母大喊大叫。

男孩可能了解到男性意味着时刻都要显得坚强有力而有男子汉气概。快乐是可以接受的，愤怒也是可以接受的（毕竟，愤怒是一种“坚强有力”的情感），但是，诸如恐惧、担心或孤独之类的情感可能象征着软弱。研究表明，男孩们常常压抑这些感受，用威廉·波拉克的话说，就是带上一个“面具”，并退回到隔绝和抑郁中。

遭受痛苦的也不只是“小”男孩。离婚的父亲中有50%一年只见自己的孩子一次，有30%从不或者很少见自己的孩子。很多父亲说，他们感到在一些难谈的话题上无法自如地与孩子沟通。这种“情感的断开”可能会导致他们不再探视孩子和支付抚养费。那些感到无法与自己的孩子产生情感连接的父亲们可能会用

---

① 威廉·波拉克（William S. Pollack），哈佛大学临床心理学家，著有Real Boys：Rescuing Our Sons from the Myths of Boyhood等有关男孩的一系列图书。——译者注

② 玛莉·派佛（Mary Pipher），美国临床学理学家及作家。她因在Reviving Ophelia：Saving the Selves of Adolescent Girls一书中提出的奥菲莉娅综合征（又称奥菲莉娅情结）而闻名。奥菲莉娅是莎士比亚的名著《哈姆雷特》中的人物。玛莉认为后青春斯的女孩面临与奥菲莉娅类似的外部压力。——译者注

老师如何提供帮助：性别和单亲家庭

你也许想把以下建议分享给你的孩子的老师：

- 对那些只与一位父母有关的艺术项目和假日项目（母亲节、父亲节、圣诞节等等）要保持敏感。要允许孩子有一定的灵活性，如果他们愿意，要让他们为父母双方都做一个项目。
- 要注意你自己对男孩和女孩的态度，以及对生活在单亲家庭里的孩子的态度。有些研究表明，与女生相比，老师更经常提问男生，并允许他们回答更长的时间，而且认为单亲家庭的孩子会出现更多不良行为。学生们会“捕捉”到你对待他们的同学和他们自己的态度。
- 不要把突然爆发的情感或偶尔出现的不良行为认为是针对你个人的。
- 要努力了解孩子的居住安排，如果合适的话，要给单亲家庭的孩子提供两份音乐节目和演出的邀请。

金钱或娱乐来代替，这就是众所周知的“迪士尼爸爸”综合征。

母亲们也在挣扎。社会会赞扬参与自己孩子的生活的父亲们，但母亲们就必须小心，要恰到好处地参与孩子的生活，参与太多会被认为让孩子窒息，而参与不足又会被认为疏远和冷漠。事实上，爱自己的母亲是与诸如被动和依赖之类的负面品质联系在一起的，而离开母亲则被视为一种独立和有力量的行为。我们的文化实际上可能在鼓励无论男孩还是女孩把拒绝母亲作为成长的一部分。

实际上，健康的关系是相互依赖的，既不过度亲密和令人窒息，也不疏离和冷漠。每个人都需要作为一个个体以及探索自己的兴趣的空间，同时仍然拥有爱和信任的温暖和亲密可以依赖。

而且，无论男孩还是女孩都能从与男人和女人的健康关系中极大地获益。一位健康的父母就足够了吗？是的。孩子会从与两性的健康纽带中获益吗？答案依然是，是的。

那些感到无法与自己的孩子产生情感连接的父亲们可能会用金钱或娱乐来代替，这就是众所周知的“迪士尼爸爸”综合征。

妈妈和爸爸们可以运用正面管教的养育技巧进入他们孩子的内心世界，建立自信、自立、亲密和信任。无论男人还是女人，都需要了解他们自己的儿子和女儿如何表达情感，都需要非常注意孩子对异性的看法，都需要运用尊重、积极的倾听和良好的沟通技巧。

爸爸和妈妈们能够觉察到我们的文化向我们的孩子传递的信息，而且能够学会与孩子坦率地讨论这些信息。并且，父亲和母亲们能够关注学校里发生的事情——他们的大一点的孩子从那里接受了那么多有关自己的性别和异性的信念。那些与我们的孩子相处的时间有时候比我们还多的老师们，能够帮助孩子处理家庭和性别问题。

妈妈和爸爸们可以运用正面管教的养育技巧进入他们孩子的内心世界，建立自信、自立、亲密和信任。

危险还是机遇？

生活中可能没有什么事情比我们与自己的孩子所建立的关系更重要。这种关系将塑造孩子们和我们的生活，并决定我们的家庭生活的性质。要花时间彻底想清楚你希望你的孩子对信任、归属、男人、女人、爱和生活本身了解到什么？我们与孩子相处的每一个时刻都是一个重要的时刻。

第 *8* 章

单亲家庭不是“破碎的家庭”：

运用合作与鼓励

毫无疑问，单亲养育对涉及到的每一个人来说都是很有挑战性的，而且我们和我们的孩子在成为单亲家庭时，可能背负着沉重的感情包袱。但是，正如我们了解到的那样，单亲父母和他们的孩子的生活也是有美好的可能的。

“等一下，”你可能会说，“我们什么时候讲到这本书里‘管教’的部分？我什么时候才能学会如何对待我的孩子的行为？”正如我们将会发现的那些，最好的管教是预防，是与孩子们建立一种鼓励合作、做出良好判断以及信任的关系。当你们的关系牢固而健康时，不良行为就不会那么经常发生了（注意，我们说的是“经常”。无论是我们还是我们的孩子，永远都不会是完美的！）。

单亲父母可以通过很多方法来实施正面管教，在问题发生前加以预防。一个重要的方法，就是了解你的孩子，并理解他的性情、个性和特殊品质。[①] 预防不良行为的其他工具还有教孩子、鼓励孩子以及家庭会议。

让孩子参与

如果人类真正需要的是有归属、感到自己重要、有价值并且被别人需要，那么，单亲家庭可以为孩子提供大量的机会来满足这些需要。单亲父母很少需要为他们的孩子制造一些事情来做；他们可以绝对诚实地说："当你帮助我时，真的让我的生活更轻松了，而且我真的很感激你。谢谢!"这会让孩子感觉自己真的很重要。

有时候，单亲父母很容易把孩子看得过于重要，将前配偶的角色投射在孩子身上。儿子变成了新的"一家之主"，女儿变成了妈妈最好的朋友和知己或者"爸爸的小主妇"。单亲父母想要有个人可以依靠、想要有人分担维持这个新家的责任是很正常的。但是，孩子仍然是孩子，而当一个"小男人"或"小女人"的重担，对于年轻的肩膀来说可能太沉重了。

有时候，父母们会走向相反的极端，承担起家务活、家庭作业以及做决定的所有责任。他们可能相信，由于失去了一位父母的积极参与，他们的孩子在家里遭受的痛苦已经够多了，不应该再指望他们干活或承担责任。疲惫不堪的父母可能相信，"为孩子做"一些事情要比找到方法"和孩子一起做"更简单。

---

① 有关这些重要主题的更多信息，请见由简·尼尔森、谢丽尔·欧文以及罗丝琳·安·达菲尔合著的《0～3岁孩子的正面管教》和《3～6岁孩子的正面管教》。——作者注

不管是让孩子承担太多事情还是不让孩子承担事情，从长远来看对大人或孩子都不好。正如我们在前面提到的，那些承担太多责任的孩子会变成父母的守护者，承受不必要的压力和情感负担，而那些完全不参与家里的事情的孩子可能会开始过一种完全无所事事的生活，期待别人始终为他们做决定——并跟在他们身后收拾。无论是哪种情况，孩子们对于他们自己以及其他人的想法、感受以及做出的决定，都无助于他们成为有能力的、幸福的成年人。父母能够给孩子们提供一些经历，促进他们对自信、能力及做出贡献的欲望的认知。

疲惫不堪的父母可能相信，“为孩子做”一些事情要比找到方法“和孩子一起”做更简单。

合作的价值

一个有效的方法就是承认单亲家庭的生活是需要协同努力的。“我们是一个团队，”一位父母可以对自己的孩子说，“而且这个家需要我们每一个人都发挥作用。”孩子们想做出贡献（即便在他们没有意识到并且似乎抗拒的时候），父母需要知道自己的孩子正在学习过一种成功、快乐的生活。家庭生活是一个圆，当其中的每个成员所承担的重量都恰到好处时，它才会顺畅地运转。

家务活：机会还是烦恼？

家务活——那些为了让一个家庭顺利、安宁地运行而需要完成的任务——要么会成为家庭生活中得到认可的一部分，要么会成为一种无尽的烦恼。或许，最好不把这些任务定义为“杂活”——你不得不做的事情，你不做就会被唠叨或受到惩罚的事情。家务活意味着合作，为帮助整个家庭做出的一种贡献。

不管你信还是不信，当孩子们被给予机会为家庭做出有价值的贡献时，大多数孩子都会热情地响应。尤其是年幼的孩子，他们通过模仿大人来学习，而且通常想做你正在做着的事情，无论是用吸尘器清理地毯、更换汽车的机油，还是捣碎土豆。（你的小家伙大声说过多少次“我来做，妈妈!”?）不过，孩子们“帮忙”的努力有时会给父母制造更多的工作（毕竟，他们很少以与我们完全一样的方式去做事），而我们可能告诉他们“去玩吧”，以便我们能完成我们的工作。但是，允许他们参与（并教给他们所需要的技能）是鼓励合作的一个有效方法。成为家庭团队的一员，尤其是以爱、幽默和尊重的方式达到这一点时，可以成为对父母和孩子来说都同样美好的赋予力量和鼓励的经历。

一个家庭里的每一位成员，从年龄最小的到年龄最大的，都能做一些真正有价值的事情。一个 3 岁的孩子可以为每个人摆放餐巾；大一点的孩子可以收拾并清洗餐具、倒垃圾或给植物浇水；十几岁的孩子可以用多种方式帮忙。然而，太多的时候，父母们注意到（并唠叨）的是那些“没有做的事情”。或者，他们会把标准和期望定得太高，而且很少或者完全不教孩子怎么做。或者，父母没有让孩子参与帮助决定需要做什么以及为此制订计划的过程。家务活因而变成了一种让孩子们沮丧的经历——而且，让他们参与做家务变成了一种很大的烦恼。当父母们不仅花时间关注哪些家务活确实做了，而且教孩子、鼓励孩

成为家庭团队的一员，尤其是以爱、幽默和尊重的方式达到这一点时，可以成为对父母和孩子来说都同样美好的赋予力量和鼓励的经历。

子、感激孩子并给孩子正面反馈时，整个过程就能真正变成家庭生活中很快乐的一部分。

如果孩子不合作怎么办？

问：我的大儿子15岁了，无论我怎么做，都无法让他帮我做家务。我不得不对他唠叨和说教，即便这样，他也只做最低限度的一点点。通常，我会让步，并自己做所有的家务，然后因为他不帮忙而冲他大喊大叫。我讨厌听到自己的尖叫声。我试过在他不做家务时取消他的一些特权，上个周末我就告诉他，他得取消与他爸爸的晚餐，因为他没有帮我做家务，但是，那种感觉很不好。我该怎么办？

答：记住孩子们会做那些管用的事情可能会有帮助——而且，你儿子的行为很管用。他已经知道，如果他抗拒的时间足够长，你就会让步并替他做。改变这种模式需要耐心和一些思考。

要从每次迈出一小步和鼓励开始。他在家里和学校里能做对的事情是什么？要确保他在听到你说他做的没有达到你满意的事情的同时，也听到你说他做对的那些事情。要开一次家庭会议，并问他最愿意做哪些事情；要确保为需要完成的事情设定期限。你可以要求他在出去之前做完他该做的事情，如果你觉得这是合理的、尊重的而且是相关的话（取消他和他父亲见面的时间是没有帮助的，这很可能只会让他更加怨恨你，因为你妨碍了对他很重要的一个人的关系——而且这与他在你们家里的家务活是不相关的）。如果你决定要施加一个后果，要确保他事先知道，而且你能和善而坚定地执行。要避免大喊大叫，不要替他做。当他看到你说到做到的时候，他的行为就会改变。

重要的是要知道，没有什么是一直并且永远管用的。无论你怎么做，正常的孩子都不会始终合作，因为他们在经历个性化过程。对于一个孩子来说，个性化意味着发现与父母分离的自己是谁。除了试探自己的力量，孩子们还能有别的办法发现与父母分离的自己是谁吗？如果父母理解这个过程是正常的（并且建立起和善而坚定的界限和惯例），而不是对此感觉不安的话，他们将会为自己减轻很多压力。

孩子们可能不合作的另一个原因，就是因为他们还是孩子，并有其他需要优先做的事情。家务活在他们的优先事项清单上排名并不高——事实上，通常根本就不在他们的清单上。这并不意味着他们不应该做不在他们的优先事项清单上的任何事情。而是意味着，当父母们接受这一点，并找到让孩子们合作并且做需要做的那些事情的办法时，他们就会省去很多沮丧和生气。我们建议的那些方法通常不得不重复很多次。父母们通常会一遍又一遍地唠叨和说教。正面管教的方法会有效并令人愉快得多，但仍然需要重复。

> 父母们通常会一遍又一遍地唠叨和说教。正面管教的方法会有效并令人愉快得多，但仍然需要重复。

艾米丽很期待与她最好的两个朋友——像她一样的单亲妈妈——每周一次的外出晚餐，但是，今天晚上，她扑通一声坐在了她的椅子上，并重重地叹了一口气。“对不起，我来晚了，”她说，“但是，我在打扫厨房——像上一次那样。我发誓，我没办法让乔安娜做任何事！你们已经点好餐了吗？”

“没有，我们也刚刚到，”玛莎说，“乔安娜怎么了？你似乎跟她闹别扭了。她现在多大了？”

“她 11 岁了。”当三个女人看着菜单点餐的时候，艾米丽继续说着她的故事。“实际上，乔安娜是一个很好的孩子，”她说，“她的成绩很好，而且那么令人愉快、可爱。她只是讨厌做家务活。我让她放学后打扫厨房，可是，当我回到家时，所有东西都堆在水池里，而且操作台上到处都是面包屑。我听到自己在唠叨和说教——我讨厌这样，因为我听上去就和我妈妈一样——但是，我不知道还能做什么。”

“你知道，”卡伦微笑着说，“我和科里也经历过这样的事情。我不停地唠叨，但事情从来没有按我希望的方式完成过。有一天，我问他认为打扫房间意味着什么，他看着我说：‘我不知道。’我意识到他真的不知道。我只是想当然地以为他知道我希望他做什么——而且，因为从来都没有做对过，他感到很沮丧。我怀疑乔安娜是否有同样的问题。”

艾米丽想了一下说：“你知道，我甚至从来没有想到过这一点。我猜我需要坐下来和她谈一谈。”

到了下一周一起吃晚餐时，艾米丽轻松多了。“你看起来开心多了，”玛莎开玩笑说，“你的厨房肯定很干净。”

艾米丽笑了。“确实是——我自己打扫的。当我和乔安娜谈这件事时，原来她以为把盘子堆在水池里就够了——毕竟，对她来说，这看起来干净多了。但是，当我停止唠叨和批评，而只是倾听时，结果表明她讨厌打扫厨房。我告诉她，我真的需要她的帮助。我问她有没有什么事情是她愿意做的，而她告诉我她不介意洗衣服。所以，我花时间教给了她如何洗衣服。现在，我打扫厨房，她洗衣服，而且我们都开心多了！”

大人常常会想当然地认为，孩子们会以某种方式神奇地理解我们需要他们做什么——而且知道怎么做。但是，这种假设往往会导致双方都丧失信心：大人感到丧失信心是因为孩子不帮忙，而孩子感到丧失信心是因为他们无法把事情做对。而且，丧失信心常常会导致误解——以及不良行为。

花时间教孩子

“管教（discipline）”的拉丁语词根的一个含义是“教”。你知道教——与我们身边的人沟通需要做什么事情，以及做的过程包括什么——是最有效的管教方式之一吗？要注意，教与说教或批评不同。教是一种真正的鼓励和爱的行为，而且会给孩子提供形成健康的自尊感所需要的技能。

如果艾米丽认可并感激乔安娜做出的努力（不管多么小），而且告诉她有效地完成一件事情所需要的基本技能，她们很可能会避免因厨房而发生的争论。教孩子确实需要我们预先投入时间和精力，但是，其回报是非常值得所花费的精力的。

把孩子与其行为分开

我们都听说过自尊这个词，我们都知道拥有健康的自尊感对孩子们来说很重要。但是，孩子们怎样才能拥有健康的自尊感呢？单亲父母的孩子们更难相信自己的价值和重要性吗？

绝对不是！教给你的孩子人生技能，并让他体验到接受一个挑战并取得成功所带来的满足感，对培养自尊大有帮助（我们称其为“能力体验”）。

> 教给你的孩子人生技能，并让他体验到接受一个挑战并取得成功所带来的满足感，对培养自尊大有帮助（我们称其为“能力体验”）。

如何教孩子

1. 让你的孩子观察你。要让孩子看着你准备晚餐、修剪草坪或铺床。要用简单的词语解释你在做什么以及为什么这样做。

2. 要让孩子帮助你做。当你下次做这件事情时，要鼓励你的孩子帮助你。要解释你在做什么，要确保让孩子知道你很感激他的帮助。

3. 你帮助孩子做。这时，是时候让你的孩子尝试自己做这件事情了——在你大量的支持和鼓励下。

4. 你看着孩子做。到这时，你的孩子应该感到有足够的信心来独自做这件事情了。要记住把你的标准保持在切合实际的水平（期待完美会让你俩都大失所望）并且要感谢孩子。随着时间的流逝，让“帮忙”成为一种愉快的冒险将会消除家务活中的很多烦恼。

你注意到健康的自尊并不是始终不变的吗？它似乎时有时无。有时候，孩子们可能对自己感觉真的很好，然后，发生了一些事情，他们就会对自己感觉很糟糕。当孩子有过很多能力体验，并知道自己有能力解决生活中的问题时，低自尊就不会持续那么长时间了。

学会注意到并认可我们的孩子做对的事情，也是非常重要的。一个孩子对自己的很多认知都是由他从父母和其他大人那里得到的反馈造成的。父母们有时候会将孩子与他们的行为等同起来。换句话说就是，一个行为不良或者丧失信心的孩子，就是一个“坏”孩子，而一个表现良好（或成功地取悦了大人）的孩子，就是“好”孩子。自尊能让孩子从自己的错误中学习，而不是相信只有在自己很完美的时候，才有价值和归属，而父母们可以通过学会把孩子与其行为分开来帮助孩子。

孩子们从来都不“坏”。然而，他们有时确实会做出不良行为，而且有时会让他们身边的大人失望、烦躁和愤怒。明智的父母要学会传递给孩子这样的信息：尽管我们本身很好，但我们的某些行为不好。

鼓励独特性

帮助孩子充分发展他们的潜能，对于所有关爱孩子的父母来说都应该是最优先考虑的事情，也是在备受各种麻烦困扰的日常生活中最容易被忽略的事情。你曾经站在一个小孩子的门外并听他们说话吗?

“假装你的人正在骑马。”一个孩子会说。“好，然后假装我的人正待在城堡里。”另一个孩子插话说。“然后，来地震啦!”另一个孩子喊道，接着房间里响起了乐高玩具掉落的声音和大笑声。

想象力和创造力是很美妙的天赋。有创造力的孩子能看到很多可能性，并能够相信自己以及自己处理和解决问题的能力。然而，专家还告诉我们，那些有创造力、有思想的孩子都是那些总是不断地提出令人头疼的问题的孩子。他们喜欢发明一些新的游戏规则和做事情的新方法——往往会让他们疲惫的父母们很烦恼。

不幸的是，被贴上“麻烦制造者”标签的往往是那些最有创造力的孩子，因为他们会问太多的问题，而且因为他们发现安静地待着并做其他人正在做的事情似乎是不可能的。或许每个孩子都有成为有创造力的孩子的潜力——但是，由于那些富有创造力、充满活力的孩子会把忙碌的老师和父母们的生活弄得很复杂，所以他们往往很早就被教导要压制自己的热情并与大众保持一致。我们也许永远不知道有哪些才能和想法被这样抹杀了。

> 想象力和创造力是很美好的天赋。有创造力的孩子能看到很多可能性，并能够相信自己以及自己处理和解决问题的能力。

作为一名忙碌的单亲父母，你能留给那些特别而非同寻常的事情的时间可能非常少。听你的孩子说每一件事并处理日常生活中那些没完没了的危机就已经够困难了。鼓励孩子的独特性需要时间和精力，而这可能是你觉得自己不具备的。

有创造力的孩子并不总是那些在 3 岁拉小提琴或者 5 岁弹钢琴的孩子，或者很小就能阅读或画画或学习古代史的孩子。那些天赋不是很明显的孩子呢？那些拥有解决问题的本领的孩子呢？或者那些有丰富想象力和讲故事的天赋的孩子呢？或者那些真正热爱思考的孩子呢？

我们既需要学会识别又需要学会鼓励孩子的独特性。关上电视并阅读，或聊一些孩子们觉得有趣的事情是有帮助的。对他们的问题和他们不同的处理方式要有耐心。要偶尔让他们尝试新的事物或试验一个新的想法。要问问你自己，他们挑战现状只是为了与之作对，还是因为他们真的有一个更好的想法。

总之，要让他们知道，你因为他们是他们而爱并珍视着他们，包括他们的不同之处和特殊品质。事实上，与大多数人保持一致的压力是难以抗拒的。尽管需要付出耐心和毅力，但是，教给我们的孩子重视他们自己的独特性，会增强他们的自尊，而且可能正是他们走上一条具有创造力并富有成效的人生道路所需要的。

鼓励的魔力

鼓励一词的意思是“让心灵喜悦”。鼓励并不意味着我们告诉孩子他们做的每一件事都很好。但是，很多用心良苦的父母拒绝接纳孩子和给他们归属感，直到他们变“好”或者成功地完成一件事情。要记住，孩子们和大人一样，当他们感觉更好，当他们知道自己有归属并且有价值时，才会做得更好。鼓励并不意味着接纳不恰当的行为，而是意味着注意到孩子的努力、认可孩子的进步，并给予欣赏和感谢。

当孩子们知道错误是学习的大好机会，而不是他们做错事情的证据时，他们也会感觉受到鼓励。通过帮助孩子探究发生了什么事、是什么导致了其发生、他们对此有什么感受、他们从中学到了什么，以及他们将来怎么做才能解决这个问题，来帮助孩子从不恰当的行为中学习，是非常令人鼓舞的。以这种方式，我们能帮助他们学会变成“善于发现的人”。

成为善于发现的人

那些在生活和情感关系中成功的人，往往都是善于发现的人。也就是说，他们能够注意到别人和各种情形的好的方面，并且会很快向别人指出来。在创造一种乐观而信任的家庭氛围方面，可能没有什么事情比成为善于发现的人更重要的了。不幸的是，我们中的大多数人更倾向于注意消极方面而不是积极的方

> 鼓励并不意味着接纳不恰当的行为，而是意味着注意到孩子的努力、认可孩子的进步，并给予欣赏和感谢。

面。我们怎样才能成为善于发现的人呢？我们怎样把这个了不起的礼物分享给我们的孩子呢？

寻找积极的方面。丹妮丝刚刚挂上电话，她的上司的脑袋就从门口探了进来。“你什么时候有空，丹妮丝，”他说，“我想让你到我的办公室来一下。”

丹妮丝的心揪紧了。她做错什么事情了吗？她把什么事情忘记了吗？犯了一个错误？当她走进上司的办公室时，她做了最坏的打算。

肯，丹妮丝的上司，用手向一张椅子挥了一下。“请坐，丹妮丝——不要显得那么担心！”他笑着说，“事实上，我最近一直想和你谈谈。我注意到你的工作做得太出色了。我知道你在家里承受了很大压力，但你在这里的心态一直那么好。我们的客户都喜欢你，你工作的质量很棒，而且你的幽默感有时能让我们将工作继续下去。我只是想让你知道，我们多么感激你所做的一切。”

丹妮丝意识到自己一直惊讶地张着嘴，而肯大笑了起来。“我们这些主管在这方面做得不够，不是吗？”他问道，“你以为我是要解雇你还是什么？”当丹妮丝苦笑时，肯继续说：“我猜我没有责备你。不知道为什么，找时间说好话比找时间批评难。无论如何，请保持下去吧。”

当天晚上，当丹妮丝打开自己家的前门并环顾四周时，她突然灵光一闪。她能看出来，虽然有一些家务活还没有做，但孩子们正在一起安静地玩耍，而且很明显他们都已经做完了自己的家庭作业——那些书和试卷都整齐地摞着，等着她去检查。

“嗨，小伙子们，”她冲自己的孩子们叫道。三张表情不安的脸转向她，她意识到他们的感受可能与肯跟她说话时她自己的感受是一样的。她尽量热情地笑着。

成为善于发现的人

- 寻找积极的方面。
- 向孩子致谢并表达感激。
- 着眼于优点并控制弱点。
- 教给孩子知道犯错误是学习的大好机会。

“我只是想让你们知道我多么喜欢回家。你们在一起看起来那么舒适，而且我能看出来你们已经做完了家庭作业。你们知道，当你们不用我唠叨就做完我让你们做的事情时，我真的非常感激。你们觉得我们今晚租一部电影并做点爆米花怎么样?”

随后，当丹妮丝准备晚餐时，她注意到她的大儿子在悄悄地做着他刚才忘记做的事情。而且，那个晚上的气氛无疑是温暖的。她悄悄地笑了。她知道了，一点鼓励就能让每个人感觉良好，而且比说教管用得多。

现在就花点时间列一个清单：对于你的每个孩子，你爱他的哪些方面？哪些品质、怪癖和特殊的天赋会让你微笑？当你列出一个优点的清单时（如果你一直在与孩子们争斗，可能需要一段时间才能列好），要把它放在你们能经常看到的地方。然后，每天至少要和每个孩子说一次你感激他或她的一些事情。你不需要滔滔不绝；事实上，孩子们离很远就能看出任何不诚实，所以，你要只说你真正相信的事情。但是，每个人、每种情形总会有好的方面；学会发现并将其说出来，能给你和你身边的人勇气和希望。

要问问你的孩子喜欢自己家里（以及你和每个人相互之间）的哪些事情；要鼓励他们说出这些观察到的事情。成为一个善于发现的人需要一些练习（毕竟，我们通常都喜欢抱怨而不是致谢），而且这并不意味着你应该忽略不良行为。然而，这将为既能处理行为又能建立关系的正面管教养育技巧奠定基础。

向孩子致谢并表达感激。很多父母不知道从哪里知道了“骄傲使人失败”。所以，我们有时候害怕向孩子致谢会让他们变得自负而傲慢。但是，请想一下：我们所有人不是都喜欢自己的努力和能力得到认可吗？

家庭会议是让你和你的孩子说出在彼此身上发现的优点的最好的场合。正如我们将看到的那样，每次家庭会议都以对每个人做出的贡献和成绩表达感激作为开始，能给每个人都造成一种归属感。致谢也很适合每天的日常生活。每天都要微笑，说“谢谢你！”并且拥抱！

着眼于优点并控制弱点。唐纳德·O. 克利夫顿和宝拉·尼尔森的著作《用你的长处高飞》的开篇，是一个可爱的寓言故事：一只鸭子、一只老鹰、一只猫头鹰、一只松鼠和一只兔子上了同一所学校，其课程包括奔跑、游泳、跳跃和飞翔。当然，每个动物都在其中一个方面有优势，但在其他方面却无法成功。当看到这些小动物的父母和老师都坚持认为，他们要毕业就必须在每个方面都做得很好，而使这些小动物遭受到的挫折和惩罚时，真是让人警醒。这本书的一个主旨就是，杰出只有通过专注于自己的优点并控制自己的弱点——而不是消除弱点——来实现。

当孩子们在学校没有拿到“A”时，父母常常会减少孩子参与他们擅长的那些领域，比如运动和艺术。帮助孩子学会在困难的课程上过得去，并鼓励他们把时间用在那些能让他们展翅高飞的活动和能力上，不是更能鼓励孩子吗？

> 但是，每个人、每种情形总会有好的方面；学会发现并将其说出来，能给你和你身边的人勇气和希望。

要帮助孩子发现他们的优点。我们都无法完全凭直觉了解他们。要给他们读书，要鼓励他们的好奇心和探索精神。是的，课外活动要花费一些时间和精力，而这可能正是单亲父母相信自己缺乏的东西，但是，有多少孩子由于在自己擅长的方面被父母接纳而受到了鼓励和支持？要记住，孩子们需要归属感。如果我们不能帮助他们找到获得归属感的积极方法，他们就会发现消极的方法。

教给孩子知道犯错误是学习的大好机会。承认我们每一个人都不完美，并且不可避免地会犯错误——而每天早上醒来时仍然决心成为最好的父母和最好的人——是需要勇气的。我们的孩子也会与他们不可避免地犯下的那些过失和错误做斗争。但是，错误并不是致命的灾难或不可饶恕的罪恶，它们只是错误而已。

当你或你深爱的一个孩子犯了一个错误时，你就有了教给孩子一些宝贵的教训并能让你们更亲近的机会。当犯错误的人是你时，要承认错误并请求原谅。然后，你就能够让孩子看到做任何必要的事情来弥补错误的重要性的榜样。当你的孩子犯了错误时，他从错误中学习的一种方式，就是通过问他“什么”和“如何”的问题来帮助他探究自己行为的后果。你可能问的一些问题是：“你对发生的事情有什么想法？”“从这次经历中你学到了什么？”“你以后如何运用你这次学到的东西？”“你对弥补或者解决这个问题有什么主意吗？”

只有在你的孩子有时间冷静下来，而且在他感觉你对他的看法真正感兴趣时，“什么”和“如何”的问题才会有效。有时候，一次友好的讨论就是解决一个问题所需要的全部。

第 9 章

家庭会议：

让你的家庭成为一个团队

我们很容易将孩子视为沉重的责任，或者视为妨碍我们完成需要做的事情的不那么重要的人。事实上，孩子是不同寻常的财富。他们是——或者说在被给予机会时，他们能成为——非常有创造力、有活力而且足智多谋的人。单亲父母怎样才能挖掘出这种活力和创造力呢？而且，我们怎样才能让我们的家庭生活成为一个平衡的圆，接纳每个人并顺畅地运转呢？

家庭会议

造成一种家庭团队与合作精神的一个重要方法，就是家庭会议。你的家庭是由一位父母和一个孩子组成，还是由一位父母和几个孩子组成，都没关系，你们是一个家庭，而家庭会议会加强你们的家庭团队。

家庭会议对你来说可能是一个新观念。你可能想知道家庭会议有什么好处以及如何开始召开家庭会议。而且，你可能想知道自己如何才能设法完成多出来的这件事。不召开家庭会议的借口有很多："我已经要应付那么多事情了，怎么才能找到开家庭会议的时间呢?""家里只有我和孩子两个人，而且我们在开车时就把问题解决了。""我的孩子们很好，我们不需要家庭会议。"所有这些借口都忽视了能从家庭会议得到的长期好处。

当父母们真正理解家庭会议的众多好处时，他们就会意识到自己负担不起没有时间的借口——这些时间因为预防了问题的发生，并在这一宝贵的过程中收获了合作，而变成了一种有价值的投资。

如何召开家庭会议?

正如家庭有不同的形式、规模和个性一样，家庭会议在其优先事项和细节上也会有所不同。然而，要记住以下几个要点。

家庭会议应该是一个优先事项。大多数家庭发现，每周留出一个固定的时间效果最好。这可以是一个没有人要赶着参加其他活动的晚上，或者是吃完饭后每个人都在家的时间。尽量不要在那个时间安排别的计划，而且不要让电话或其他事情干扰你。要让你的孩子们知道，你认为和他们在一起的这段时间是你一周中非常重要的时间。

以致谢和感激开始每次会议。要寻找家里的每个人做过的那些积极的事情，并说说你的看法，要教给你的孩子也这样做。这可能有点尴尬，尤其是对那些更习惯于相互贬低、争论和找麻烦

家庭会议的长期好处

定期召开家庭会议能实现很多积极目标：

- 留出全家人聚在一起的时间，可以体现出对家庭承担的义务。我们经常和同事、朋友，甚至陌生人约定见面聚会的时间，却不和我们的孩子约定聚会。
- 家庭会议是教给孩子重要的人生技能、通过头脑风暴造就相互尊重、共同解决问题的一个机会，是为交谈、理解、彼此保持和谐留出时间的一个机会。
- 家庭会议能让孩子们知道，他们的想法、感受和主意得到了倾听和认真对待（而父母会获得他们之前没有过的想法和见解）。对于形成健康的自尊、自信和能力感来说，还有比这更好的办法吗？
- 在我们忙碌、紧张的生活中，可能很难找到一起轻松地就餐，然后一起长谈的时间。家庭会议的传统可以为一起度过的特别时光和为未来留下珍贵的记忆打下基础。

的兄弟姐妹们来说更是如此。然而，过一段时间，他们将学会致谢的技能并领会其精神。由此产生的自我价值感会让你付出的努力物有所值，而且你们的整个会议也会有一个鼓舞人心的开始。

把“会议议程”放在一个方便的地方（冰箱似乎是一个永远受欢迎的地方）。要鼓励家人在这一周把下次家庭会议要考虑的想法和问题写下来——而且要确保每一项都得到讨论。你会发现，当你能把你的担心写在议程上时，你往往就能克制住唠叨的冲动。有时候，有一个地方发泄自己的失望就是孩子的全部真正需要，而到家庭会议开始时，问题就已经得到了解决——或者被忘记了。另外一些时候，全家人将需要运用头脑风暴，想出解决问题的主意。

运用头脑风暴解决问题并制订活动计划。让家里的每个人都说出自己的观点是很重要的。在头脑风暴的过程中，所有的主意都应该被尊重地接受，不管这些想法乍看上去多么不可行。只需要一句"哦，这是一个愚蠢的主意！"就会让孩子对家庭会议永远感到厌倦。一旦每个人都有机会用头脑风暴想出主意，你们就能进一步搞清楚哪个主意管用以及为什么，而大家可以就哪个计划最好达成一致。这样，头脑风暴就成了一次学习经历，以及教给你的孩子们有价值的解决问题技能的一个机会。

> 家庭会议的传统可以为一起度过的特别时光和为未来留下珍贵的记忆打下基础。

做出的决定应该经过一致同意而不是多数同意。投票只会让那些"输"了的人怨恨。如果你的家人在某件事情上无法达成一致，就把这件事推迟到下一次会议。每个人到那时都会冷静下来，并可能有时间想出新主意。

要有一个主席和一个负责记录决定的秘书，要轮流担任这些职位。孩子们喜欢负责，而且，一旦他们理解了这个程序，就能做得很好。这还能表明父母愿意倾听并考虑到每个孩子的想法和能力。

在快乐中结束。要以计划下一周的家庭活动，或者以一个游戏或最爱吃的甜点来结束每一次家庭会议。

但是，这真的管用吗？

像往常一样，这是泰勒家一个忙碌的早晨。玛琳正在为她今天的工作做准备，并设法让她的三个女儿在上学前吃完早饭。她正小口喝着咖啡时，门厅里传来一声哀号。

她14岁的女儿曼迪手里拿着一件皱巴巴的衬衫，冲出了自己的房间。“妈妈！”她怒吼道，“我今天想穿我最喜欢的衬衫去上学，但是，金姆穿过了，还把它都弄脏了——而且她甚至都没有先问问我。”

13岁的金姆就在她身后。“好吧，曼迪拿走了我那条最好的牛仔裤，”她生气地说，“而且凯特琳总是用我的发卡。”

“我没有用！”8岁的凯特琳的声音从卫生间里传了出来。

玛琳闭了一会儿眼睛，并且做了一次深呼吸。“听起来，你们好像都对相互借东西感到很沮丧，”她说，“你们把它写到我们下一次家庭会议的议程上了吗？”

三个姑娘互相看了看，并摇了摇头。玛琳叹了口气，然后笑了。“好吧，你们为什么不把它写下来呢？”她说，“我们下次家庭会议的时间是周四晚上，我们到那时可以解决这个问题。现在到上学的时间了——你们最好穿好衣服。”

星期四晚上到了，玛琳把她的三个女儿召集到收拾干净了的厨房餐桌旁。“金姆，”她说，“轮到你做主席了。还有曼迪，你是秘书。”

“好的，”金姆说，“我希望曼迪不要再拿我的东西。”

“哇，”她的妈妈说，“我们怎么开始我们的家庭会议？”

大家都固执地沉默着。三个女孩还在生气，发现互相致谢是一件很难的事。终于，金姆说话了，只是带着一点不高兴：“我感激曼迪有一天晚上帮助我做数学作业。”这打破了僵局。随后是其他人的致谢和一个有趣的故事，没用多久，这家人就准备好开始解决问题了。

金姆主持会议。她说：“议程上说我们需要讨论相互借东西的事情。谁有什么主意吗？”

没用多久，她们就用头脑风暴想出了很多主意。三个女孩决定，住同一间卧室的曼迪和金姆应该有各自的抽屉和架子来放她们的东西。应该用可清洗笔在每个物品的标签上写上物主的名字。每个女孩都同意在借东西之前先问问姐姐或妹妹，并确保还回来的是经过熨烫的随时能穿的干净衣服。

三个女孩一致同意，用浴室柜子上的篮子分开存放各自的头发用品和饰品。曼迪和金姆的尺码几乎相同，最有可能互相借衣服，她们两人同意，如果未经允许就把对方的衣服拿走或者还回来的衣服是脏的（或者根本不还），对方就有权借用自己选择的衣服穿一天——并且不用洗就可以还回来。

玛琳看着曼迪已经写下来的解决方案清单。“你们都愿意这样尝试一个星期吗?”她问道。三个女孩点了点头。“我们可以在下次开会时看看效果怎么样，但是，如果你们高兴这么做，我没有问题。那么，这个周末我们该做什么?”

“去买衣服!”凯特琳喊道，她们都一起笑了。

在召开家庭会议之前，玛琳对三个女孩说教过“借”东西之前要先问。那些说教从来没有过效果。然而，当女孩们选择同样的计划时，她们就愿意做“她们”自己决定的事情。

家庭会议不能解决所有的问题。但是，这确实为家庭成员提供了一个时间和一个场合，来倾听彼此的想法、主意、不满和成绩，并学会一起努力找到互相都能接受的办法来摆脱日常生活中的困境和争议。

家庭会议可以包括每个人

还要记住，你的“家庭”可以包括任何人。当家庭会议包括与一个情形直接相关的所有人，比如临时保姆、好朋友甚至是老师的时候，其效果往往最好。

例如，菲丽丝是一个单身母亲，有一个6岁的儿子，名叫马修。马修是个聪明的孩子——从对其有利的角度来说，有点太聪明了。他很有创造力，并且语言能力很强，通常很容易就能说服别人。菲丽丝最近刚开始一项新生意，发现自己需要工作很长时间，但是，她很担心儿子的看护问题。有一个老妇人愿意住进她家，使这个问题得到了解决。保姆搬进来的第一天早上，菲丽丝吹着口哨开车上班去了——她当天晚上很晚才回到家，发现灾难正等着她。

原来，马修用了他的全部智慧来操纵他的新保姆，因为知道妈妈不在身边，无法执行规则。当菲丽丝回到家的时候，他还没有睡觉，尽管那是一个上学日的晚上。他一直在附近玩到晚上7:30，而且当保姆设法让他回家时，他还大发脾气——尽管他知道，妈妈希望他5:00就回家。菲丽丝责备并惩罚了他，但情况并没有好转。在与马修进行了一周的权力之争后，保姆绝望地放弃了，而菲丽斯缩短了她的工作时间，并重新陷入了在周围找临时保姆的麻烦中。

几个月后，随着菲丽丝发现自己的生意兴隆并需要占用她更多的时间，她决定再次尝试找一个住家保姆。但这一次，菲丽丝计划让保姆一起参加家庭会议。保姆阿吉对这个想法非常感兴趣。她们与马修一起审视了所有可能出现的问题，并制订了所有的规则——她们发现马修很喜欢建设性地使用其创造力。由于马修参与了制订规则，他更愿意遵守了。

生活更顺利了，虽然远远算不上完美；不过，当出现问题时，菲丽丝、阿吉或马修就会把它放到家庭会议的议程上，他们会在下次会议上努力找出解决方案。菲丽丝很兴奋，阿吉保持着理智，而马修明白了参与找出解决方案要比制造问题更好——好吧，不管怎样，大部分时间是这样的。五个星期后，菲丽丝告诉她所在的养育小组，她不敢相信事情怎么会变得这么顺利，并且说她要是早些知道家庭会议就好了。

作为一个家庭的改变

人们很容易将家庭会议只用来解决问题——毕竟，用家庭会议来解决问题是那么有效。但是，全家人以一种舒适而可预期的方式聚在一起，也是分享信息、弄清楚每个人的感受、保持接触，并一起应对改变的极好的方式。

当布瑞恩·哈洛与他的两个孩子坐在一起，召开他们每周一次的家庭会议时，他有一点儿担心；他有一些消息要告诉孩子，而他完全不确定他们会有什么反应。当布瑞恩把一大碗爆米花放在桌子的中央（他自己抓了一大把）时，他让14岁的女儿凯特以一些致谢开始了会议。

凯特和9岁的罗比热烈地谈了几分钟自己在这一周的情况。罗比在他的少年棒球联合会的比赛中被选为“最有价值球员”，他的笑容让整个房间都亮了起来。凯特在学校里成功地解决了与一位朋友的激烈争论，并且感谢她的弟弟喂他们的小狗玛芬，这样她才能去看电影。随着交谈的速度越来越慢，两个孩子都看向了他们的爸爸。

“你的话不多，爸爸，”凯特说，“你怎么样？”

“嗯，”布瑞恩慢慢地说，“我在工作中得到了很大的晋升。”

“太好了！”罗比喊道，“你赚的钱更多了吗？今年夏天我们能去迪士尼乐园吗？”

“太酷了，爸爸。”凯特笑着插话道。

“是的，这很酷，”布瑞恩说，“我会赚更多的钱。罗比，这能让生活更轻松一些——虽然我不了解迪士尼乐园。但是，有一个难题。你们看，新工作在佛罗里达。”

出现了一段长时间的沉默，凯特和罗比在理解这个信息。“我们会有一所新房子吗？”罗比满怀希望地问，“或许是一个带游泳池的？”

布瑞恩笑了：“凯特，你很安静。你怎么了？”

当凯特抬头看着她的父亲时，她的下嘴唇明显在颤抖。“但是爸爸，我将不得不离开我的学校和我的朋友们，而且我刚被选入啦啦队。这怎么办？而且玛芬怎么办？”然后，是最大的问题，“妈妈怎么办？她知道吗？”

布瑞恩向他的两个孩子解释说，他们的母亲知道并同意这次搬家。凯特和罗比完全可以像以前一样去探望她，但是，他们会从佛罗里达州飞过来，而不是像现在这样坐几站公交车。然而，似乎布瑞恩每回答一个问题，就会有十个新的问题蹦出来。“等一下，”布瑞恩终于说，“让我们把所有这些都写下来。”

在一张大纸上，布瑞恩列出了全家人的担忧。他的孩子们对结交新朋友、帮助找到一个新住所、打包他们所有的物品、寻找一个新的教会、成为学校里的新学生，甚至对带走小狗表示担心。

当全家人把能想到的担心都列出来之后，布瑞恩在每一个的旁边都列出了可能的解决方案。布瑞恩将在几周内去一趟佛罗里达，他同意给可能入住的房子和入读的学校拍照片，以便孩子们可以帮他选择一个。全家人一致同意他们应该举办一个告别派对，而凯特和罗比将他们最重要的物品各自装一个箱子随车带走，这样他们就不必等待搬家车抵达佛罗里达了。而且，布瑞恩

> 全家以一种舒适而可预期的方式聚在一起，也是分享信息、弄清楚每个人的感受、保持接触，以及一起应对改变的极好的方式。

同意他们可以回来——可能是在圣诞节——探望他们的老房子和朋友们。

“那么，你们的真实感受是什么?”布瑞恩最后问道。

“悲伤，”凯特回答道，“我为你感到高兴，爸爸，但我忍不住为离开感到伤心。”

“我知道，亲爱的。你呢，罗比?“

“我有点兴奋，”罗比若有所思地说，“我的意思是，迪士尼乐园不就是在佛罗里达州吗?”

甚至连凯特都禁不住咯咯地笑了起来。“你们知道，孩子们，”布瑞恩说，“我们永远是一家人，无论我们走到哪里。我知道，有你们两个的帮助，我们会让新房子成为一个真正的家。虽然这可能需要时间，但你们会交到很棒的朋友——毕竟，谁能抗拒这么出色的孩子呢?”然后，布瑞恩给了他的每个孩子一个格外结实的拥抱。

家庭会议不会让问题神奇地消失，而且确实需要花费时间和努力，但是，对于单亲父母和他们的孩子来说，这是作为一个家庭建立一种新的身份认同、学会相互欣赏并发现单亲家庭不是“破碎”家庭的一种极好的、赋予人力量的方式。家庭会议确实相当管用!

第 *10* 章

理解不良行为：

不只因为你是单亲父母！

适应单亲父母的身份是需要花时间的。但是，一旦你尽你所能处理好了这些变化并规划好你的生活，仍然会面临养育孩子以及处理他们的不良行为的那些基本问题。“我已经修复了我的大部分心情，”你可能会说，“而且，大多数时候，我的生活似乎过得相当顺利。现在，我该如何对待这些孩子呢？而且，当他们出现不良行为时，我该怎么办呢？”

重要的是要记住，你与你的孩子之间可能出现的任何问题或许都是相当正常的。没有完美的孩子，也没有完美的父母，而且，你的那些问题和麻烦之所以出现，不大可能只是因为你是一名单亲父母。许多刚离婚的父母都相信，自己孩子的所有不良行为都直接与离婚有关，而事实可能完全不是这样。所有的父母都会不时地与自己的孩子争斗，而所有的孩子都会做出不良行为。学会理解孩子的感受和行为对任何一位父母来说可能都很困难，但是，我们的孩子做的每一件事情（以及我们如何回应）都是有一些线索的。一旦你知道如何解读这些线索，处理行为就变得容易多了。

桑迪是一位单亲妈妈，在家里经营着一个儿童看护中心。她自己有两个孩子，分别是4岁的凯尔和6岁的乔伊。桑迪告诉她的养育小组说她需要帮助。她几乎哭着说，她在努力经营着儿童看护中心，而乔伊快把她逼疯了。“他骂那些年龄比他小的孩子、打他们、拿走他们的玩具，还说脏话。他因为使用器材而跟那些年龄比他大的男孩们打架。乔伊在学校或其他朋友家里没有这样的问题。他只在我面前有不良行为。他太坏了，以至于我现在就不想让孩子们到我这里来了，以便给他所需要的关注。我想我办的日托对他来说太难应付了，因为我是一位单亲妈妈，而他不想让我把精力用在那么多其他孩子身上。他总说我不公平。”

> 没有完美的孩子，也没有完美的父母，而且，你的那些问题和麻烦之所以出现，不大可能只是因为你是一名单亲父母。

桑迪继续说着：她已经告诉乔伊到6月份她就不再照顾其他孩子了。她不能在6月之前停办看护中心，因为她要对那些依赖她的家庭负责，还因为她需要这笔钱来帮助她养活家人。她还没有想好在停办儿童看护之后该怎么挣钱，但是，乔伊是她最关心的人。

养育小组的主持人问：“你想放弃你的儿童看护事业吗?”

桑迪回答：“不，我爱我的事业。但乔伊更重要。我希望我们之间安宁而融洽，而且我担心他的自尊。”

主持人笑着说：“你愿意寻找一些可能的办法，来帮助你继续儿童看护，让你和乔伊安宁而融洽，并提高他的自尊吗？“

桑迪毫不犹豫地说：“我当然愿意！“

“好，那么，”主持人说，“让我们先看几个基本问题，然后我们再想出一些建议。因为乔伊无法应付看护中心，你就不得不停办，这公平吗？你能做到毫无怨言吗？”

桑迪想了一会儿，说：“做不到，可能做不到。我只是不知道还能怎么做。”

“如果你在不想放弃儿童看护的时候却放弃了，是谁说了算呢？”主持人问道。

“嗯，显然是乔伊说了算。”桑迪耸耸肩说，“我知道这是不健康的，但我不知道还能怎么办。他明显需要我的关注。”

主持人接着说：“通过允许乔伊用他的情绪操纵你，你在向乔伊传递什么信息？”

这时，桑迪疲惫地笑着说：“他就能成为一个完全专制的君主了——这就是我的感受。我非常困惑。我爱他，我想做一个好妈妈，但是，如果我向他屈服，而且放弃我喜欢并能在家里做的工作，我会感到怨恨。在我家里经营日托，似乎是不必离开我的孩子就能挣钱的完美方法。但是，这个梦想已经变成了一场噩梦。我不知道该怎么办。”

主持人转向小组成员说：“到了做头脑风暴的时候了。让我们看看能想出多少办法来帮助桑迪和乔伊。”

大家想出了桑迪可以尝试的一长串主意，并邀请她选择一个她感觉最满意的。然而，桑迪听到了那么多好主意，以至于她选择了几个，想结合起来运用：

1. 在乔伊平静的时候和他谈谈，并运用赢得合作的四个步骤（后面有解释）。
2. 让乔伊拥有一些不必与任何人分享的东西。
3. 与乔伊（以及凯尔）单独共度特别时光。
4. 要给乔伊一些事情做，以便他既能感觉自己在做出重要的贡献，又能额外多赚一些钱。

5. 让乔伊参与寻找解决问题的方法，以便他能感觉到归属感和自我价值感。
6. 通过与一个有类似情形并愿意分享自己的经验的人交谈，来寻求支持。

桑迪是从最后一个建议开始的。她给当地儿童看护协会的贝蒂打了电话，说了自己的问题。贝蒂笑了，说："我真高兴我的那段日子过去了！在我的孩子小的时候，我遇到了同样的问题。我认为这很正常——孩子们很难与别人分享自己的妈妈，即便不是单亲妈妈。有两件事帮助了我。我不玩'不公平'的游戏，所以，我的孩子们无法用这一点让我上钩。但是，我确实允许他们有自己的玩具并且不必与任何人分享。另外一件事情是让他们知道我多么喜欢过上好生活，而同时还能与他们在一起。这会帮助他们在看到问题的同时看到好处。"

听说自己的问题很正常，而且不只是因为自己是一名单身妈妈才发生的，桑迪受到了鼓舞——并感到松了一口气。所有的孩子都需要关注，但桑迪正在以一种会招致不健康的操纵的方式在给予关注。她意识到自己已经落入了一个陷阱——因为孩子们没有爸爸而试图补偿他们。放弃这一信念以及随之而产生的所有的内疚感，对她来说是一种解脱。

通过与贝蒂交谈，桑迪感觉自己在谋生的同时还能与两个儿子在一起的愿望得到了认可。她感觉自己认为这是值得付出的努力的信念受到了鼓励。贝蒂已经挣到了足够的钱，能让她在家里陪孩子，甚至足够帮助他们念完大学了。贝蒂说："当然会有一些问题和麻烦，但是，什么工作没有问题呢？其好处远远多于问题。"

通过寻求支持，桑迪体会到了先装满自己的杯子——获得力量和鼓励——的重要性，只有这样，她才能装满乔伊的杯子并解

赢得合作的四个步骤

1. 表达出对孩子感受的理解。一定要向孩子核实你的理解是对的。
2. 表达出对孩子的同情，而不是宽恕。同情并不表示你认同或者宽恕孩子的行为，而只是意味着你理解孩子的感受。这时，你如果告诉孩子，你也曾有过类似的感受或行为，效果会更好。
3. 告诉孩子你的感受。如果你真诚而友善地进行了前面两个步骤，孩子此时就会愿意听你说了。
4. 让孩子关注于问题。问孩子对于避免将来再出现这类问题有什么想法。如果孩子没有想法，你可以提出一些建议，直到你们达成共识。

决问题。她能够与乔伊一起寻找积极的解决办法了，因为她能放下自己错误的内疚感了。既然已经准备好了，桑迪决定开始运用赢得合作的四个步骤。

当桑迪从养育小组回到家时，她高兴地看到乔伊还没有睡，而凯尔已经睡着了。这是尝试赢得合作的四个步骤的一个完美而平静的时刻。桑迪从问乔伊问题开始："亲爱的，我能在你准备睡觉的时候和你单独谈谈吗？"

"哦，好的。"乔伊回答道。

桑迪接着说："我想知道，当我照顾那么多其他孩子的时候，你是否觉得你对我来说不重要？"

桑迪已经击中了要害。乔伊情绪有点儿激动地回答："我不

> 通过寻求支持，桑迪体会到了先装满自己的杯子——获得力量和鼓励——的重要性，只有这样，她才能装满乔伊的杯子并解决问题。

得不与别人分享我的所有东西，这不公平！”

这时，桑迪思考了一下，并认可了他的感受。她说出了她的理解和她自己的一个故事。“我能理解你怎么会有这种感受。我记得当我还是一个小姑娘的时候，我妈妈让我把我所有的衣服——甚至是我最喜欢的衣服——与我妹妹分享。我讨厌这样。我现在明白了，由于我努力对其他所有的孩子公平，我对你就很不公平了。我强迫你让别人用你的餐椅，即使在你试图告诉我你认为很不公平的时候。我很抱歉没有考虑你的感受。乔伊，从现在开始，我会努力做得更好。”

乔伊感觉得到了理解。他被母亲的认可和道歉感动了，开始哭了起来。他说：“对不起，我那么坏。”（当孩子们觉得被理解时，他们往往会因为如释重负而哭起来。而且，当父母为自己不尊重的行为承担责任时，也会让孩子愿意承担自己的责任。）

桑迪安慰乔伊。“宝贝，你不坏。我们都犯了一些错误。我敢打赌我们能一起想出一些解决方法。首先，你愿意听听我的感受吗？”

“好吧。”乔伊抽泣着说。

桑迪把乔伊往自己的身边拉了拉。“对我来说，你比任何工作都重要。而且，我真的很想继续做儿童看护，这样我就不必外出工作了。我喜欢在工作的同时还能和你在一起。你愿意帮助我找出一些能让我们这样做的方法吗？我知道你有一些我以前从来没有听过的好主意。我现在真的很想听听。”

乔伊咧开嘴笑了：“好！”

桑迪和乔伊一起想出了以下几个计划：乔伊和桑迪每天一起共度15分钟的特别时光，在这期间不接电话、不受弟弟和其他孩子的打扰。乔伊同意凯尔应该有同样的时间，而且同意他们要一起努力找出对双方都合适的时间，并达成一致。在一次家庭会议上，他们要用头脑风暴想出当一个孩子与妈妈共度特别时光时，另一个孩子可以做什么的建议。

乔伊对既能帮助妈妈又能额外赚些钱充满了热情。他们约定，每天帮忙为看护中心的所有孩子准备午餐让他挣一美元。他自愿承担其他事情，比如收拾玩具和扫地。他们还决定，除非他允许，其他人不能坐他的餐椅。在谈话的最后，他们约定以后如果遇到其他困扰，他们将讨论并一起找出让双方都感觉尊重的方法。

桑迪在随后的一次养育小组会议上欣喜若狂地说："我无法相信这个方法这么管用。乔伊现在帮着做很多事，而且看起来对自己感觉很好，而不是做出不良行为。在我们的家庭会议上，他告诉凯尔他们有一个能在家里工作的妈妈有多么幸运。当我让乔伊参与解决问题时，他有那么多好主意。我非常高兴我告诉了他自己有多么爱他，而且他真的很听我的话。非常感谢大家！"

桑迪找到了摆脱在"非赢即输"中挣扎的一种方法。无论是以牺牲桑迪为代价，让乔伊"赢"，还是以牺牲乔伊为代价，让桑迪"赢"，都是不健康的。当我们学会"赢得"孩子们的合作时，控制就不再是一个问题了。

无论桑迪还是乔伊，都有一个潜在的信念，即他很"坏"。孩子们从来都不坏——但是，他们经常丧失信心。而当他们丧失信心时，他们就会做出不良行为。

理解密码

行为不良的孩子是在用一种密码告诉我们他们的感受和体验。不良行为是一种密码信息，是在说"我很灰心，因为我不相信我很重要或者我得到了无条件的爱"。孩子们并没有清醒地意识到这些信念，他们也不知道自己的不良行为是告诉我们他们丧失了信心的一种方式。他们不知道自己的行为表达了潜在的信念，他们是否知道也并不重要。重要的是，父母们要认识到每一个行为的背后都有一个信念，而且，他们的感受给了他们理解孩子正在使用的密码语言的线索。这些感受的线索和其他线索将在本章后面予以讨论。现在，我们只需要理解每一个行为背后都有信念。(甚至我们的行为也是!)

行为背后的信念

处理行为背后的信念，并不意味着你不处理行为，但是，当你对这两个因素都了解时，你会处理得最成功。生活中发生在我们身上的事情，永远没有我们对这些事情做出的决定及产生的信念更重要。我们的行为就是建立在这些决定和信念之上的。我们形成的这些决定和信念与所有人的首要目标——我们对找到归属感和自我价值感的需要——都直接相关。

所有人的首要目标

我们所有的人都需要归属于某个地方、某个人，并感觉到自己重要、有价值并且是被爱着的。从第一次意识到自己所处的环境那一刻起，孩子们就在做着关于自己是否有归属、是否被爱、是否被接纳的决定。有时候，孩子们认定自己没有归属

> 当我们学会“赢得”孩子们的合作时，控制就不再是一个问题了。

（这可能会让他们的父母吃惊），然后他们就会对自己需要怎么做做出无意识的决定。有时候，这些决定中会包含不良行为；有时候，这些决定会导致孩子完全不愿意尝试。

卡特是一个很不幸地受到忽视的小男孩；事实上，他是如此受忽视，以至于当他妈妈那个位于郊区小镇上的家着火时，他的哥哥被带到了安全的地方，但他却被留在了自己的床上，直到最后一刻才被一位细心的消防员救出来。他的未婚妈妈在怀着他时不想要他，他的外祖母领走了他的哥哥，但不想要他。当卡特作为一个被领养的孩子来到葆拉家时，尽管他快两岁了，但他几乎不会走路，而且，除了在饿的时候说"咬－咬"之外，他不会说话。

短短四个月后，卡特就会走、会跑了，会高兴地拥抱别人和被别人拥抱，并且总是说个不停。"他来了一个星期后就叫我妈妈了。"葆拉说。是什么造成了这种变化？"我们只是一次又一次地告诉他，他对我们来说很特别，我们爱他。"

真的这么简单吗？我们的孩子像所有的人一样，需要从自己的父母那里得到一些非常基本的东西（除了食物、住所和衣服之外）。他们需要感觉到被接纳，需要知道自己有归属，需要知道他们是特别的，并且只作为他们本身就是值得爱的。

"嗯，我当然爱我的孩子。"父母们会说，感觉任何人质疑这一点都是对他们的某种冒犯。然而，太多的时候，我们都没有以一种对孩子有意义的方式来传达这种爱。我们没有把孩子与其行为区分开，例如，任由孩子相信当他把事情搞砸的时候爸爸和妈妈就不那么爱他了。"坏丫头！"我们可能会说，"你永远什么都做不成。"或者，我们把我们的爱和鼓励留到我们的孩子做成什么事情的时候，让孩子相信爱与接纳是必须经过努力才能挣来的。而让孩子相信需要别人的认

> 从第一次意识到自己所处的环境那一刻起，孩子们就在做着关于自己是否有归属、是否被爱、是否被接纳的决定。

可和接纳，只会给以后的人生道路制造麻烦。

尽管有时候似乎很难，但是，我们必须学会接纳孩子本来的样子，而不是我们希望他们成为的样子。我们要让他们知道，尽管在某些方面可能还有进步的空间，但他们不必为了让我们爱他们而变成别的什么人，要让他们知道我们的爱是没有限制的、没有条件的。我们可以通过让他们知道无论一种情形看起来多么艰难，我们都会照料他们并陪着他们，来给他们安全感。我们可以选择让他们知道无论怎样我们都爱他们。

当孩子感觉不到爱与归属时，会发生什么？

问：我是一个单亲妈妈，有一个两岁的儿子。我儿子的父亲不想让我生下他，而且他再也没有在我们的生活中出现过（尽管他确实支付着抚养费）。做一名单亲妈妈是我做过的最难的事情（也是最有回报的）。没有人可以让我把儿子交过去并说："给你，你照看他十分钟，我需要休息一下。"而我最近确实需要休息一下。我妈妈去年被诊断出患有结肠癌，住了两三次医院。幸运的是，我在她接受护理的医院工作，所以我可以花很多时间陪她。我花了几个月的时间，要么在工作，要么和我妈妈一起看医生，要么在我姨妈家（我妈妈住在那里），要么在家里努力把没做完的事情补上。然后，我母亲去世了。

> 我们必须学会接纳孩子本来的样子，而不是我们希望他们成为的样子。

我以前总是发誓不打我的孩子，不冲他大喊大叫。好吧，把这话扔到一边去吧！通常，我对我的儿子有无限的耐心，但是，有时候我就是太累了，再也受不了啦。我讨厌这样的时候。我感到非常沮丧，而且不知道该怎么办。我不能出去，因为我不能把他一个人留在家里。我试过去浴室里，但他也会跟着我进去。

有一天晚上，我很想让他去睡觉。他就是不睡。他不停地从床上爬出来，并出来找我。最后，我把他放在床上，冲他大叫着让他睡觉。他打到了我的脸，并把我的眼镜打掉了。我气疯了，以至于打了他。他在尖叫，我在哭。我感觉糟透了！事实上，我离开了屋子，坐在了前门的台阶上。

我不想让我的儿子在恐惧中长大，害怕如果他做错了什么，我就会打他。但是，我也不想让他认为他的任何行为都能不受惩罚。也就是说，帮帮我！

答：你的压力和痛苦从你的信中的每一个字都能听出来。你的事情多到了你难以妥善处理，而听起来好像你几乎得不到外部的支持。你的儿子只有两岁，他所知道的就是自己需要归属感和价值感，而由于他无法理解的原因，他现在就是没有。所以，他在用自己的行为向你传递他对自己或对你感觉很不好这一信息。你的沮丧和烦恼是一些线索，表明他行为的错误目的是寻求关注——而且，如果他得不到积极的关注，他将会无奈地接受消极关注。这个问题会由于你是他唯一能求助的人——你是一个单身妈妈——而变得更严重。

理解不良行为的错误目的，将帮助你找到对待他的行为并让他感觉到情感连接和归属感的方法。你还需要花时间来滋养自己并让自己变得更坚强。你目前是那么多事情所依赖的基础，你要尽自己的最大努力确保这个基础是牢固的。

我们所有的人，父母和孩子们都一样，在决定关于我们自己、关于他人以及关于生活的一些事情的过程中，都是主动的参与者（不是牺牲品），而我们的行为就是建立在这些决定之上的。理解这个过程、理解你的孩子如何建立了自己对生活的信念，并理解他们是如何适应自己的家庭的，是理解他们的行为的第一步。有了这种理解，你就能鼓励你的孩子，并为他们提供改变其不健康的信念和行为的机会。

我们所有的人都在寻求获得归属感以及感到自己重要的方法。有时候，这些方法管用——而有时候不管用。如果我们认为自己没有人爱或者没有归属，我们通常会尝试一些事情，以重新得到爱。或者，当我们认为别人不爱我们的时候，我们会伤害他们，以求报复。有时候，我们甚至感觉想放弃；似乎把事情做对、有归属、被爱和被接纳是不可能的。我们在相信自己没有归属并且不重要时所做的那些事情，往往是为了找到我们所需要的接纳而采用的错误方式。这就是它们被称为不良行为的错误目的的原因。

孩子们意识不到这些隐藏的信念；他们不会坐下来并谋划一场权力之争。但是，一旦我们理解了孩子们做出其行为的原因，我们就能够在他们感到丧失信心时想出鼓励他们的办法——并在这个过程中改变他们的行为。

错误目的表（见第 142 ~ 143 页）可以帮助你识别你的行为不良的孩子的错误目的，并提供一些鼓励他或她的积极的建议。

要记住，目的本身并没有错，我们所有的人都需要关注、与他人建立连接以及个人的力量感。父母有时候会在孩子们寻求关注或试图获得权力时，断定他们在做出不良行为，但事实并非如此。只有当他们寻求“过度”关注或“错误的”权力，而不是以具有建设性的方法获得关注并运用权力的时候，才会出现问题。

玛格丽特是一个忙碌的律师，事业蒸蒸日上。她尽全力照顾着 3 岁的女儿萨曼莎。当玛格丽特不能陪伴萨曼莎时，她会花大量的时间为萨曼莎安排儿童看护。尽管如此，萨曼莎在晚上的哼唧和令人恼火的行为还是超出了玛格丽特能接受的程度。

当玛格丽特了解到正面管教的养育技巧和不良行为的错误目的时，她明白了萨曼莎之所以出现某些行为，是因为她是一个正试图建立自主和主动性的健康的3岁女孩——这是她正常发育过程的一部分。但是，玛格丽特还学会了将萨曼莎的哼唧视为一种暗示——一个线索——表明她的工作或许比平时更忙了。玛格丽特发现，当自己的日程安排得太满，以至于只有很少的时间陪伴萨曼莎的时候，萨曼莎就会用寻求过度关注这一错误目的作为回应。当玛格丽特在日程中安排出固定的时间陪萨曼莎并以积极的方式给她关注的时候，母女二人的关系就会顺利得多——而且愉快的夜晚也更多。

希尔维娅学到了类似的一课。当她发现自己与儿子尼克陷入了数不清的权力之争时，她花时间审视了自己的行为，并意识到她（以权宜之计的名义）太专横，并且控制得太多了。一旦她记住让尼克参与制订惯例、准则和参与解决问题，他就开始将自己的力量用于做贡献，而不是反叛。

帮助你识别错误目的的线索

破译不良行为背后的密码的第一条线索，就是识别不良行为给你带来的感受。例如，如果你感到恼怒、心烦、担心或内疚，那么，这就是表明你的孩子的目的是寻求过度关注的一条线索。

> 要记住，目的本身并没有错，我们所有的人都需要关注、与他人建立连接以及个人的力量感。

第二条线索，来自于观察你的孩子对你通常对待他的不良行为的方式的回应。例如，如果你的孩子的错误目的是寻求权力，而你用权力来回应，这种不良行为将会变本加厉。错误目的表的其余部分，描述了每一种错误目的背后的信念和一些赋予孩子力量的回应方式。

总有一些方法能帮助一个孩子感觉到归属感和自我价值感，从而帮助消除其对错误目的行为的需要。然而，最有帮助的是记住每种错误目的行为背后的密码信息（首要的密码信息是，“我想有归属并感到自己重要”）。这些密码信息告诉你的是，对于每一种错误目的，孩子需要什么来帮助他达到首要目标。

密码信息

寻求过度关注这一错误目的的密码信息是“注意我。让我参与并发挥作用”。帮助这样的孩子的一种有效方法，是忽视其寻求过度关注的行为，并通过给他一个任务，让他能以有用的方式参与并得到关注，以转移其行为。

对于寻求权力来说，其密码信息是“让我帮忙。给我选择。”对这种错误目的做出回应的一种有效方法是，首先承认你不能强迫这个孩子做事，并要让他知道你需要他的帮助。然后，让他从两种或更多方法中选择一种来提供帮助：“你是愿意把这个问题放到家庭会议的议程上，以便全家人一起找到一个解决办法，还是愿意自己考虑一天，然后让我知道你对解决这个问题的想法?”

> 当那些寻求权力的孩子能运用他们的个人权力去做选择，而不是去抗拒一个大人的控制时，他们更可能转向合作。

另一种可能是给他一个开放式的选择，以便他以一种做贡献的方式运用他的权力：“你为帮我打扫卫生所做的任何事情，我都会很感激。”当那些寻求权力的孩子能运用他们的个人权力去做选择，而不是去抗拒一个大人的控制时，他们更可能转向合作。

对于报复这一错误目的，其密码信息是“我很伤心。认可我的感受”。如果大人能透过孩子的报复行为看到并认可其背后的感受，会很有帮助：“我猜你是对什么事情感到很伤心。”如果你知道是什么事情，就说出来，或者说：“你想跟我说说吗？”这往往就足以中断不良行为，并让孩子有心情处理问题（也许是在冷静一会儿之后），这可能意味着不要管别人怎么想，要坚定而自信，或者做出弥补。

对于自暴自弃这个错误目的来说，其密码信息是“不要放弃我。让我看到如何迈出一小步”。大人需要找到孩子能自己做到的最小一步。这可能意味着要与他一起做一步，直到他能自己做。一旦他取得一个小成功，他就能放弃自己无法胜任的想法。

当我们理解了我们的孩子的想法，以及他们对自己、对他人和对生活的信念时，我们就能以积极的方式更好地影响他们。当我们处理行为背后的信念（密码信息）而不是行为本身时，我们会有效得多。

还记得乔伊和桑迪吗？乔伊感到自己不重要并且没有价值，直到桑迪用赢得合作的四个步骤来帮助乔伊得出了一些新的结论。一旦他相信自己有归属并且有价值，他就能接受妈妈以倾听他的感受、说出她自己的感受并与他一起寻找解决办法的方式给予他的鼓励了。学会理解乔伊不良行为背后的隐藏密码，给了桑迪所需要的信息，来帮助他形成与之前不一样的信念、放弃他的不良行为，并成为一个合作团队的一员。

> 当我们处理行为背后的信念（密码信息）而不是行为本身时，我们会有效得多。

我们的孩子的行为——无论好的、坏的，还是中性的——都

错误目的表

孩子的目的：	如果家长或老师的感觉是：	而且想采取的行动是：	如果孩子的回应是：	孩子行为背后的信念是：	密码信息	家长/老师主动的、鼓励性的回应，包括：
寻求过度关注（让别人为自己奔忙或者得到特殊服侍）	心烦； 恼怒； 担心； 愧疚。	提醒； 哄劝； 为孩子做他或她自己能做的事情。	暂停片刻，但很快又回到老样子或换成另外一种打扰别人的行为。	唯有得到关注或得到特别服侍时，我才重要（有归属感）。 唯有让你们为我忙得团团转时，我才是重要的。	注意我，让我参与并发挥作用。	“我爱你，而且______。”（例如：我关心你，一会儿陪你）通过给孩子安排一个任务来转移他的行为，以便他能获得有益的关注；避免特殊服侍；安排特别时光；制订日常惯例表；让孩子参与解决问题；鼓励孩子；召开家庭会议/班会；默默地爱抚孩子；忽视孩子的行为；设定些无言的信号。
寻求权力（我说了算）。	被激怒； 受到挑战； 受到威胁； 被击败。	应战； 投降； 心想“你休想逃脱”或“瞧我怎么收拾你”； 希望自己正确。	变本加厉； 屈从但内心不服； 看家长或老师生气而觉得自己赢了； 消极对抗。	唯有当我来主导或控制，或证明没有谁能主导得了我的时候，我才有归属感； “你制服不了我。”	让我帮忙； 给我选择。	通过请孩子帮忙，引导孩子把权力转向积极的方面；提供有限制的选择；既不要开战，也不要投降，而是撤离冲突；坚定而和善；不说，只做；决定你要做的事情；让日常惯例说了算；离开并让自己冷静下来；培养相互的尊重；设立一些合理的限制；练习坚持到底；运用家庭会议或班会。

续表

孩子的目的：	如果家长或老师的感觉是：	而且想采取的行动是：	如果孩子的回应是：	孩子行为背后的信念是：	密码信息	家长/老师主动的、鼓励性的回应，包括：
报复（以牙还牙）	伤害； 失望； 难以置信； 憎恶。	反击； 以牙还牙； 心想“你怎么能这样对我？”	反击； 变本加厉； 行为升级或换另一种武器。	我觉得我没有归属感，所以受到伤害就要以牙还牙； 没人喜欢我，没人爱我。	我很伤心，认可我的感受。	承认孩子受伤的情感；避免受伤害的感觉；避免惩罚和还击；建立信任；运用反射式倾听；说出你的感受；做出弥补；表现你的关心；不说，只做；鼓励其长处；不要偏袒任何一方；运用家庭会议或班会。
自暴自弃（放弃，且不愿别人介入）	绝望； 无望； 无助； 无能为力。	放弃； 替孩子做； 过度帮助。	更加退避； 消极； 毫无改进； 毫无响应。	我没办法归属，因为我不完美，所以我要让别人知道不能对我寄予任何希望； 我无助且无能； 既然我怎么都做不好，努力也没有用。	不要放弃我，让我看到如何迈出一小步。	把任务分解成小步骤；停止批评；鼓励任何一点点的积极尝试；相信孩子的能力；关注孩子的优点；不要怜悯；不要放弃；创造成功的机会；教给孩子技能，示范该怎么做，但不要替孩子做；真心喜欢孩子；以孩子的兴趣为基础；鼓励孩子；运用家庭会议或班会。

不是在真空中发生的，而是他们对他们自己、对我们，以及对自己在生活中所处位置的感受的结果。不良行为可能会让人心烦和恼怒，但是，理解这些信念——以及你的孩子用来与你沟通其信念的密码——可能就是你解决问题所需要的全部。那些感觉到鼓励、爱和自我价值的孩子不那么需要做出不良行为。这不就是我们真正想要的吗？

第 11 章

进入你的孩子的内心世界：

正面管教的实际运用

作为父母，我们有非常良好的意愿。我们想让我们的孩子“为了他们自己好”而行为得体。他们最终的幸福是我们最关心的，而且我们“知道”，如果他们不接受我们的价值观并做正确的事情，他们就不会幸福。我们真的相信，我们的说教、惩罚和羞辱会帮助他们表现得更好并接受我们的价值观——正确的价值观。我们知道我们想教给自己孩子的是什么。麻烦在于，我们很少花时间去核实我们的孩子正在学习的是什么。我们不问他们的感受是什么、他们在想什么以及他们正在做着哪些决定。

理解错误目的行为只是“进入孩子的内心世界”的一种方式。还有许多其他的方式，包括理解我们的做法的长期效果、理解你的孩子的个性和发展过程，以及运用积极的倾听来聆听你的孩子的感受和信念。

要当心是什么在“起作用”

当我们因为某种行为而惩罚一个孩子，并且这种行为停止时，我们可能会受到愚弄，认为自己的办法管用。然而，有时候我们要当心是什么在起作用。假设你因为“顶嘴”而惩罚了一个孩子，而且他停止了“顶嘴”，这似乎表明这种惩罚管用了。你可能不知道的是，他正感觉到伤心和困惑；他在想你不公平，而且并不是真的在乎他；而且，他认定尽管你能迫使他停止顶嘴，但你无法强迫他在学校表现好。那些“管用”的方法的长期效果是报复。你只是赢得了一场战役——并改变了整个战争的方向。

这就是一场战争。说教、惩罚和羞辱只是父母为了帮助孩子们表现良好并接受好的价值观这一“正当理由”，而用来对付他们的少数几种武器。这场战争的受害者是那些低自尊的丧失信心的孩子，是那些没有被倾听并得到认真对待的孩子，以及那些没有学会培养出自己的智慧和解决问题能力的孩子。这些孩子没有归属感和价值感。他们中的一些人会用行动将其表现出来，并且会叛逆。另一些孩子会成为“取悦别人的人”——寻找那些会不断地告诉他们该做什么的朋友和配偶。

希拉是一位单亲妈妈，她希望结束与自己的三个孩子的战争。她决定通过参加一个养育班来得到一些帮助，在那里了解到了进入孩子的内心世界的重要性。当她发现自己上八年级的儿子凯西因为在学校里骂老师而被停课时，她有了一个运用她学到的那些技能的机会。

当希拉走进书房时，她发现凯西坐在电视机前，脸上带着一副好战的表情。希拉深吸了一口气，问道：“凯西，我们能谈谈你在学校里遇到的那个问题吗？”

凯西从他看的电视节目抬起头来，有点不情愿地说：“好，我想可以。”

希拉忍住了立刻直奔问题的冲动，微笑着说：“我能看出来你并不是真的愿意跟我谈这个问题。我敢打赌这是因为你习惯了从我这里听到的都是说教，而不是真正的交谈和相互倾听。”

这时，希拉引起了儿子的关注。听到妈妈承认她说教，明显让他很惊讶。希拉注意到了他的关注，继续笑着说：“我承认。我对说教和不倾听感到很内疚。我真的不想再那样做了。我敢打赌，当我说教和斥责你的时候，你觉得我并不是真的关心你。事实是我非常关心。你能再给我一次机会吗？这样我就能让你看到我们的交谈并不总是我在说教或评判。”

> 这场战争的受害者是那些低自尊的丧失信心的孩子，是那些没有被倾听并得到认真对待的孩子，以及那些没有学会培养出自己的智慧和解决问题技能的孩子。

凯西这时不知道怎么办了。这是以前没有过的。妈妈这么通情达理让他感觉很好，但他不确定他可以相信这种新方式。他再次迟疑地回答：“好，我想可以。”

希拉轻松了一点。她温柔地说：“告诉我在你看来发生了什么。我真的想听听你对这件事的说法。”

凯西仍然不确定，于是他决定用看电视来回避。“没关系，妈妈。”他说，把目光转回到了电视上，“我能处理。”

希拉突然感到很同情儿子，她对他的爱开始给她如何继续谈话的线索。她把对凯西所有的爱都融入到了自己的声音里，平静地说：“我相信你能，你总会有办法。我还是想听听在你看来发生了什么事。”

凯西抬起头来，看着妈妈的眼睛。他停顿了一下，然后脱口而出：“那些老师都是笨蛋。他们不喜欢我。”这时，他的声音里有了愤怒。

“你能给我举一个例子来说明你的意思吗?”妈妈回答道,“他们做了什么像个笨蛋,并给你留下了他们不喜欢你的印象?”

这让凯西有点不自在,他再次退缩了。“别担心。我能处理。”过了一会儿,他声音平静地补充说,“我已经决定了,我不想被赶出学校。”

希拉尽量不让自己的如释重负表现得太明显。“坦率地说,我很高兴你认为这对你很重要。你对我很重要,而且我还是想知道在你看来究竟发生了什么。我有些预感。我不知道对不对,但如果我猜一下,你觉得可以吗?我的猜测不止一个。如果我完全猜错了,你可以让我知道。好吗?”

目的揭示法

希拉已经开始了一个由鲁道夫·德雷克斯提出的被称为“目的揭示法”的过程。在这个过程中,大人做出猜测,以找到孩子的错误目的。当以一种友好的方式进行时,目的揭示就能够帮助孩子感到自己被理解了。要记住,孩子们并没有清醒地意识到自己的错误目的,而意识到是改变的开始。

随着我们继续希拉和凯西的故事,你会看到希拉如何继续运用目的揭示的过程。凯西感受到了希拉的友好态度的鼓励。这使他放下了自己的戒备,并对她的猜测变得很好奇。然而,他回答的用词并没有改变。他说:“好,我想可以。”

希拉为了发现他的错误目的可能是什么,做了第一次尝试。“会不会是跟老师们惹上麻烦是引起我的注意,并让我花时间陪你的一个好办法?”

目的揭示法的四个步骤

目的揭示法的四个步骤是：

1. 问孩子为什么他或她会做出某种行为。要准备好得到常见的答案："我不知道。"
2. 要征得孩子对你的猜测的同意。如果你已经表现出友好和真正的关心，大多数孩子都会同意。
3. 要针对每个错误目的，问："会不会是……？"直到你得到一个"是"或一个认同反应。一个孩子说"不"但却忍不住微笑或做出其他不由自主的反应时，就是认同反应。（这个微笑是在说"是"，尽管嘴上说的是"不"。）当你得到一个认同反应时，要说："你说不，但你的微笑告诉我，这可能就是原因，你愿意和我一起寻找一些解决方法吗？"
4. 参照错误目的表（第142~143页）的最后一列，找到一些可能的解决方案，并一起努力寻找其他可能的解决方法。

凯西的回答很果断："不可能。"（这排除了寻求过度关注的错误目的。）

希拉说："好，让我试着再猜一次。会不会是你要让我看到没有人能指使你或让你做你不想做的任何事情？"

这个猜测让希拉得到了一声恼怒的叹息。"因为这个陷入麻烦可真愚蠢。"（这排除了寻求权力的错误目的。）

希拉停顿了一下，这个猜测很难问出口："会不会是我和你爸爸离婚让你感到伤心并对我很生气，而惹上麻烦是报复的一种好办法？"

凯西屏住了呼吸，有那么一刻他看起来像是偷吃饼干被当场抓到一样。然后，他挑战似地问：“你和爸爸还会和好吗？”（凯西的表情和他的回应向希拉表明，她已经发现了错误目的：寻求报复。）

希拉叹了口气，并挨着儿子坐了下来。“亲爱的，我能看出来这对你的伤害有多大——我真的很抱歉。你爸爸和我不会和好了。我真希望这件事对你的伤害不那么大，但我知道对你的伤害确实很大。你不必把这些都憋在心里。你可以告诉我你多么生气。我会倾听。”

妈妈的理解打消了凯西的顾虑，这时，他终于说出了自己的感受：“如果你对爸爸的脾气不那么坏，你们还不会离婚呢。”

希拉感到被刺痛了，泪水涌上了她的眼睛。但是，她意识到，通过为自己辩护或者反击来做出回应，就会关上她和儿子刚刚煞费苦心才打开的心门。“哎哟，”她轻声说，“这真的让人伤心。你有时候一定非常恨我。”

凯西的眼睛里噙着泪水，那些强烈而复杂的情感在自己心中挣扎着。他有时候确实恨他的妈妈，但他也非常爱她。希拉猜到了他的感受，她用胳膊搂住了他，并说：“没关系，亲爱的。我知道你也爱我。当我们对一个人既恨又爱的时候，这可能真是一个问题。”她笑了，“有时我对你也是这种感觉。”

紧张的情绪慢慢地从凯西的身体中流出。虽然他没有意识到，但他一直对自己的感受感到内疚和困惑。他一直不知道对自己的伤心和愤怒怎么办，但是，当他说出了自己的感受并且得知妈妈有时也有同样的感受时，他的感受在某种程度上似乎没那么糟糕了。

希拉接着说：“我无法改变你的感受，而且我也不打算去尝试。每个人都有权拥有自己的感受。我待会儿想跟你谈谈我们能做什么来解决出现的一些问题。你愿意和我一起吗？”

凯西咧开嘴笑了。“好，我想可以。”他说。

在这个情形中，希拉用了她在正面管教养育班学到的几个原则。

建立一个爱和亲密的基础。希拉明白在她能对凯西产生积极的影响之前，建立一个爱和亲密的基础的重要性。说教和惩罚会造成疏离和敌意，其结果是一种负面的影响。大多数正面的养育工具都只有在建立爱与亲密的基础之后才会有效。

当我们用一种无法产生积极结果的管教方法时，要问的第一个问题就是："我们陷入了一场权力之争或一个报复循环吗?"希拉就问过自己这个问题，并认为她与凯西陷入了一种权力之争。通过花时间进入凯西的内心世界，她发现凯西的错误目的不是寻求权力，而是因为他对父母离婚感到伤心而做出的报复。

要承担起你在造成的问题中的责任。希拉承担起了自己在造成的问题（说教和不倾听）中的责任。承担责任与责备和内疚不同。承担责任意味着了解并意识到我们造成的问题。当我们意识到我们怎样造成了一种情形时，我们也会知道我们可以通过做不同的事情来改变它。这是非常能赋予人力量的。当我们承担起自己的那部分责任时，孩子们通常会跟着我们这样做，并愿意承担起他们的那部分责任。他们也会感觉被赋予了力量。

> 说教和惩罚会造成疏离和敌意，其结果是一种负面的影响。

请求一个再次尝试的机会。通过问凯西是否能再给她一次机会，让她与他谈谈，而不是说教，希拉承认她以前犯了一个错误并且想再尝试一次。这对孩子来说是多么好的榜样啊！他们需要发现，错误只不过是学习的机会。他们需要知道自己能不断地学习并不断地尝试，而不是认为错误就意味着失败（所以他们最好放弃）。

用"启发式"问题促进更深入的倾听。通过问"什么"的问题并要求举一些例子，希拉运用了有效倾听的技巧，以更深入地进入孩子的内心世界。她避免了说教的冲动。太多的时候，父母们会告诉孩子发生了什么、是什么导致了其发生、他们应该有什么感受，以及他们应该怎么办。当我们问“发生了什么事？你认为是什么导致了它的发生？你对此有什么感受？你希望事情是什么样的？你怎么做才能让这种情况出现？”的时候，孩子们就会感觉到归属感和价值感。

当你要求孩子举例子时，你的理解将会增加（而且你的孩子也能澄清自己的想法）。多问几次“还有什么别的吗？”会很有帮助。这会让孩子更深入地挖掘（当你倾听时）并探究任何可能还没有显露出来的想法或感受。然而，如果你不愿意倾听并避免说教、解释或为自己辩解的冲动，这些办法就都不会管用。要记住，你的目的是要进入孩子的内心世界。

理解行为背后的信念。希拉用目的揭示法（通过猜测来揭示错误目的）来帮助自己和凯西理解他的行为背后隐藏的信念。凯西感觉很伤心并想让妈妈也伤心，尽管他没有意识到这一点。太多的时候，父母们处理孩子的症状（他们的问题和不良行为），而不理解原因（他们的信念和感受）。花时间理解一个孩子的感受，可能会给你解决问题的方式——以及找到解决方法的能力——带来极大的不同。

认可孩子的感受。希拉认可了凯西的感受，即便是在他说出让她伤心的话的时候。她理解感受与行为之间的区别，并让凯西稍后与她一起寻找可能的解决方法。太多的时候，我们忘记了感受与行为之间的区别。我们试图劝说孩子放弃他们的感受，或者我们会直接告诉他们：“你不应该有那种感受。”有时候，我们会试图解救他们或者替他们解决问题，以便他们不必体验他们的感受。这两种反应都不能帮助孩子选择不同的做法，而且实际上可能会让问题恶化。

> 太多的时候，父母们处理孩子的症状（他们的问题和不良行为），而不理解原因（他们的信念和感受）。

进入孩子内心世界的八个步骤
——为解决问题打下基础

- 建立一个爱和亲密的基础。
- 要承担起你在造成的问题中的责任。
- 请求一个再次尝试的机会。
- 用“启发式”问题促进更深入的倾听。
- 理解行为背后的信念。
- 认可孩子的感觉。
- 在寻求解决方法之前，要留出一段冷静期。
- 讨论也许就已足够。

在寻求解决方法之前，要留出一段冷静期。有些人可能会问：“但是，停学以及跟老师顶嘴的问题怎么办?”希拉足够聪明，知道以一种友好、接纳的方式揭示出行为背后的信念，往往就足以消除不良行为了。当凯西对自己和他的妈妈感觉更好（这次谈话帮助开始的一个进程）的时候，他就会感到不那么需要报复了。如果这个问题再次出现，希拉也已经打下了以关注解决方法而不是惩罚来解决问题的基础。

讨论也许就已足够。太多的时候，我们专注于后果或解决方案，并且会低估一次能促进理解的友好讨论的力量。当孩子们感觉得到了倾听、被认真对待并且被爱着的时候，他们可能会改变导致其不良行为的信念。因此，我们又回到了开始的地方：打下一个爱与亲密的基础。这是我们为实现所有的美好意愿所能做的最重要的事情。

创造亲密关系——并做出改变

玛丽养大了六个孩子，并且很喜欢当妈妈。她和她所有已经成年的孩子的关系都很好，并期待着当祖母。她幻想着做祖母会比做母亲更有乐趣，因为她可以享受天伦之乐而且还没有所有日常的烦恼。然后，她的女儿洛丽离婚了，并带着她的两个儿子——10 岁的克利夫和 3 岁的杰克——搬来与玛丽同住。

幻想到此为止。克利夫是一个桀骜不驯的孩子，对他的外祖母非常无礼。因为洛丽有一份全职工作，玛丽经常发现自己在扮演母亲的角色——而且并不总是一个令人舒服的角色。当玛丽让克利夫做家务时，他会说："这不是我的家。你自己打扫吧。"玛丽接到了老师有关他在学校里的不良行为的电话。当她试图与克利夫谈这件事时，他会说："你不是我妈妈。这不关你的事。"

> 以一种友好、接纳的方式揭示出行为背后的信念，往往就足以消除不良行为了。

玛丽感到被深深地伤害了。她努力为她的外孙做了那么多——给他们一个家、关心他们和他们的行为、像教她自己的孩子一样教给他们责任感。玛丽是一个积极的、有爱心的人。她不能理解克利夫为什么会这么消极并且这么让她伤心。

玛丽听说她的教堂有一个单亲养育小组，就问洛丽是否愿意和她一起参加。洛丽对克利夫的行为也感到很沮丧。她们都害怕如果自己得不到帮助，克利夫会变成一个少年犯。

在第一次小组会议上，玛丽说了孩子们和养育方式已经发生了多么大的变化。她的六个孩子没有一个曾让她这么伤心过。当然，她从来不必处理她所说的“3 个 D”：离婚（divorce），反叛（defiance）和毒品（drugs）。（玛丽害怕克利夫的下一步会是毒品。）

这个小组的讲师赞同时代已经变了，但指出有些事情不会变。一件不变的事情，就是孩子仍然需要感到自己有价值并且有归属。他们还希望得到尊严和尊重的对待，这对老一辈人来说或许是一个新概念。

这个课程的一个主题是进入孩子的内心世界并处理其行为背后的信念。小组一位成员提醒玛丽，我们会猛烈抨击我们爱的那些人。尽管看上去不像是爱，但克利夫以她说的那种方式打击她一定是感到在她身边很安全。玛丽感觉受到了鼓舞，并迫不及待地想尝试她的新见解和新知识。

在下一次课上，她分享了一个精彩的故事。在那一周，玛丽把精力集中在理解克利夫的内心世界上。当她接他放学时，她以真诚的询问而非盘问的态度问了他一些“什么”和“怎样”的问题。“你对学校的感觉怎么样?”她开始说。克利夫没有回答，她继续体贴地说：“我敢打赌，离开你的朋友们和你的家并搬来和我住对你来说是很难的。”

克利夫能够感觉到她真诚的关爱。他开始慢慢地跟她说他对自己生活中发生的事情有多么愤怒。他不喜欢成为一个离婚家庭的孩子。他不喜欢妈妈似乎忽视了他，而只忙着应付她自己的生活。他觉得好像他无法控制发生在自己身上的事情。在表达了这些感觉后，他为把气撒在玛丽身上道了歉。“我知道这不是你的错。”他轻声说。

玛丽回答说：“我只能想象这让你有多么苦恼。我不知道如果我的生活中发生这么多混乱，我会怎么处理。这一定很难。”

突然，克利夫感觉被理解了，而这给了他转变的空间。他说：“我会没事的。我能处理。”

玛丽说：“我打赌你能。我愿意尽我所能帮助你。我正在读一本关于家庭会议的书，全家人可以在家庭会议上一起努力找出解决问题的办法、分享感受，并一起计划一些好玩的事情。你原来的家已经变了，我们现在有了一个不同的家。我们的家不符合社会对理想家庭的描述：一个妈妈、一个爸爸和几个快乐而听话的孩子。我希望你演听话的孩子的角色！”她开玩笑说，“但是，我敢打赌我们现在的家能做一些非常棒的事情。你认为呢？”

克利夫看上去满怀希望。“是的，也许可以。”

随着养育课程的进行，玛丽在小组中分享说：“我现在可以使用一些工具了。这些工具帮助我停止了过度反应，平静了下来，并且行为更得体。我与克利夫的关系真的改善了。他甚至不再试图伤害我的感情了，因为我不会上钩。我只将注意力集中在他之所以这样做的感受上。我仍然要求他帮忙，而且我们不得不努力解决在学校发生的事情，但是，现在他感觉被理解了，并且更愿意改变他的行为。他会帮忙做家务，因为他在家庭会议上帮忙制订了一个家务活计划。我们还专注于让我们的家变得更好的方法。这并不意味着事情都很完美，但肯定比以前好了！”

> 进入你的孩子的内心世界，就是建立一种理解、爱和信任的关系。而这只会给你和你的孩子作为一个家庭的旅程带来好处。

“我与女儿洛丽的关系也改善了，”玛丽接着说，“有趣的是，随着克利夫开始变好，杰克有一段时间开始出现不良行为。我很高兴我被提醒过注意这个问题，知道当他做‘好’孩子无法找到归属感和价值感时，他可能会开始做出不良行为。随着我们继续运用家庭会议和在小组中学到的其他正面管教养育工具，我们都通过合作而非竞争找到了归属感和价值感。”

进入孩子的内心世界会解决每一个问题吗？当然不会，没有什么方法在任何时间对所有人都管用。但是，这给了父母们宝贵的线索，能帮助我们理解一种行为一开始为什么会出现。有时候，这能节省大量的精力——并让我们今后免去许多生气和伤心。进入你的孩子的内心世界，就是建立一种理解、爱和信任的关系。而这只会给你和你的孩子作为一个家庭的旅程带来好处。

第 12 章

非惩罚性管教：

单亲父母的有效工具

非惩罚性管教：父母们有时候会怀疑这种事情是否可能，或者甚至是否明智。我们大多数人都是从我们的父母那里和社会上吸取的关于管教的观念。而且，我们大多数人对待管教都有一种微妙而基本的信念：孩子们必须遭受痛苦，否则他们就学不到任何东西。

“为了让我的孩子们知道我是当真的，我不得不偶尔打他们一顿。”一位父母可能会说。或者，“当我的孩子把事情搞砸了的时候，他们就会失去所有的特权。这样才能教给他们不要违抗我。”或者，“惩罚我的孩子会教给他们尊重我。”《圣经》确实说：“不忍用杖打儿子的，是憎恨他。疼爱儿子的，随时管教。”很多人把这句话理解为打那些不顺从的孩子是上帝的指令。然而，圣经学者告诉我们，

> 我们大多数人对待管教都有一种微妙而基本的信念：孩子们必须遭受痛苦，否则他们学不到任何东西。

这里的“棍棒”是权威和领导的象征，而且是用来引导羊群而不是打它们的。

有效的管教是引导，而不是惩罚。然而，社会已经把惩罚和管教视为同义词那么长时间了，以至于父母们很难接受两者并不相同，很难接受惩罚对于帮助孩子培养通往成功而幸福的人生所需的那些品格和重要的人生技能无法产生积极而长期的效果。

单亲父母们尤其会发现有效的管教是一种挑战。“既然我是独自一个人了，”他们说，“我不得不更坚定地控制这些孩子，否则他们就会变得蛮不讲理了。你知道人们是怎么说那些来自破碎家庭的孩子的。”

父母们往往相信控制自己孩子的必要性，而没有意识到完全控制孩子不仅是不明智的，甚至几乎是不可能的——尤其是当孩子们长大到无法抱动他们或限制他们的身体的时候。依赖控制和惩罚的力量，让父母们变成了警察——制订规则，并在之后随时防备违反的专职强制执行者。但是，当这个警察不在身边的时候会发生什么呢？当孩子们和他们的朋友一起出去时会发生什么呢？而且，当家庭生活变成一场不断升级的权力之争时会发生什么呢？

管教就是教

真正的管教与惩罚或控制无关。管教（discipline）这个词来源于拉丁词 disciplina，意思是“一个真理、原则的追随者，或一个受尊敬的领导者”或“教”。正是从这同一个拉丁词，我们得到了弟子（disciple）这个词。在最理想的情况下，管教就是教和引导，帮助孩子们对自己的行为做出明智的决定，并帮助他们对其选择和行为承担起责任——之所以选择（或不选择）某种行为，是因为他们理解其后果，而不是因为附近隐藏着警察。

许多父母相信，他们需要以惩罚的方式来对不良行为“施加”后果。相反，孩子们是在父母帮助他们“探究”其选择带来的自然后果时，从自己的行为中学习的。教育（education）这个词来源于拉丁词 educare，意思是“引出”。帮助孩子们探究发生了什么、是什么导致其发生的、他们能够从中学到什么，以及他们可以如何利用这些信息来解决一个问题，就是“引出”他们的思考、感知和学习。太多的父母试图通过说教和惩罚来“填塞”，然后还奇怪为什么他们的教训没有被记住。

所有的父母最终都必须问问自己认为管教是什么。如果我们相信我们要为自己孩子的行为承担责任，相信不良行为应该受到惩罚，并相信孩子们必须遭受痛苦才能学到东西，我们就会发现自己依赖于打屁股、禁足、羞辱，以及过于经常地发怒。然而，如果我们相信管教的目的是要教给孩子为他们自己的行为承担责任，是找到解决问题的办法，并避免以后再发生同样的问题，我们对待管教——和我们的孩子——的方式将会大不一样。但是，怎么做呢？

> 真正的管教与惩罚或控制无关。管教（discipline）这个词来源于拉丁词 disciplina，意思是“一个真理、原则的追随者，或一个受尊敬的领导者”或“教”。

惩罚性管教的危险

我们选择如何管教我们的孩子这个问题，触及到我们相信什么样的养育这一核心。我们大多数人在长大的过程中接受了打和惩罚是正常的，甚至是养育孩子所必需的部分。而且，至少从短期来看，惩罚"似乎非常管用"。但是，我们有时候需要"当心当时起作用的是什么"，并要考虑惩罚性管教的长期效果。

美国广播公司的电视新闻节目20/20认真审视了打孩子屁股的问题。四个经常打孩子屁股的家庭允许电视摄像机跟着他们拍摄，并记录他们与自己做出不良行为的孩子的冲突。收看这个节目的大多数父母，包括那些打自己孩子屁股的父母在内，都发现看这个节目很痛苦。很多人同意，打屁股的目的几乎总是为一个错误的选择而惩罚孩子，或发泄父母的愤怒和挫败感，根本不强调解决问题或改变以后的行为。打屁股这件事本身被寄予了达到这些目的的期望。

我们有时候需要"当心当时起作用的是什么"，并要考虑惩罚性管教的长期效果。

然而，这些父母不得不经常打他们的孩子。那些不受欢迎的行为似乎都没有长久的改变。或许，更重要的是，这个节目发现，打屁股以及类似的惩罚会造成低自尊的孩子、可能会接受受虐关系的孩子，以及认为暴力是解决问题的一种恰当方式的孩子——这些结果显然不是那些肯定爱自己孩子的父母想要的。

那些受到惩罚性管教的孩子们，学到的常常是一些绝非父母本意的教训：只要强制执行者不在身边，就做出不良行为；只要有可能，就要报复；或者将精力集中在"刻薄的老爹或老妈"身上，而不是集中在那些让他们陷入麻烦的行为上。打屁股尤其会出现一些潜在的问题。它会随着时间的推移而变得越来越无效，而且最终会随着孩子的长大而变得不可能。有可能用另一种方式吗？

预防问题的发生

如果管教真的是“教”和“引导”，而不只是惩罚，大部分的有效管教将会关注于创造一种合作的氛围、考虑到孩子们的能力和局限，并且一起努力在问题出现之前预防其发生——即我们在前面几章探讨的那种管教。例如，如果在餐厅或汽车中的行为对你的孩子来说是一个问题，就要确保在你们去之前教并探究可以接受的行为。

探究意味着避免说教。这意味着要花时间问孩子：“什么样的行为在餐厅里是尊重的？当孩子们大喊大叫或四处乱跑时，你认为别人会有什么样的感受？你有什么主意能确保我们在餐厅里有一个愉快的经历吗？”在你们去之前，你也许可以和你的孩子做一些关于可接受的行为和不可接受的行为的有趣的角色扮演（“假扮游戏”）。然后，要让你的孩子和你一起准备一个装满小玩具或图书的袋子，或者一个游戏，在等待上菜时可以玩。父母稍加计划（要尽可能让孩子们参与），就能使甚至最远的汽车旅行让每个人都能忍受：一台个人录音机和一些故事磁带、一些涂色书和蜡笔，或者一些新的、便宜的玩具就能让一整天都很愉快。

决定你怎么做

如果孩子在餐厅里仍然做出不良行为，要轻轻地牵起他的手，并和善而坚定地带他回到车里等着，直到和你一起来的其他人吃完饭。这叫作“决定你怎么做，而不是强迫孩子怎么做”。这也应该经过事先讨论，以便孩子知道将会发生什么事。要准备一本好书，以便你们在车里等着的时候看。这个管教方法会教给孩子知道其不良行为的直接结果——失去在这家餐厅吃饭的特权。丧失一种特权应该只在这种特权与不良行为直接相关的情况下才能使用。（在一家餐厅吃饭是一种特权。每一种特权都有一个责任——在这个情形中，就是行为要尊重。当孩子拒绝接受这一责任时，他们就要失去这种特权。）

为了让“决定你怎么做”有效，你必须愿意既和善又坚定地坚持到底。这通常意味着“闭上你的嘴巴”（和善地），采取“行动”（坚定地）。话语（说教）通常只会招致争论，所以要避免。这种管教方式还能用来避免一些危险的情形。当孩子们在车里做出不良行为时，要把车停在路边，多阅读几页好书，直到他们让你知道他们准备好了停止不良行为。

有些父母反对说，如果他们没吃完饭就不得不离开，并和一个可能正在大发脾气的孩子坐在车里，或者当他们有那么多其他“重要”的事情要做时，却坐在路边读书，被惩罚的就是他们。要有效地教孩子，确实是需要花些时间并做出一些牺牲的。那些愿意做出一两次这种小牺牲的父母们已经发现，他们能与那些可以指望其父母和善而坚定地坚持到底的孩子们在餐厅里愉快地吃饭，或一起愉快地开车外出了。

那些愿意做出一两次这种小牺牲的父母们已经发现，他们能与那些可以指望其父母和善而坚定地坚持到底的孩子们在餐厅里愉快地吃饭，或一起愉快地开车外出了。

了解你的孩子

有时候，不良行为的加剧是因为大人期待的是孩子做不到的事情。即便是性情最令人愉快的学步期孩子，尤其是如果午睡还被中断时，也会变得很暴躁——而且，比如，期待一个小孩子忍住，不去触摸礼品店里漂亮的东西，是不切实际的。蹲下身和孩子处于相同高度，看着孩子的眼睛，并解释为什么我们不能触摸，或者静静地、和善而坚定地带孩子离开，要比让一个事故发生，之后再努力处理有效得多。

有帮助的做法是了解一个孩子（或一个十几岁的孩子）的发育过程，并知道他们在每个年龄段能做什么和不能做什么。只需了解你自己的孩子，就会有帮助；有些孩子喜欢坐飞机，并且只需要很少的准备或计划，而另一些孩子会害怕或者精力过于旺盛，需要更多的帮助来找到让他们忙于自己的事情的有用方法。

而且，要记住：要谨慎地挑选你的战场。要决定哪些事情是不能商量的，以及哪些事情是可以妥协的。每个家庭都不一样。有些父母会坚持去教堂，而对另一些父母来说这就没那么重要；凌乱的房间会让有些父母发火，但其他父母却不那么在乎。每一件事情都能变成一场战争，如果我们想的话；要确保把你的精力留给那些真正重要的事情。

> 每一件事情都能变成一场战争，如果我们想的话；要确保把你的精力留给那些真正重要的事情。

这不是想暗示控制的方法和惩罚在重要的事情上就是可以接受的，运用正面管教的方法，大多数战争都能被消除。关键是要注意到，有多少战争的产生是由于父母试图控制每一个细节，而不是确定真正重要的是什么，并尽可能花时间让孩子参与想出解决方案。有效的管教包括知道如何预防问题的发生以及在发生时如何处理。

花时间教孩子

预防一个问题几乎总是比不得不对其做出被动反应要好。通常，问题可以通过坐下来“和”你的孩子们谈谈——解释你的观点、核实你的孩子的理解，而且最重要的是教孩子——来得以避免。“教”不只是令人受到鼓舞，也是一种有效的管教方式。

例如，教给孩子解决问题的技能是很重要的。孩子们不是天生就知道如何解决一场争论的。如果孩子们争吵是为了得到你的关注（还记得错误目的吗?），尽管忽略这种同胞竞争可能会管用，但是，如果不教会孩子们如何解决一个问题或如何达成妥协，他们之间的争吵可能会无限期地继续下去。而且，事先讨论规则并不是唠叨或者提醒，如果以一种积极的、尊重的方式进行的话——这意味着让孩子们参与讨论，而不是给孩子无休止的说教。

我们一次又一次提出的一个主题，就是让你的孩子参与有多么重要。这不仅会教给他们一些宝贵的技能，而且，由于他们帮助提出了这些规则或解决方法，还会增强他们合作的欲望。我们已经探讨了让孩子们通过家庭会议和头脑风暴来参与寻找解决方案有多么重要。这不仅是教给孩子恰当的行为的最好方式之一，也是教给孩子受益终生的有益技能的最好方式之一。在很大程度上，这可以通过让孩子参与创建日常惯例表来实现。

日常惯例表

我们已经知道，说教和惩罚会招致抗拒和反叛。然而，大多数单亲父母对早上的烦恼、就寝时的烦恼、吃饭时的烦恼和做作业时的烦恼都会一次又一次地运用说教或惩罚，而这些都可以通过让孩子参与创建日常惯例表来预防。让孩子参与是关键。

在一次家庭会议上，让你的孩子们用头脑风暴想出你们在通常发生争斗的那些时间需要做的所有事情。就寝时间是一个很好的切入点。要与你的孩子一起坐下来，并列出需要做的所有事情的清单，以及做的顺序。然后，拿出招贴板、硬纸板、记号笔、杂志、剪刀和胶水。让你的孩子们从杂志上找一些图片，代表每一件事情。如果他们的年龄足够大，他们可以轮流把这些事情写在招贴板上，并给每一项事情留下贴图片的空间。

在日常惯例表做好后，要让孩子们找到一个能让每个人都很容易看到的地方将其挂起来。现在成了日常惯例表“说了算”。不要告诉孩子们下一步需要做什么（这是一个让他们抵制或争论的信号），而要问他们：“我们的日常惯例表上的下一项是什么？”他们喜欢告诉你，而且他们喜欢按照自己帮助制订的惯例去做。

当然，当孩子与另一位父母在另一个家里时，惯例会不一样。你不需要为此担心。孩子们是非常灵活的，而且能够在不同的情况下学会不同的技能。

给没有监护权的父母的话

“但是，我几乎见不到我的孩子，”你可能会说，“大多数时候是他们的另一位父母在负责管教。我怎么做真的很重要吗？当我只能在周末看到他们时，我能影响我的孩子吗？”

无论你是不是有监护权的父母，你管教你的孩子的方式都是很重要的。不管你多久与你的孩子见一次面，你都有机会在自己家里创造一个能培养你的孩子的责任感的环境。即使一个月里只在一个积极、鼓励和尊重的家里待一天，也能产生影响；而且，重要的是，你要让你与自己的孩子一起度过的每一刻，不论是多还是少，都尽量成为最好的。仔细想一想你如何对待管教，可能意味着你在实际做时不得不花更少的时间——而这会给娱乐留下更多的时间！

运用自然后果和逻辑后果

有效的管教会给孩子创造一个他或她预先就理解自己行为的后果的环境。这会鼓励孩子们将这种理解运用于下一次的行为选择。例如，没有得到充足睡眠的一个自然后果是第二天感到疲倦。一个体验过疲倦的孩子在被要求时可能会更愿意去上床睡觉——当然，除非你用说教和责骂将这种讨论变成一场权力之争。

丢失一个玩具的自然后果是不再拥有这个玩具——而吸取这

> 仔细想一想你如何对待管教，可能意味着你在实际做时不得不花更少的时间——而这会给娱乐留下更多的时间！

个痛苦的教训可能是教给一个孩子保管好自己的物品的最好方式，尤其是如果你对孩子的沮丧表达了共情，而不是进行一番“我告诉过你”的说教。只有父母们避免了以下四个陷阱，孩子们才能从自然后果中学会个人责任感。

责备和羞辱。孩子们在自己感觉没有威胁的一种环境中才能学得最好。大脑研究表明，受到威胁的体验会导致孩子（和大人）回复到他们的大脑边缘系统，在那里只有两个信息：战斗或逃跑。当孩子将精力集中于战斗（通常以争吵、辩解和反抗的形式）或逃跑（通常以情感和/或身体退缩的形式）时，怎么可能积极地学习呢？

父母们可能认为责备和羞辱将激励一个孩子停止不当行为，但是，即便是这样，其代价也是一个形成了低自尊的被击败了的孩子。责备和羞辱会让孩子不再关注自己做出的行为以及从一次糟糕的选择中学习的机会，而是关注对你的语言侮辱的愤怒，或为自己辩解，或（最糟糕的）可能相信自己确实是一个“坏”人。

加入惩罚。大多数父母在惩罚孩子时都有良好的意愿。他们认为惩罚会阻止不良行为。而且，通常确实如此——在一段时间内。然而，父母们常常不了解惩罚的长期后果：怨恨、反叛、报复，偷偷摸摸或低自尊，或者通过对弟弟妹妹或其他弱小或不那么有力量的人滥用权力来报复。惩罚教给孩子的是报复、避免被发现，或者伤害别人，而不是他们的选择所造成的后果。

替孩子解决或解救孩子。当父母们照料每一件事情或帮助孩子摆脱困境时，孩子就无法了解他们的选择造成的后果。当父母们帮助孩子探究发生了什么、是什么导致其发生、他们学到了什

让自然后果的积极效果失效的陷阱

- 责备和羞辱。
- 加入惩罚。
- 替孩子解决或解救孩子。
- 没有表达共情。

么，以及他们有什么主意解决这个问题或避免以后再次发生时，孩子才能学到东西。惩罚是无效管教的一个极端。替孩子解决或解救孩子是无效管教的另一个极端。帮助孩子从他们的选择中学习是逻辑后果的真正含义。而且，当大人与孩子共情，但抑制住介入时，孩子们学得最好。

没有表达共情。父母可以通过说“我能看出来你感到多么不高兴”来表达共情，而又不落入前三个陷阱。大多数孩子在做出一个糟糕的选择时，已经感觉很差了。责备、羞辱、惩罚、替孩子解决或解救孩子都是没有帮助的——所有这些都会使孩子不再关注自己做出的行为。支持孩子探究其对后果的感受并认可这些感受，才是有帮助的。当孩子感觉到支持时，他们就能够避免“战斗或逃跑”的反应，并用他们的大脑皮层来进行推理和学习。最有效的学习发生在一种安全和鼓励的环境中。

逻辑后果

有时候，一种行为没有自然后果，或者其自然后果是不可接受的（例如，在街上玩耍的自然后果）。在这种情况下，父母可以用一个逻辑后果来代替。不收拾玩具的一个逻辑后果，可能是在几天内失去玩这些玩具的特权。正如前面讨论过的，一个特权的丧失应该与不承担相应的责任相关（在这个情形中，责任就是收拾玩具）。

当取消一种特权时，重要的是要跟上一句："当你准备好承担责任时，要让我知道，以便你能再次享有这一特权。"当孩子们承诺承担责任，但却没有做到时，你可以继续取消这一特权，直到你和孩子能制订一个切实可行的计划。

> 惩罚教给孩子的是报复、避免被发现，或者伤害别人，而不是他们的选择所造成的后果。

让孩子参与制订计划、后果和解决方案

对于父母们来说，通过把注意力集中在未来的行为上、通过与孩子们讨论他们做出的选择会造成的后果——无论好坏——以及通过预先设置合理的、尊重的并与其行为相关的后果，来运用自然后果和逻辑后果，是让孩子参与管教过程的一种有效方法。

例如，当一个孩子总是不按时回家吃晚饭时，父母可以尊重而和善地告诉这个孩子六点开始吃晚饭；如果他不回家准备好吃饭，下一顿饭就是早餐了。父母可以问这个孩子对这种安排有什么感受，或者他认为怎样才能帮助他按时回家。而且，如果这个孩子选择晚回家，父母就可以以充满爱、尊严和坚定的方式——不用发怒和大喊大叫——按照约定的后果坚持到底。

当你坚持约定的后果时，如果孩子感到很伤心，你要表达共情。你或许可以通过帮助他探究发生了什么，并想出一个更好的计划来跟进。你或许还可以邀请他把这个问题放到家庭会议的议

程上，以便家里的每个人（即便只有两个人）都能用有趣的头脑风暴来找出一些可能的解决办法。这种管教方式教给孩子的是在当今世界上取得成功所需要的非常重要的个人责任感的技能。

只有当父母避免以下三个陷阱时，孩子才能从逻辑后果中学会个人责任感：

运用不相关、不尊重和不合理的后果。很多父母会对孩子“禁足”或取消一些特权——与孩子的不良行为完全无关的惩罚。因为一个孩子没做家庭作业，就收走他的自行车，就是不相关的，也是不尊重和不合理的，并且可能会招致以后出现更多的不良行为。有效得多的做法是与这个孩子一起制订一个能帮助他完成他的家庭作业的计划。当孩子们逃避保管玩具的责任时，把玩具收走可能是合理的，但是，在此过程中使用责备和羞辱而非和善而坚定就是不尊重的。

事先没有让孩子帮助确定逻辑后果，或者至少事先没有让孩子知道逻辑后果是什么。让孩子们尽可能多地参与确定后果的过程是很重要的。毕竟，当他们在制订一个规则的过程中有发言权时，他们会更有遵守的积极性。当给孩子们机会时，他们能对一些问题想出非常有创造性的解决办法（见第 9 章），而且他们想出的有效后果的主意可能会包括对他们很重要的一些事情——你或许从来没想到过的事情。

在执行逻辑后果时，没有做到和善而坚定。和善而坚定造成了一种使积极的学习能够发生的支持性氛围。由父母造成的大多数问题都是因为太和善而不坚定（娇纵），或太坚定而不和善（过度控制）。和善表明的是对孩子的尊重，而坚定表明的是对需要做的事情的尊重。

孩子们经常会激怒我们，而我们会转向只能做出战斗还是逃跑的大脑边缘系统。我们的孩子以同样的方式做出反应有什么奇怪呢？

让逻辑后果的积极效果失效的陷阱

- 运用不相关、不尊重和不合理的后果。
- 事先没有让孩子帮助确定逻辑后果，或者至少事先让孩子知道逻辑后果是什么。
- 在执行逻辑后果时，没有做到和善而坚定。

我们需要做几次深呼吸或积极的暂停，直到我们可以接通我们的大脑皮层并做到和善与坚定并行。

当一个逻辑后果没有被和善而坚定地执行时——或者以愤怒、说教或责备的方式来执行时，逻辑后果总是会变成一种惩罚。

需要记住的重要事情

很多父母都喜欢放弃惩罚并使用逻辑后果这个观念。然而，在使用逻辑后果时，要记住两件事情。第一，逻辑后果与惩罚之间有一条分界线。很多父母都以逻辑后果的名义运用惩罚，但这种伪装并不好，而且孩子知道两者的区别。他们会因受到惩罚——无论它被称为什么——而丧失信心。只有当父母使用真正的逻辑后果时，孩子们才会被赋予力量，来接受能促进自尊的个人责任感。

> 当给孩子们机会时，他们能对一些问题想出非常有创造性的解决办法，而且他们想出的有效后果的主意可能会包括对他们很重要的一些事情——你或许从来没想到过的事情。

第二，要避免认为逻辑后果能解决每一个问题。我们在本书中提出了许多非惩罚性的管教方法。我们最喜欢的是家庭会议，家里的每个人可以在家庭会议上一起用头脑风暴想出逻辑后果，并努力找到解决问题的方法。我们喜欢的另一个管教方法是和善而坚定地坚持到底。

还要记住，在坚持执行后果时，要注意那句全世界的父母都知道的古老格言："说话要当真，并要说到做到。"不要告诉你的正在哼唧的5岁女儿，如果她不立即上车，你就会把她扔在这儿，自己去奶奶家。她像你一样知道奶奶住在另一个城市，而且你不会留下她一个人站在车道上。这种空洞的威胁会教给孩子们，父母的话只需要听大约一半——这不是建立信任的一个好方法。在你决定一个后果之前，要确保你愿意并且能够坚持到底。（反之亦然，如果你对你的孩子做出了一个承诺，要尽最大的努力去遵守！）

> 很多父母都以逻辑后果的名义运用惩罚，但这种伪装并不好，而且孩子知道两者的区别。

决定你怎么做——并坚持到底

一旦决定了一个后果，不管是不是与孩子一起做出的，重要的就是要坚持到底。当然，这种坚持到底应该以尊严和尊重的方式进行。要注意，这不包括惩罚、说教、责备或羞辱。在决定你怎么做时，要确保你的行为是尊重的，并且是与孩子的行为相关的，而当你坚持到底时，你要和善而坚定。

比尔·哈德利已经告诉过他的孩子们很多次，收拾他们的玩具是他们的责任。有一天，当他在一个下午第三次清理家里的房间时，他让他们坐了下来，并告诉他们，从现在开始，如果他们不收起他们的玩具，他就会收——并且会把玩具放到高架子上的一个盒子里，在一个星期内捐出去。

比尔决定把玩具在盒子里放一周，因为每个人都会犯错误。如果孩子们对于失去被他收拾起来的一个玩具感到很糟糕，他会说："让我看到你们能好好地照管你们的玩具一个星期，然后我会让你们再尝试保留你们想要的玩具。"他解释了这个新的规则，并确保每个人都同意。但是，比尔很现实，他预计到了一些问题——而问题果然如期出现了。

> 在决定你怎么做时，要确保你的行为是尊重的，并且是与孩子的行为相关的，而当你坚持到底时，你要和善而坚定。

第一周，他很恼怒地看到有多少东西被孩子们随处乱放。因为爸爸的坚持到底，并且把玩具放到了高架子上，孩子们很明显并不是特别在乎那些玩具是否会被捐出去。比尔足够明智，他知道孩子们的不在乎是他的问题，而不是他们的问题；显然，他已经给了他们太多他们并不那么喜欢的玩具。他决定不再给他的孩子们买任何玩具，除非他们特别想要，愿意自己攒钱并出一部分钱购买。

尽管如此，捐赠的盒子很快就装满了。这家人意外地发现，这是一种清理不想要的玩具和因为长大而不再玩的玩具的一种绝妙的方式！过了一段时间之后，剩下的所有玩具都是孩子们经常玩并想要留下来的。当这些玩具被随处乱放时，比尔只需要说："你们想自己收起玩具，还是想让我来收拾？"到这时，孩子们意识到，如果他们不收起玩具，爸爸就会坚持执行逻辑后果并把玩具捐出去，所以，他们就会赶紧保管好他们想要的东西。比尔有没有真的把他的孩子们想要的玩具捐出去过呢？只有一次——这就足以教给他的孩子们知道选择不收拾玩具的后果了。

比尔是一位“坏”爸爸吗？比尔·哈德利是一位对事先已经讨论过的事情运用逻辑后果（通过决定他要做什么并坚持到底）的负责任的爸爸。

什么是坚持到底？

坚持到底可能看起来与逻辑后果类似。其重要的区别在于逻辑后果是让孩子们体验其选择所造成的结果。坚持到底需要父母决定他们要做或不要做什么来对孩子的选择做出回应。只有当父母出面实施自己的决定时，坚持到底才是适当的。

在孩子小的时候，坚持到底很简单。当你说了什么事情时，就要说到做到。当你说到做到时，就要和善而坚定地坚持到底。或者，就像鲁道夫·德雷克斯说过的那样：“闭上你的嘴，行动。”为表明坚持到底对小孩子的运用，我们将描述两个场景。场景一描述了一位妈妈在使用典型的惩罚性管教方式。场景二描述了另一位妈妈在对同样的行为使用坚持到底。

场景一： 这是就寝时间。5 岁的珍妮弗正坐在地板上涂色。她的妈妈愉快地说：“该把你的蜡笔收起来了，宝贝，准备睡觉了。”

珍妮弗继续涂着色。妈妈的声音变得有点严厉了：“你听见我说的话了吗，珍妮弗？该上床睡觉了。把你的蜡笔收起来。”

珍妮弗继续涂色。妈妈以一种很严厉的声音说：“珍妮弗！我数到三。如果你还不开始收起你的蜡笔，我就要打屁股了。”

珍妮弗继续涂着色。妈妈开始数数。当她数到三时，她开始朝着珍妮弗走去。珍妮弗急忙收拾她的蜡笔。妈妈还是打了她的屁股，并把她拖到她的房间。珍妮弗哭了。妈妈往伤口上撒了一点盐，说："你就是该打。当我告诉你要做什么的时候，你为什么不听呢？你现在只能不听故事就上床睡觉了！"

珍妮弗躺到了床上，尖叫了十五分钟才睡着。妈妈真希望没有生她。

场景二：这是就寝时间。5 岁的贝基正坐在地板上涂色。她的妈妈愉快地说："该把你的蜡笔收起来了，宝贝，准备睡觉了。"

贝基继续涂着色。妈妈安静地走向贝基，并伸手拉住了她的手。贝基试图把她的手抽出来，并说："就让我涂完这一页吧。"

妈妈一个字也没有说。她和善但会意地看了贝基一眼，并坚定但温柔地把她从地板上拉了起来。贝基开始抱怨。妈妈说："你想自己挑选你的睡前故事，还是想让我来挑？"

贝基噘着嘴说："我想自己挑。"

妈妈说："好，你一准备好上床就叫我，我会过来，并且在 8 点之前尽可能给你多读故事。你用来准备上床的时间越长，我们用来读书的时间就会越少。"

贝基知道妈妈说到做到，所以她尽快做好了准备。当妈妈读完故事后，她告诉贝基："你今天晚上没有收起蜡笔。你可以在明天早上去幼儿园之前把它们收起来，否则我会把它们收起来，而且放到高架子上。"

如果贝基不收起蜡笔，妈妈就会把说的话坚持到底。贝基和她的妈妈已经约定好，当任何玩具被放到高架子上时，贝基必须通过承担起收拾自己玩具的责任至少两天，来表明她准备好了重新得到她的玩具。

对于大一点的孩子来说，当他们参与一些前期准备时，坚持到底会更有效。一旦他们大到足以参与做出决定，我们就建议运用有效地坚持到底的四个步骤，如下面的例子所表明的那样。

15 岁的凯伦已经接受了保持厨房干净的工作。她很少去清理，除非她的爸爸吉姆斥责并威胁她如果不做就禁足一个星期。

在一次特别激烈的争吵后，吉姆意识到他的方法不太管用，并决定要尝试他在一个养育班学到的坚持到底。他问凯伦是否愿意一起想出一个解决方案，以便他们能结束关于厨房的权力之争。凯伦勉强同意了，她以为自己会被说教一顿，并且不确定这种新方法可能意味着什么。当她的爸爸真诚地说："凯伦，我真的很想听听你对厨房这件事的看法。你认为这对你来说是太难了，还是不公平，还是你太忙了？"凯伦吃了一惊。

凯伦坐立不安地说："不，爸爸。我知道我应该做。我总是打算做。我只是太忙，就忘了。"

吉姆说："我有一种预感，可能还牵扯别的事情。我一直很专横地告诉你去做什么，并且在你没有立即按照我命令的时间去做时羞辱你。你是不是在让我看到如果你不想做，我就无法强迫你？"

凯伦不好意思地咧开嘴笑了。吉姆笑着说："我想是这样的。我记得我也有过同样的感觉，我不怪你。事实上，当我想到这一点时，我不得不佩服你拒绝被那样对待的勇气。我真的想不再那么专横和无礼。你愿意和我一起想出我们相互尊重地对待的办法吗？"

有效地坚持到底的四个步骤

- 进行一次友好的讨论，让每个人都说出对问题的感受和想法。
- 用头脑风暴想出可能的解决方案，并选择一个大人和孩子都同意的方案。
- 就一个具体的最后期限（精确到分钟）达成一致。
- 通过让孩子承担起遵守约定的责任来坚持到底。

凯伦说："这听起来很好，爸爸。"

吉姆停了一下，接着说："和我一起用头脑风暴想出解决厨房问题的一些办法怎么样？我有一个建议。我们俩可以都做些额外的工作，以便我们能挣到足够的钱雇一位女佣。"

凯伦笑着说："我们可以不管它，每天晚上吃比萨就行了。"

吉姆补充说："我们可以试试哄骗你的朋友们来做。"

凯伦安静了一会儿。"或者，就我来做吧。我知道我答应了，而且别的事情我也帮不上太多忙。"

吉姆说："好，这是我最喜欢的一种解决方法，如果你是真的愿意，而不是感觉被专横的爸爸强迫的话。你愿意约定一个具体的最后完成期限吗？那样的话，我一句话也不会说，除非到最后期限时还没有完成。"

凯伦说："星期日晚上怎么样？"

吉姆摇摇头，笑着说："如果厨房在星期六之前清理干净，我就能更好地享受周末了。"

凯伦叹了口气说："好吧，我星期五做。"

吉姆问："星期五的几点？"

"爸爸！我到星期五会做的。"

"如果最后期限很具体，我就更容易闭上嘴，而且不唠叨。"

"好吧，好吧。星期五晚上六点怎么样？"

"听起来很好，孩子。"

现在是下一周周五晚上的六点。厨房里到处都是脏盘子和吃剩下的食物，而凯伦拿着电话在开心地聊着。吉姆并不惊讶，他预计到了。他准备坚持到底。

当凯伦挂上电话时，吉姆把一只手放在她的肩膀上，说："凯伦，现在六点了，厨房还没有清理。"

凯伦说："噢，爸爸，我不得不跟香农讨论家庭作业。我待会儿就做。"

吉姆简单地说："我们的约定是什么?"

凯伦不安起来，并且声音里带着一丝恼怒："别这样，爸爸。别那么紧张。我给香农回完电话就马上去做。"

吉姆只是微笑着，给了女儿一个会意的笑容，并指指他的手表。凯伦撇着嘴说："好吧，好吧。我这就去做。干嘛那么紧张!"

吉姆决定忽略这个无礼的举动和凯伦明显的恼怒，并说："谢谢，凯伦。我真的很感激你愿意遵守你的约定。"

一些父母会说："我的儿子或女儿不会这么轻易让步。"我们不敢苟同。当我们遵循"有效地坚持到底的四个步骤"，并避免"挫败有效地坚持到底的四个陷阱"时，孩子们就会合作，即使他们不是特别想合作。

如果你重读凯伦和她父亲的例子，你会看到吉姆并没指望凯伦会对清洁厨房感到兴奋。如果吉姆想一想，他就能说出凯伦的很多优先事项——像青春痘之类的事情；当她拿到驾照时，如何买一辆车；为了付保险和汽油费而找一份工作；要做多少作业，而又不会被称为书呆子；如何面对毒品、性以及上大学；担心自己是否有人约会或她的朋友对她的看法。清洁厨房不会排在前一百名之内。然而，对于凯伦来说，以有意义的方式为家庭做出贡献仍然是重要的。

要注意，吉姆避免了评判和批评，而且坚持只谈约定的事情。凯伦说得越多，她爸爸就不得不说得越少。他只是给了她一个会意的微笑，并指指他的手表。这是很有效的，因为凯伦知道自己已经同意了最后期限。在坚持到底的整个过程中，吉姆始终为女儿和他自己保持着尊严和尊重。

一些人反对坚持到底。他们说："我们不想提醒我们的孩子遵守约定。我们希望不用我们做任何提醒，他们就能承担起责任。"

对于这些人，我们有三个问题：你注意过你的孩子在遵守对他们来说很重要的约定时，有多么负责任吗？你认为清洁厨房或修剪草坪对他们来说真的很重要吗？当你不花时间以尊严和尊重的方式提醒他们时，你会因为他们没有遵守约定而花时间斥责、说教并惩罚他们吗？即使对他们来说不重要，但让他们无论如何都去做，以教给他们责任感、相互尊重和做出贡献是很重要的。与斥责、说教和惩罚相比，坚持到底花费的精力更少，而且有更多的爱、更有成效。

当大人期待孩子会自愿服从大人的优先事项时，他们是没有运用自己的常识。孩子们非常善于将他们的自由意志用来遵循自己的优先事项！坚持到底是一种帮助孩子们达到大人的合理期望的尊重的方式。

一旦我们理解了孩子们有他们自己的优先事项，但仍然需要服从我们的一些优先事项，坚持到底就能让养育变得愉快、神奇和有乐趣。我们就能把孩子们做的事情看作是可爱的、迷人的和正常的，而不是懒惰、不体谅人和不负责任。

坚持到底会帮助父母们做到积极主动和深思熟虑，而不是被动反应和不体谅人。坚持到底会帮助我们以尊重孩子个性的方式赋予他们力量，同时教给他们知道为家庭做出贡献的重要性。在下面的例子中，一位妈妈提供了对坚持到底的一个不同观点。

挫败有效地坚持到底的四个陷阱

- 想让孩子的优先事项和大人的一样。
- 评判和批评，而不是坚持只谈问题。
- 事先没有达成包括一个具体的最后期限在内的约定（非强迫的）（对于年龄太小而不能达成约定的孩子，这一步不是必须的）。
- 对孩子和你自己没有保持尊严和尊重。

卡门·鲁伊斯一直为17岁的女儿妮塔把吃过麦片的碗留在她的房间里而唠叨她。她在妮塔的房间里最多找到过七个碗，都粘着一层变硬了的麦片，很难清洗。而且，家里的其他人在需要一个干净的碗时，经常不得不上上下下四处寻找。

一天，当卡门正在斥责妮塔有多么不替别人着想时，妮塔说："对不起，妈妈。这只是因为我的学习、工作、家庭作业和舞蹈课太忙了。我需要一些和朋友相处以及娱乐的时间。我就总是把碗忘了。"

卡门突然意识到了妮塔在说什么。妮塔是一个生活中有很多压力、极其忙碌的十几岁孩子。妈妈想起了妮塔为她干的所有差事、她一贯快乐的态度，以及她在平衡对她的时间的各种需要时的责任感。

卡门叹了口气，然后微笑着说："宝贝，你是对的。你的生活中确实有很多事情，而你做的确实很好，把所有的事情都兼顾到了。我真的很为你感到骄傲。我要停止为这些碗而唠叨你。我要告诉你——当我看到它们的时候，我会把它们拿到厨房里并放在水里泡一会儿。为你做的这些会提醒我想起我多么爱你，这让我感觉很好。"

妮塔看着妈妈，发自内心地感到惊喜和感激。"啊，谢谢，妈妈。我会更加努力，但我真的很感激你的理解和支持。"

卡门感觉好多了。只收拾碗要比唠叨和生气轻松多了。

> 与斥责、说教和惩罚相比，坚持到底花费的精力更少，而且有更多的爱、更有成效。

在其他情况下，卡门为她的女儿做得太多可能是不合适的。然而，在这个情形中，妮塔并不是在利用别人。在生活中的大多数方面，她都是一个非常负责任的十几岁孩子。

积极的暂停

大多数父母都在以一种消极的方式使用暂停。“去你的房间，小丫头，想想你都做了些什么!”那么，这位“小丫头”坐在自己的房间会想什么呢？我们猜测她不会想她做了什么，而是会想她的父母刚刚做了什么，或者她怎么才能扳平，或者她怎么才能避免下一次被抓到。

当父母们记住“孩子在感觉更好时，才能做得更好”，并记住管教的目的是“教”孩子时，积极的暂停就会更有意义。积极的暂停旨在帮助孩子们学会一种有价值的人生技能：冷静下来，直到能理性思考，然后做得更好。

如果孩子们帮助建立一个“感觉好起来的地方”，积极的暂停是最有效的。然后，当一个孩子做出某种不良行为时，你或许可以问：“去你感觉好起来的地方待一会儿，对你有帮助吗?”如果孩子帮助建立了积极暂停区，如果他们认为这对他们有帮助，并且当父母认识到这是许多可能的管教工具之一的时候，孩子就很可能去那里。

> 后果、坚持到底以及其他的非惩罚性管教方式都是很有效的方法，可以帮助孩子学习他们需要用来让自己感觉良好的人生技能，同时教给他们通过承担个人的责任来成为对社会有贡献的一员。

我们已经提供了一些替代惩罚性管教或娇纵的方法。这些非惩罚性的方法能在对相关的所有人保持尊严和尊重的同时，帮助改变孩子的行为。后果、坚持到底以及其他的非惩罚性管教方式都是很有效的方法，可以帮助孩子学习他们需要用来让自己感觉良好的人生技能，同时教给他们通过承担个人的责任来成为对社会有贡献的一员。

第 *13* 章

超越单亲：

照顾好你自己

成为单亲父母的头几个月，甚至头几年，可能是很忙碌的一段时间。独自抚养孩子，尤其是在你对此不熟悉的时候，需要你大量的时间和精力。然而，尘埃最终会落定，生活会放松下来，进入常规。在某个时刻，单亲父母可能会开始说："但是，我怎么办？难道我没有需要吗？"

有时候，做为一个单亲父母，似乎生活的全部就是"父母"。我们的孩子是我们的头等大事——要抚养他们，帮助他们成长并蓬勃发展，让他们的生活保持平稳。我们有时候没有意识到的是，要成为健康、有效的父母，我们首先必须是健康、有效的人——而这可能会让人感到像是一种苛求。你可能想知道，我从哪里才能找到"振作起来"的时间和精力呢？

社交生活通常似乎是以夫妻为中心的。当你不是其中的一分子时，就很容易感到孤独、各色、与众不同。如果你在婚姻中生活了很长时间，就可能很难适应一个人生活；你的很多身份可能都是与你的伴侣和过去的生活方式相关联的。成为单亲父母可能会太吓人——而且要做的事情太多了。

单亲父母可能还会发现自己有很多始料未及的工作和角色。计算所得税可能会吓坏一个此前一直由前夫做这件事的单亲妈妈，而与女儿的衣服和发型打交道可能会难倒一个单亲爸爸。生活方式可能已经发生了巨大的变化。那些从未真正为钱发过愁的成年人，可能会突然发现自己过得很艰难，无法享受他们以前认为理所当然的活动和乐趣了。而且，所有的单亲父母都不可避免地会发现自己渴望着一点自由的时间、独立以及与成年人的交谈。

你能满足单亲养育的需求、做你需要做的所有工作，并且仍然能找到时间过一个健康的成年人的生活吗？你不仅能——而且必须！照顾好你自己是你最重要的工作之一。

找到改变的勇气

照顾好你自己可以采取很多种不同的方式。对于卡洛琳来说，这意味着要在她的生活中做出一些彻底而痛苦的改变。卡洛琳已经结婚 15 年了，并且有两个漂亮的孩子——保罗和谢丽尔。在卡洛琳的婚姻中，一直是她的丈夫在做有关财务和各种事物的所有决定。史蒂夫是一个忠诚的丈夫和一个善良的男人，但是，从来没有人质疑过谁说了算。除了在家里以及两个孩子每学年的父母与教师协会努力工作之外，卡洛琳结婚后就没有工作过。

> 社交生活通常似乎是以夫妻为中心的。当你不是其中的一分子时，就很容易感到孤独、各色、与众不同。

渐渐地，卡洛琳意识到她在婚姻里失去了自己。她是自己丈夫的妻子和两个孩子的母亲，但是，她甚至不确定卡洛琳是否存在。她开始感到这些熟悉的角色对她来说已经不够了。她感到窒息。保罗和谢丽尔都已经十几岁了，正忙着与朋友们在一起和学校的各种活动；史蒂夫忙于工作，而且似乎对卡洛琳不感兴趣——除了看看她正在做什么晚餐之外。

卡洛琳向史蒂夫建议去做咨询，他不感兴趣。她尝试了一些爱好并参加了几个俱乐部。她试图参加到史蒂夫的活动中去，但收效甚微。他几乎无法忍受她和他一起打高尔夫球的尝试，并且她完全掌握不了打网球的窍门。怎么做似乎都不会带来任何改变。

卡洛琳决定她必须掌握自己的人生。当她向她的丈夫宣布她想离婚时，他反驳道："如果你想离婚，你就不得不搬出去。"他相信她绝对不会离开。让他（包括卡洛琳自己）意外的是，她带着他们的一部分积蓄，找了一间小公寓，搬了出去。

卡洛琳已经有 15 年没工作过了——至少，她没有领到过工资！她只接受过高中教育。她没有上过任何大学课程或具有市场需要的任何技能，而且她知道自己不能靠组织学校义卖、嘉年华和其他活动来谋生。这是一种令人恐惧的情形，但是，她对机会和自由的感觉让她很兴奋，她决心要让自己的人生更美好。

第一年是最艰难的。有时候，她的恐惧是那么强烈，以至于她感到自己完全被击败了。有时候，她忍不住想回到自己以前的生活。但是，她不断地想起自己离婚之前的坐立不安，以及照顾好自己的决心。她知道自己不能回去。她在一家百货商店找到了一份工作，而且通过比别人加倍努力，她被提升为部门经理。两年后，她离婚的事办妥了，而且她的两个孩子选择和她生活。

卡洛琳从来不向后看。她尽自己的最大努力帮助保罗和谢丽尔调整，用理解接纳他们的愤怒和痛苦（以及他们后来的支持）。尽管她经历了既悲伤又内疚的阶段，但她修复了自己的情感，而且从中得到了东西。

然而，史蒂夫是那么愤怒和怨恨，以至于他花了数千美元反对离婚和抚养协议。当他的两个孩子选择和他们的妈妈而不是他住在一起时，他极其愤怒。在卡洛琳生机勃勃地开始自己的新生活很长一段时间之后，史蒂夫仍然沉溺在痛苦中。

有必要总是让那些彻底的改变——比如离婚——来教给我们要照顾好自己吗？不，当然没有必要。但是，改变可以是帮助我们形成新的勇气和创造力的催化剂。我们总是有机会把负面的经历转变成积极的。如果我们要想富有创造力，我们就必须愿意照顾好自己——这是自尊的一个重要因素。

自尊？什么自尊？

自尊是我们对自己的描述，是我们对我们是谁、我们能做什么、别人对我们的看法以及我们是否“足够好”所做出的决定的总和。每个人都有自尊，但是，并非每个人的自尊都是健康的。正如我们以前说过的那样，自我价值感可能会时有时无。有时候，那些使我们成为单亲父母的事件和环境也会让我们对自己的看法留下难以愈合的伤口。健康的自尊并不意味着你总是感觉自己位于世界之巅。健康的自尊可以通过你处理生活中的起起伏伏的能力来衡量。感觉到“低落”是生活中很正常的一部分。停留在“低落”是不健康自尊的

改变可以是帮助我们形成新的勇气和创造力的催化剂。

一个标志。

单亲父母们可能会因为配偶离开了自己而在被抛弃感和痛苦中挣扎，或者，他们可能正因为自己选择了离开配偶而感到内疚。只是与你周围的人不一样——比如，是一个选择收养孩子的未婚女人——就可能会导致你感到孤立和孤单。单亲父母可能会感到焦虑，感到没有能力养育出全面发展的、健康的孩子，而且非常清楚自己以前所犯的那些错误。

每个人偶尔都会受到不称职感和失败感的困扰，但是，单亲父母们有时会发现这种感受总是与自己相伴。其结果可能是一种绝望、缺乏信心和深深的沮丧感。允许这些心态在你心中扎根，将影响到你如何对待你的人生、如何行为举止、要实现什么——或者你是否努力尝试任何事情。

孩子们在亲人去世、父母离婚或认为自己被遗弃之后也会感到痛苦。因为他们的世界是以他们自己和他们自己的感知为中心的，孩子们往往相信，他们父母的问题是他们曾经说过、做过或希望过的事情的结果——无论我们告诉他们多少次不是这样。

孩子的思维通常是“魔幻的”。如果一个孩子对妈妈发怒，而妈妈突然从他的生活中消失了，那一定是他的错。那些感觉到父母之间的紧张气氛的孩子，有时候会做出更多的不良行为，试图让父母为自己忙碌起来——在这个过程中，让父母守在一起不分开。以死亡或离婚的形式表现出的“失败”是灾难性的，孩子们往往会责备他们自己。当你自己的自尊和价值感受到严重损害的时候，重建你的孩子的自尊和价值感可能看上去像是一项艰巨的任务。我们如何疗愈自尊呢？我们该从哪里入手呢？

> 健康的自尊并不意味着你总是感觉自己位于世界之巅。健康的自尊可以通过你处理生活中的起起伏伏的能力来衡量。

疗愈你的自尊

“也许有些人能疗愈，”你可能会说，“但我禁不住会有那样的感受。”你可能不太相信感受是能改变的（而且，陷在自己当前的感受中可能看起来要容易得多）。然而，开始审视你对自己和他人的信念和心态，并改变那些阻碍你疗愈和成长的信念和心态是很重要的。要记住，你的孩子会接受你的很多心态——恐惧、内疚或消沉——而且，尽管这些心态在一段时间内是自然而无法避免的，但是，它们会影响你的整个家庭。

每个人都同意孩子们必须拥有健康的自尊；正是相信他们自己和自己的内在价值，给了他们尝试新事物、承担风险、应对挑战并抵御同龄人压力的勇气。我们需要记住的是，这种价值感的大部分是从父母那里学来的。当父母们让孩子看到如何尊重并接纳他们自己的时候，孩子们才能学会尊重并接纳自己。

要记住，你的孩子会接受你的很多心态——恐惧、内疚或消沉——而且，尽管这些心态在一段时间内是自然而无法避免的，但是，它们会影响你的整个家庭。

疗愈你的自尊的第一步，是要认识到你——作为你现在的样子——是有真正价值的，并且是有权利得到尊严和尊重的。这并不意味着你没有愿意改善的地方——我们所有的人都在努力修复我们个性中不同的方面以及不好的习惯。但是，你不必等到完成之后（也就是说，你不必做到完美）才是一个可爱和有价值的人。

你可以做几件事情，不仅能帮助你疗愈你自己的自尊，而且能增强你的孩子的自尊。要从你自己开始。这需要时间和耐心，但是，你和你的孩子最终会发现你们能带着自信和希望追求自己的人生了。

要学会把人与其行为分开。你犯了错误并且“搞砸了”，并不意味着你是一个坏人。我们通常是自己最糟糕的批评者；当我们感觉自己做出了错误的选择时，我们马上会认为自己毫无价值。但是，我们作为人的价值并不是由我们做了什么来定义的，而是在于我们是谁，而且，我们所有人都应该得到尊严和尊重。鲁道夫·德雷克斯经常说要有“不完美的勇气”。这意味着要承认我们所有人——父母和孩子都一样——都会犯错误，而期待完美只会导致失望。

正如我们说过的，错误是学习的大好机会；当我们以这种方式对待错误时，生活会变得容易得多。当你犯了一个错误时，要学会原谅自己，拍拍身上的灰尘，并且再试一次。

当心标签和自取其败的信念。我们大多数人都相信我们一次又一次听到的那些关于我们是谁以及我们能做什么的信息。通常，这些信息会变成我们看待自己和我们的世界的方式的很重要的一部分，以至于我们意识不到它们对我们的影响。我们的孩子也会相信我们对他们的看法。当我们告诉一个孩子（通过话语或行动）他是坏孩子、懒惰或愚蠢的时候，他会相信我们。哦，他仍然可能会与我们争辩。但是，在他们的内心，有一个小小的声

疗愈你的自尊的措施

- 要学会把人与其行为分开。
- 当心标签和自取其败的信念。
- 要学会“坚持做你自己”。
- 开始肯定你自己。
- 在感觉合适的时候，不要害怕改变。
- 学会珍惜当下。

音会告诉他，如果妈妈（一个无所不知的人）说他很愚蠢，那他肯定很愚蠢。而且，用不了多久，他就会变成一个不再尝试的丧失信心的孩子，因为他相信自己完全不可能成功。

令人高兴的是，反过来也是如此。正如我们已经发现的那样，鼓励、寻找积极的方面以及说致谢和感激的话，会让我们和我们的孩子把自己看作有能力和有价值的人（尤其是在我们还有机会体验到自己的能力时）。

> 当你犯了一个错误时，要学会原谅自己，拍拍身上的灰尘，并且再试一次。

我们这个世界常常导致我们重视一些肤浅的东西。如果你经常看电视，你很快就会知道，有价值的人都美丽、聪明、健壮、富有、受欢迎、有才华——所有这些可能都是我们和我们的孩子不具备的。学会发现并欣赏我们自己和我们的孩子身上的那些积极的品质，将会使我们所有人感到安宁、平静并具有安全感。

有时候，你看待自己的旧方式可能是不正确的。例如，格兰特在十几岁的时候所遭受的生长之痛[①]要比正常的严重很多。在一段长得让人无法忍受的时间里，他的身高一点儿都没长，而且一直比他的同龄人矮很多。当他终于开始长高时，他受到了膝盖和脚的问题的折磨。在他高中生活的前半部分，他因为太矮而不能参加体育运动；而在后半部分，他又疼得太厉害。在这段时期的某个时刻，格兰特开始相信自己完全不擅长体育运动——而且永远不会擅长。

> 学会发现并欣赏我们自己和我们的孩子身上的那些积极的品质，将会使我们所有人感到安宁、平静并具有安全感。

① 生长之痛（growing pain），是指儿童因为活动量相对较大、长骨生长较快、与局部肌肉和筋腱的生长发育不协调等而导致的膝关节周围或小腿前侧的生理性疼痛。——译者注

要当心会引起无尽烦恼的三个问题

- 我做了正确的事情吗？
- 我正在做正确的事情吗？
- 我会做正确的事吗？

要尽可能做出最好的选择并前进，每次迈出一步！

当格兰特遇到卡拉时，他有了一个改变对自己的看法的机会。作为一个狂热的滑雪爱好者和高尔夫球手，卡拉想要一个能与她一起参加这些活动的同伴，而且，她是一个有耐心的老师。当他们计划两人的第一次滑雪度假时，格兰特抱有严重的怀疑——但是，他惊奇地发现滑雪对他来说很容易。而且，结果表明，其他一些运动也是如此。格兰特开始对自己有了不同的看法。他仍然是一位优秀的会计师，但他也很擅长运动。他的自尊得到了极大的提高——而且，他对高中的记忆不再那么痛苦了。

要学会“坚持做你自己”。有一个老笑话：“我今天要果敢自信——如果这对你没问题的话。”我们对此可能会付之一笑，但事实是，当人们错误地对抗别人，而不是维护自己的权利时，果敢自信往往会变成攻击性。当你维护自己的权利时，人们禁不住会佩服你，即使他们与你的观点不一致。当你对抗别人的时候，那个人往往会感觉需要为自己辩护，或退缩，或报复。健康的个体最终要学会坚持做自己，学会决定自己怎么做，并为自己的幸福承担起责任。

英格丽家一直只有她和儿子伊万两个人。即使在伊万的父亲抛弃了她之后，她还是选择生下了伊万，而且从来没有后悔过自己的决定。她喜欢自己的工作，并有一群很亲密的朋友，但是，伊万是她的世界的中心。然而，随着伊万进入青春期，英格丽开始了一段艰难时期。伊万正在成为一个成年人，并且希望有自己做决定的权利。他和英格丽争论；他和他的朋友争论。而且，他会长时间把自己锁在卧室里，听着震耳的音乐。

当伊万把自己关起来时，英格丽会着了魔似地想他在做什么、发生了什么事以及他有什么感受。她要么会对无力“修复”伊万的感受感到沮丧和内疚，要么很生气并试图说服他恢复与她原来的亲密关系。

看心理治疗师帮助英格丽学会了坚持做自己，认识到了她不必对伊万的感受负责——而且也不能修复或控制它们。然而，她能决定自己怎么做。她学会了以真诚的关爱告诉伊万：“我能看出来你需要一些独处的时间。我想帮助你，但是，你得让我知道怎么帮助你。如果你想谈谈，我随时都在。”然后，她会做一些事情来滋养自己：散步、专心阅读一本好书，或者和一位朋友在一起。

英格丽与儿子的关系没有在一夜之间神奇地变得顺畅起来；伊万正处于个性化和成熟的过程中，而且毫无疑问会犯错误。[①]英格丽认识到，当她自己不陷入儿子的情绪中时，她就能更好地支持并理解儿子的情感。坚持做自己并没有使英格丽减少对儿子的关爱，而是使她在自己保持平静的同时能鼓励伊万。

我们大多数人都相信，拥有一种情感关系只有两种方式。要么我们依赖，并把自己的感受和需要与另一个人的融合在一起；要么我们独立，并顽强地与对方保持分离。最健康的关系是相互依赖的，并且会让我们成为选择通过信任和爱与别人连接的独立、完整的人。学会坚持做自己而又不把别人推开，需要时间和练习，但这会帮助你获得平静、自信和真正的自尊。

开始肯定你自己。肯定的话语——那些我们反复对自己说，

---

① 关于与十几岁孩子一起生活的更多信息，见简·尼尔森和琳·洛特合著的《十几岁孩子的正面管教》，北京联合出版公司，2014 年。——作者注

直到让它们永远成为我们思维的一部分的话语——是强有力的鼓励。为了使其有效，肯定的话语就需要是我们能真正相信的，或者愿意像我们相信一样付诸行动的。

弗莱德是一名单亲爸爸，也是一个正在从酗酒中康复的人。当弗莱德酗酒时，孩子们学会了为了得到他们想要的东西而变得极难满足——而且这往往很管用。当弗莱德进入戒断康复期时，他期待着一切都奇迹般地发生改变，但孩子们没有停止过分的需求。弗莱德知道向他们让步只会让事情变得更糟，但他不知道还能怎么办。从他下班回家打开前门的那一刻起，孩子们就开始唠叨和哼唧，而弗莱德几乎束手无策。他开始认为自己努力戒酒很不值得，或许喝一杯能帮助他处理。

有一天，弗莱德拿起了电话，并给嗜酒者互诫协会[①]的助导打了电话。“我失去希望了。”他伤心地说。

他的助导咯咯地笑着说：“我还记得那种感受。但是，弗莱德，它会过去的。不仅如此，你必须期待一个奇迹。”

弗莱德哼了一声，“你什么意思，‘期待一个奇迹’？”

他的助导解释说：“有些事情是超出你的控制的，但是，这并不意味着它们不会变好。你的心态和期望会造成改变。每当你走进家里的前门或者你的孩子开始提他们的要求时，试试告诉自己要期待一个奇迹，然后看看会发生什么。”

> 最健康的关系是相互依赖的，并且会让我们成为选择通过信任和爱与别人连接的独立、完整的人。学会坚持做自己而又不把别人推开，需要时间和练习，但这会帮助你获得平静、自信和真正的自尊。

① 嗜酒者互戒协会（Alcoholics Anonymous），成立于1936年，是一个人人同舟共济的团体，所有成员通过相互交流经验、相互支持和相互鼓励而携起手来，解决他们共同存在的问题，并帮助更多的人从嗜酒中解脱出来。——译者注

帮助父母们疗愈自尊的肯定话语

- “期待一个奇迹。”
- “为进步努力，而不是为完美努力。”
- “尽管我有缺点并且不完美，但我是一个真正有价值的人。”
- “过好每一天，走好每一步。”
- “这也会过去的。”
- “做一名学习的人很好。”
- “我不是一位坏父母：我只是没有技能，而技能是可以习得的。”
- “我喜欢自己正在成为的那个人。”

弗莱德很怀疑，但他不想再次开始喝酒。而且他开始注意到，他越多告诉自己要期待一个奇迹，他就越少注意到孩子们的要求，而且越少受到这些要求的影响。他开始把他的孩子视为奇迹。他开始感到自己更爱他们了，并开始建议他们坐下来跟他说说这一天是怎么过的，或者在晚饭前一起出去玩接传球游戏。他和他的孩子们开始互相倾听，交谈更多了，抱怨更少了。弗莱德很惊讶，这么简单的一步居然有这么大的效果。

作为一名单亲父母，你可能会给自己很多负面的、令人沮丧的信息。有时候，要听听你在浴室镜子前或开车时对自己说的话。你专注于积极的、满怀希望的事情吗？还是再次体验以前的争斗、探查旧伤口，并为以前的错误批评自己？有时候，开始一个重复肯定话语的新习惯要比改变一个旧的思维方式更容易。你可能已经知道自己需要听到并相信什么。在白天经常重复这些肯定的话语是给你自己积极的、鼓励的信息的一种方法。

在感觉合适的时候，不要害怕改变。通常，我们生活中会有一些让我们陷入麻烦的习惯——思维和行为方式。学会寻找积极的方面，并且接受我们除错误之外的价值是很重要的，但是，培养改变的勇气也是重要的。

任何一种改变都是人类生活中最困难和最不舒服的方面之一，而且，我们大多数人都会抗拒改变，只要我们能。毕竟，一种安逸的常规或一个坏习惯尽管可能会让我们没有任何进展，但我们对它很熟悉；我们知道会发生什么，即便我们可能不喜欢。

巴特感到自己陷入了常规里，但他不愿意改变。他一直用这个借口："我就是这样的。"有一天，他的咨询师问："如果你扮演一个你想成为的人，而不是你认为自己是的那个人，你认为可能会发生什么？"当巴特听到这句话时，他顿悟了。他认识到自己不是必须陷在那里——这是他的人生，而且他能改变它。

你会知道什么时候是做出改变的时机。要从你能做到的小改变开始。例如，如果你想少批评别人，你可以从说同事、家人和孩子们的积极品质开始。成功地实现这一目标，将鼓励你着手下一个目标——在你准备好的时候。

任何一种改变都是人类生活中最困难和最不舒服的方面之一，而且，我们大多数人都会抗拒改变，只要我们能。

有些改变会让我们觉得风险很大，以至于我们会犹豫不决，即便在我们相信我们应该做出改变的时候。搬到一个陌生的城市，对于我们和我们的孩子来说可能是一个让人害怕的情形。换工作、重返学校、找一位咨询师、开始一段新的恋情或结束一段旧的恋情都是需要勇气的巨大改变，而且大多数人一开始都会感到不安全。拥有一个支持网络——你相信并能倾诉的人——会有帮助。成功也是如此，做出有用的改变是最好的鼓励！

学会珍惜当下。我们太容易把所有的精力都集中在昨天发生的事情或者我们希望明天发生的事情上，尤其是当我们处于痛苦中的时候。然而，我们的全部生活都是发生在当下的。我们生活的每一刻都是我们不得不享有的唯一的时刻；所以，如果我们的注意力总是对准我们的过去或我们的未来，我们将永远不会真正地享受现在，而且可能会错过很多发生在我们周围以及我们孩子心里和生活中的事情。

要学会运用专注力。当你感到自己的思想不受控制地想着未来，或者当你发现自己被困在过去的经历中（再次!），要花点时间做几次深呼吸，并将注意力集中在自己身上。许多人发现祈祷、形式简单的冥想，或其他可以让自己慢下来并与“现在”连接的方式，能帮助他们放松下来并处于平和状态。当我们能够坚定地扎根于现在时，我们就能更喜欢生活和我们的孩子，而且我们将能更彻底地对生活中的各种可能性保持开放的心态。

> 做出有用的改变是最好的鼓励！

装满你的水罐

在大多数单亲父母的家庭里，有一个人似乎总是被忽视和怠慢：那就是父母！单亲父母们常常发现自己要平衡工作、家务、照料孩子，以及只有天知道的其他什么事情。大多数单亲父母都说，为自己抽出任何一点时间都会让他们感到内疚，尤其是如果只是为了玩的话。

但重要的是要记住，当我们过度劳累、疲倦和沮丧时，我们就无法把父母的工作做到最好。想象一只漂亮的水晶罐。里面的水代表着你在一天中能用在每件事情上的情感能量的数量。早上，你的孩子需要你的帮助做好准备——用掉一滴水。工作很繁忙，而且回家的交通糟透了——用掉很多水。你的朋友、你的伴侣和你的孩子需要你的时间和关注——水罐空了。而这通常是出现真正危机的时候。你从哪里找到解决你所面临问题的能量？你怎样再次装满你的水罐？

我们每个人都需要偶尔的停机时间、放松和充电的时刻。父母们也是很有价值的人；如果你让你的孩子看到你尊重并珍惜你自己，你的孩子们将学会尊重和珍惜他们自己（和你）。

要从每周为你自己的活动留出时间（见第5章），并学会将自己作为优先事项来对待开始。如果你每天晚上在孩子睡觉后给自己半小时的时间来读一本好书或泡个热水澡——而不是熨衣服或清洁浴室，你可能会发现你会以更多的精力和更少的怨恨来对待养育和工作的责任。当然，有少数家务活可能不得不往后推，但是，这些事情会由一个更快乐的人来完成（最终会做完的）。

要培养你自己的创意和独特性。要给你自己做你喜欢的事情的自由，无论是园艺、鼓捣一辆旧摩托车、做工艺品或家居装饰，还是演奏一种乐器。要与邻居的父母们建立一个临时照看孩子的互助组，并且每周用一个晚上去看电影、去一个唱诗班唱歌，打垒球或上舞蹈课。无论让你感到精力充沛和有活力的事情是什么，都要确保你找出时间定期去做。这不是自私，这是智慧。

还要记住，你有一副身体、一个头脑和一个心灵，让它们都得到滋养是绝对必要的。注意你的饮食，得到足够的睡眠并定期做运动，是很重要的。事实上，运动是我们知道的最有效的抗抑郁药之一！

> 无论让你感到精力充沛和有活力的事情是什么，都要确保你找出时间定期去做。这不是自私，这是智慧。

让你的头脑保持活跃和忙碌也会使生活快乐得多。要允许自己去探索、去好奇并成为一个爱学习的人。你会发现生活要有趣得多——而且你不需要为此花费大量的时间或金钱。用对你有意义的方式滋养你的心灵，是让你的水罐保持充盈的最好的方式之一。然而，改变——包括好的改变——最初可能会让人感觉不舒服，正如娜丁发现的那样。

去做吧！

娜丁已经单身三年了。她是一位对自己的两个儿子尽职尽责的妈妈，是一位自觉的员工，一位定期去教堂的教徒。她的公寓通常都很整洁，账单都会付清，而且两个儿子从来不会没有干净的内衣。但是，娜丁有一天意识到，自己疲倦到了极点，而且她没有任何娱乐。

娜丁把自己的感受告诉了工作上的一位好朋友。“你以前喜欢西部乡村舞蹈，”她的朋友说，“你为什么不重新开始跳呢?”

娜丁很震惊：“我不能一个人去。再说，我该拿两个儿子怎么办?”

“我照看他们。你可以在下次我想出去的时候照看我的两个孩子。”娜丁显然动心了，而她的朋友咧开嘴笑着说：“瞧，他们星期二晚上在市中心的那个新地点有免费课。明天就是星期二，吃过晚饭就把孩子们带过来，然后你就去吧!”

娜丁去了，尽管当她第二天晚上开车去市中心的时候，她的手心在出汗，心里也忐忑不安。走进喧闹的舞厅是她做过的最难的一件事。但是，音乐一响起来，就没有时间紧张了。房间里挤满了人——有些人成双成对，有些人独自一人——而且当他们全都一起学舞步时，娜丁发现自己笑了。她发现自己喜欢队列舞，这甚至不需要舞伴；而且，几个星期二过去后，她发现她的新朋友中有几个有可能成为自己的舞伴。

娜丁的同事（以及她的两个孩子）很快就注意到，她的脚步轻盈了，而且笑容更灿烂了。而娜丁发现生活中的小烦恼不再像以前那样令她困扰了。毕竟，总有星期二可以期待！

修复并保持你的自尊需要时间和耐心。但是，这会让你成为一个更加心满意足的父母，并为你的孩子树立一个更健康的行为榜样。

为成长留出空间

可能很难相信，但是，很多单身的成年人发现，学会独自生活让他们有了无限的机会，并呈现出他们从来没有想到过的各种可能性。

可能会有那么一天，当一位单亲妈妈在结束了忙碌而富有成效的一天，坐下来喝一杯晚茶时，出乎意料地发现自己在想：我真的很幸福。或者，一位单亲爸爸可能在站着低头凝视一个熟睡的孩子时，发现自己沉浸在一种以前从来没有注意到的温情之光中。

通常，正是变化打破了我们为自己垒起的高墙，并帮助我们意识到了所有的可能性。即使你没有选择成为一名单亲父母，你有一天也可能发现自己有了一群新朋友、一份新工作或新的职业目标，以及你从来没有认识到或探索过的能力与才华。拥有一个完全属于自己的衣柜、永远不用将马桶盖抬起（或合上！）、不用征得任何人的同意就能选择明亮的蓝绿色墙漆或玫红色的地毯，可能都是乐趣。

然而，孩子们有时候对一位单亲父母新发现的平静感和乐趣不会做出好的反应。如果妈妈太喜欢她的新生活，这不是对爸爸不忠诚吗？如果爸爸太开心，是不是意味着他讨厌妈妈？如果孩子们喜欢与一位父母在一起生活，是不是对另一位父母不忠诚？

当你发现自己的人生中那些积极的方面时，你要允许自己喜爱它们——而且，随着时间的推移，这些积极的方面会越来越多。你还可以通过不让自己对孩子的感受承担过多的责任，来允许你的孩子花时间调整，而且，你可以帮助他们认识到我们每个人都要为自己的幸福负责。再说一次，对感觉保持敏感——既包括你自己的，也包括你的孩子的——再加上一点点耐心，将会帮助你们每个人都抵达感觉生活很美好的那一天。

应对孤独

达到感觉生活很美好的地步可能看上去还很遥远，而且，几乎没有哪个单亲父母不曾与孤立和孤独感斗争过。夜晚可能会很难熬。当孩子们终于睡着、家务活已经做完并且屋子里都安静下来的时候，你做什么呢？跟一个人聊聊天会很好，但是，这时打电话太晚了。出去看场电影也不错，但是，不把孩子从床上拖起来，你怎么才能把临时保姆带到家里来呢？很多单亲父母都知道只有电视陪伴自己度过安静的晚上是什么样的感受，知道因为没有一个朋友（大多数人可能都结婚了）能了解作为一个单亲父母到底是什么样而产生的那种沮丧感。

> 即使你没有选择成为一名单亲父母，你有一天也可能发现自己有了一群新朋友、一份新工作或新的职业目标，以及你从来没有认识到或探索过的能力与才华。

应对孤独

你可以采取以下这些积极的措施，来与孤独感做斗争。

- 建立一个朋友的网络，并抽出时间与他们在一起。当你感觉忧郁的时候，只要有人说说话，就能让情况大不相同。
- 在你感觉愉快的时候，列一个你想做的事情、你想读的书、你想开始做的项目的清单。然后，当孤独来袭时，拿出你的清单并开始做。将你的精力集中在一些有建设性的事情上，会是一个驱散忧郁的好方法。
- 与人交往——即使你不喜欢。在你的社区里，有许多组织和团体需要志愿者，而且，很多企业鼓励员工参与并会给他们留出时间。要每周花一个小时在一家医院或一个老人的家里做志愿者。辅导一个学生或指导一位年轻的妈妈。参与他人的生活会让你对自己有一个新的认识。
- 花时间滋养你自己。是的，这在这里也管用！
- 学会做你自己，依靠你自己。当你单身的时候，你很容易相信只有当你有一个伴侣和你一起生活时，事情才会更好。不可否认，当没有一个人抱你、抚摸你或安慰你的时候，是很困难的。但是，平和与满足是我们都必须在自己的内在找到的东西，尽管可能会很难。没有人能“使”我们幸福。如果你能找到力量和精力让独处的自己很舒服，那么当一个特别的人确实走进你的生活的时候，你将能更好地建立一种健康的情感关系。
- 如果你需要，就要寻求帮助。如果你发现孤独感和抑郁感太强，无法自己处理，就要找一位心理治疗师、牧师或支持小组来帮助你。

所有的人偶尔都会感到孤独，无论他们是单身还是已婚。但是，当你是一名单亲父母的时候，孤独不知怎么似乎就成了一个迫切得多的问题。应对孤独要从审视你的期望开始。有时候，由于社会似乎是适合夫妻的，我们会感到没有伴侣就不完整。无论我们可能多么喜欢自己在做的事情，如果我们是一个人在做，它就没有乐趣。是吗?

我们大多数人最终都会明白，与错误的人在一起会比独自一个人更糟糕。很多单亲父母都忘记了自己在婚姻中曾感到多么孤独。通常，他们那时没有时间感到孤独，因为他们在忙着处理各种问题。足以令人惊讶的是，独自一个人可能是一件好事。它能迫使我们发展自己的长处。独自一人能够——如果我们允许的话——给我们机会来探索自己的内心，并形成一些新的想法和能力。

依靠你自己

太多的时候，克丽丝发现作为单亲父母是一种让人不知所措的经历。她已经结婚 18 年了，她的离婚是让她非常意外和痛苦的。无论是她还是她的两个孩子——基丝和黛比——都经历了很多艰难的调整，而克丽丝经常感到可怕的孤独和极不称职。克丽丝为自己和两个孩子买了一座新的小房子。看着房子被建起来，让她觉得充满了希望，但搬进去似乎意味着一件又一件的事情。克丽丝的前夫一直是手巧的那个人，而她几乎不知道锤子的一头与另外一头有什么区别，而且从来没有人鼓励她学过。尽管如此，在这个新家里安顿下来让克丽丝和两个孩子一起做了一些事情——一些新鲜、特别并且属于她们自己的事情。

然而，房子里的一个细节一直让人很苦恼。克丽丝想在客厅装一台吊扇，但当时买不起。她要求建筑工人给她把线路布好，他确实布好了——但是，他把一只光秃秃的灯泡留在天花板的中央来闭合电路。克丽丝每次开灯时，那只丑陋的灯泡发出的刺眼光亮都让她很烦恼。

几个月后，克丽丝在一家五金店发现了一台完美的吊扇在打折出售。她的哥哥主动提出来为她安装，但是，他很忙，几个星期过去了，吊扇还在一个角落的盒子里。终于，在一个星期六的晚上，两个孩子去和她们的爸爸一起住了，而克丽丝受够了孤独和无聊。她的目光落在了放电扇的盒子上。

这到底能有多难呢？她一边想，一边撕开了盒子。

这用了好几个小时，而且克丽丝不止一次想要放弃。说明书是用她难以理解的不太连贯的英语写成的，而且风扇很大，很难一个人安装。她的工具不合适。她不得不给一个邻居打了两次电话，询问如何连接电线以及断路开关在哪儿。她有两次还差点从梯子上摔下来。

但是，当她按下开关，看到风扇的叶片真的开始转动时，她感到一阵从未体验过的喜悦和成就感。它转了！更神奇的是，是她自己装好的！第二天，当她让基丝和黛比看她做了什么时，看着她们脸上的表情真是太有趣了。

这在别人看来似乎没那么重要，但是，对克丽丝来说，这是一个新的开始。她发现她不仅能够做那些自己以前认为不可能做到的事情，她实际上很喜欢自己动手。她开始凭借一己之力改善这个家。她在两个孩子的浴室墙壁上画了丛林动物。她买了一只电钻，并在卧室的壁橱里加装了一些架子。她种了玫瑰，当她给家里剪下第一朵花时激动不已；她加入了一个园艺俱乐部，学习更多的园艺知识，并结识了一群很棒的新朋友。

最棒的是，克丽丝、基丝和黛比用了一个周末的时间一起在前院建了一个露台。她们运来几袋沙子，把沙子铺平，并在上面放上了铺路石。她们还组装了便宜的花园家具，并悬挂了一个喂鸟器和风铃。而且，她们种植了各种颜色鲜艳的花卉。

尽管改变和成长有时候可能会痛苦，但是，你在此之后会成为一个给每个人带来激励和喜悦的人，这是无法通过其他方式实现的。

当完工的时候，克丽斯和她的两个女儿一起在露台上吃了一个比萨，开心地冲彼此笑着。而且，克丽丝突然意识到，事情正在好起来。这不是她为自己和两个孩子计划好的，而且根本也不是她以前想要的——但是，事情正在变得好起来。事实上，生活开始再一次感觉好起来。而且，这是最好的成就。

你可能会发现，把你的身份定义为一名单亲父母，也就把你的角色定义成了一个人。尽管改变和成长有时候可能会痛苦，但是，你在此之后会成为一个给每个人带来激励和喜悦的人，这是无法通过其他方式实现的。要睁开你的双眼，并开放你的心灵，努力享受这段旅程（包括其中的颠簸、走错路），并看看会发生什么。

第 14 章

单身与孩子：

社交生活和约会对象

戴维度过了一个美好的夜晚。他和一个大学时期的老朋友出去跳舞，而且玩得比他能记得的这几年里的任何一次都开心。当他第二天早上吹起口哨时，他意识到他的女儿不像平常那样快乐。她噘着下嘴唇，也不看爸爸的眼睛，而且，戴维敢发誓，当他转过身时，听到了她在小声嘟囔。

“好吧，瑞秋，”他终于说，“你整个早上似乎都不高兴。你想告诉我你在为什么烦恼吗？”

一段很长时间的沉默，然后，她相当不高兴地说：“我不喜欢你出去，爸爸。”

戴维恼怒地叹了口气，他们以前经历过这种情况。而且，瑞秋已经把好几次“相识”晚餐搞得让戴维无可奈何的几个朋友非常痛苦。他看着女儿垂着的头，一股既同情又沮丧的感觉涌上心头。他能理解她的感受，但他已经尽最大努力做一位好父亲了。难道他没有权利在一些时候拥有自己的生活吗？

单亲父母的生活可能非常孤独。独自生活（和养育孩子）可能就像生活在一个城堡里一样；我们在里面待的时间越长，可能就越难走出来。我们可能很难与人接触，害怕信任别人，难以克服挥之不去的伤心、被抛弃或内疚的感受。

而且，这还不是全部。家里的问题可能会令人不知所措。在每周的工作、做家务和陪孩子的时间之外，你怎么为出去吃晚餐和看电影挤出时间？钱怎么办？而且孩子谁来照看？

单亲父母确实需要他们自己的生活，而且大多数单亲父母最终的确会发现自己已经为约会做好了准备。不幸的是，像戴维一样，许多单亲父母也会发现他们的孩子对这个想法一点儿也不兴奋。而且，当孩子们感到不安全时，他们通常会通过变着花样做出新的不良行为将其表现出来。

独自生活（和养育孩子）可能就像生活在一个城堡里一样；我们在里面待的时间越长，可能就越难走出来。

但是，我的孩子为什么要这样做呢？

真的不难理解为什么那么多孩子会发现自己的单亲父母的社交生活是一种威胁。一个孩子的整个世界都是围绕着他与自己父母之间以及父母彼此之间的关系建立起来的。当父亲和母亲无论出于什么原因而不再在一起，并且生活、安全感和归属感都依赖于一位父母的时候，这个世界就可能变成一个脆弱而不稳定的地方。我们可能会告诉自己的孩子们：“我爱你们，而且我永远不会选择离开你们。”但是，对于其世界围绕着唯一的一个大人运转的孩子来说，这些话可能提供不了多少安慰。

对一个孩子来说，黏着自己的父母并有一种占有感，而且嫉妒任何转移父母注意力的事情，是很正常的。许多单亲父母都有过将自己的儿子和女儿介绍给一位新朋友，却遇到了孩子的冷漠或毫无保留的敌意的经历。还有些孩子会走向另一个极端——百折不挠地试图找一位新妈妈或新爸爸，一个填补他们自己和他们的父母生活中的空虚的人。无论哪种反应，都会使父母和他们的伴侣极其不舒服。

这是否意味着你要放弃自己的生活？或者，你只在你的孩子不在身边的时候出去？单亲父母们很容易选择一个极端或另一个极端——要么完全不顾及自己孩子的感受，要么对孩子的要求反应过度，让自己被不健康的极端行为所操纵。单亲父母们如何才能让自己和孩子轻松地向新的情感关系过渡呢？

对一个孩子来说，黏着自己的父母并有一种占有感，而且嫉妒任何转移父母注意力的事情，是很正常的。

如果你想生活充实：帮助孩子做出调整

莫尼卡刚刚遇到一个有趣的、令人心动的男人。当她告诉13岁的杰西和9岁的萨曼莎，自己打算和新朋友一起去参加一个乡间音乐会时，她的热切和开心非常明显。当杰西以一种命令的口气说“你不能和那个家伙一起出去”时，她吓了一跳，还有点生气。

莫尼卡知道，在自己和杰西都生气的时候处理这个问题是没有帮助的，所以，她只说了一句：“我们稍后再谈这件事。”当天晚上，她走进杰西的房间（他正在里面写作业），把立体声音响的声音调小了一点，并说："你现在准备好跟我聊一下了吗？"

杰西抬头看了看妈妈，然后目光又回到了书上。"我想是的。"他就说了几个字。

莫尼卡深吸了一口气，并且开始说："亲爱的，首先我需要告诉你，我是妈妈，你不能告诉我能做什么或不能做什么。但是，第二，我真的很重视你的看法，而且想听听你的想法和感受。你想告诉我为什么你不想让我和我的新朋友一起去听这个音乐会吗？"

杰西直视着妈妈的眼睛说："你还不太了解这个人，妈妈。你怎么知道你能信任他？"

儿子明显的关心和爱触动了莫妮卡的心。"杰西，这个观点很好。我不太了解他。我对他有好感，但我还不了解他。如果我们和我认识的另一对夫妻一起去，会让你感觉好些吗？想一想吧，这会让我感觉更好！"

杰西点点头说："我想那会很聪明，妈妈。"

莫尼卡接着说："如果我先邀请他过来吃晚餐，你觉得怎么样？这样我们都能更好地了解他了。毕竟，我知道我信任你的看法。"

杰西坐直了一点，说："如果你想的话。"

利用冲突建立亲密和信任

- 将敏感问题的讨论推迟到一段冷静期之后，你和你的孩子都冷静下来的时候。
- 尊重地建立明确的父母—子女之间的界限。
- 让孩子知道，你重视他们的观点，并愿意考虑他们的感受。
- 在适合的时候，将你的孩子的观点纳入到一个对你们俩都管用的计划中。

莫尼卡把与儿子的冲突当作建立亲密关系的一个机会。首先，她等待一个“冷静”期，而不是试图在有强烈的情绪时处理。然后，她和善而坚定地建立了父母与孩子之间的界限：她认可了儿子的感受，但让他知道了由他告诉她什么事情能做或不能做是不合适的。接下来，她告诉杰西，她重视他的观点，然后通过将他的观点纳入到一个计划中表明了她说的是实话。最后，通过这次交谈，她教给了杰西如何以尊重和有益的方式表达他的观点。本来可能会出现的一次重大冲突，变成了加深她与儿子关系的一个机会。然而，不请自来的建议并不总是这么有帮助。

约会与孩子

大多数单亲父母在约会的问题上都会收到大量的建议——既有主动征求的也有不请自来的。每一个人，从家人到朋友再到前配偶，都有自己的看法：“你越早结婚越好——你的孩子需要一个完整的家。”“不要贸然行事——你不想再犯另一个错误吧！”“要把你的约会对象带回家。你需要从一开始就搞清楚他们对你的孩子好不好。”“不要让你的孩子与你的约会对象见面，除非你们的关系是认真的。太多的人出入他们的生活会让他们不安，而且如果你跟他们很喜欢的人分手，他们会受到伤害。”“要让你的私生活避开你的孩子——你不想让他们有什么想法吧。”“要尽情享受你的性爱。这会教给你的孩子不要有烦恼。”

事实到底是什么？成年人之间的关系很少是简单的，而且当孩子们牵扯其中时似乎更不简单。当一个孩子还在为失去一位父母而悲伤时，太早约会可能会给孩子造成不必要的痛苦。完全不约会可能会让父母和孩子都怀疑亲密关系是否健康或有必要。最后，每一位父母都必须相信自己的智慧以及对自己和孩子的了解，以决定怎样才是舒适的，什么感觉是对的，以及怎样平衡大人和孩子的需要和感受。每个家庭的答案可能会不一样，但有几件事情是要记在心里的。

努力理解孩子

问：我是一名单亲妈妈，有两个孩子，年龄分别是6岁和9岁。最近，我一直在与一位非常好的男人交往。这是我离婚后第一段美好的恋情，而且我不想失去它，但我担心我的两个孩子。我的男朋友和我在一起住了，但我只在我的两个孩子去他们爸爸家时才和他住在一起，而且他从来不在我家住。我的孩子们每天晚上同一时间都会给我打电话说“晚安”，并且说他们很担心我在哪里。我一直告诉他们有时候我觉得太累了，不能从我男朋友家开那么远的路回家，所以我睡在了客房里，但我认为我的大孩子对此有怀疑。我应该告诉他们真相吗？

答：你觉得需要隐瞒你与男朋友之间发生的事情，这是一个线索，表明你对自己的选择并不是完全舒适的——而且你的孩子能感觉到你的不安。只有你能决定是否要告诉你的两个孩子这段新恋情对你来说有多么重要，并且确定他们需要知道多少，但是，关注你自己的情感向你传递的信息始终是明智的。找到让你的男朋友和你的两个

> 每一位父母都必须相信自己的智慧以及对自己和孩子的了解，以决定怎样才是舒适的，什么感觉是对的，以及怎样平衡大人和孩子的需要和感受。

帮助你的孩子适应一段新的关系

- 要花时间倾听你的孩子，不要辩解或解释，要运用积极的倾听，以便孩子感觉被理解了。
- 问你的孩子现在是否愿意倾听你。
- 不要做出让你感觉羞愧或觉得不得不隐瞒的行为。
- 确保你言行一致。
- 解决一些问题，以找到对相关的每个人都有效的解决方法。
- 最重要的是要有耐心。

孩子更多地了解彼此的办法可能会有帮助。同样重要的是，要花时间和孩子单独相处，并仔细考虑你对两性关系的信念是什么——以及你想让你的两个孩子从中学到什么。

通常，单亲家庭的孩子在他们短暂的人生中已经经历过很多变化。也许，你能做的最有帮助的事情，就是努力理解你的孩子对你的情感关系有什么感受。如果你能看出来你的孩子可能害怕失去你的时间和关注，看出他们在为你担心，看出他们感觉受到了威胁或被取代了或嫉妒，那么，你就可以诚实地对待他们的感受，让他们知道你理解他们，并运用情感诚实来帮助他们理解你。

还记得戴维吗？有一天，他在吃午饭的时候和一群单身朋友讨论了瑞秋对他的社交生活的抗拒给他带来的挫败感。这些朋友给了他一些所有的单亲父母可能都想记住的建议和主意：

要花时间倾听你的孩子，不要辩解或解释，要运用积极的倾听，以便孩子感觉被理解了。无论你是否同意，你的孩子的认知与其如何行为有密切的关系。一旦一个孩子知道自己的父母理解并接纳他的感受，他可能就不太需要用令人烦恼的行为来将其表现出来了。

问你的孩子现在是否愿意倾听你。当孩子们同意倾听并且当他们感觉自己被倾听时，他们通常会更坦诚。你的孩子可能需要明白，交朋友对你的重要性和对他的是一样的。你可以选择解释一种特定的两性关系对你意味着什么，以及发生了什么或没发生什么。要诚实；这会为以后省去数不清的麻烦。但是，也要注意，不说太多是很重要的；你的孩子不需要知道你的恋情中的那些亲密的细节。

要记住，你永远是你的孩子的最重要的行为榜样。“按我说的去做，而不是按我做的去做”在当今是站不住脚的，尤其对十几岁的孩子来说。要确保以一种你不介意你的孩子处理他们的情感关系的方式来处理你的情感关系。

不要做出让你感觉羞愧或觉得不得不隐瞒的行为。当一些单亲父母做着自己无法引以为傲的事情时，他们会形成一种不健康的秘密模式（其合理化的借口是他们的孩子不需要知道所有细节）。

你自己的直觉和内在的智慧会告诉你该怎么做——如果你愿意倾听的话。一些单身的成年人通常会因为有个人似乎比孤独和寂寞要好，而开始不健康的恋情（而且不顾自己的不安）。大多数人最终会认识到，有些事情比孤独更糟糕；违背他们自己的道德和伦理准则就是其中之一。如果你对与一个成年人的情感关系中的任何一方面感到不安，慢慢来可能会更好。

例如，有些单亲父母可能觉得当自己的孩子在家时，自己与一个朋友在同一所房子里一起过夜没什么问题。另外一些人选择不睡在一起，或只有当孩子去另一位父母那里时才睡在一起。无论你决定怎么做，都要确保你对自己的行为感到舒适。如

> 要确保以一种你不介意你的孩子处理他们的情感关系的方式来处理你的情感关系。

果你发现自己必须说谎或歪曲事实来向你的孩子或朋友解释一种关系，这种关系对你来说可能就不是一种健康的关系——或者至少目前还不是。

确保你言行一致。当你告诉你的孩子“你对我来说很重要”，但不知怎么却从来不留出时间和他们共度特别时光时，孩子就完全感觉不到自己重要，而且可能会做出怨恨和敌意的反应。如果你的至关重要的那一位参与所有的事情，你的孩子可能就会觉得受到了排斥。你要确保花时间单独与你的孩子在一起，无论是做特别的事情、聊天或者只是闲逛。

解决一些问题，以找到对相关的每个人都有效的解决方法。计划好你和你的孩子们在一起的时间、独处的时间和与朋友们在一起的时间。如果你交往的那个人成了你日常生活的一部分，就要让他或她与你的孩子们一起参加家庭会议，并让每个人都参与致谢、头脑风暴、选择解决方案，以及计划特别活动（见第9章）。通过观察你的至关重要的人在家庭会议的场合如何发挥作用，你对他或她会有更多的了解。

然而，重要的是要给她或他几次机会。孩子和大人都需要花些时间才能学会尊重地参与家庭会议的技巧。要把进行得不完美的任何事情（而且我们从来没有见过一个“完美的”家庭会议）作为讨论和学习的一个机会。学习的意愿要比完美重要得多。

最重要的是要有耐心。适应变化、适应新关系和新想法是需要时间的。大多数孩子最终都会明白，一个对生活充满兴趣的快乐的父母要比一个沮丧而孤僻的父母容易相处得多。

如果你交往的那个人成了你日常生活的一部分，就要让他或她与你的孩子们一起参加家庭会议，并让每个人都参与致谢、头脑风暴、选择解决方案，以及计划特别活动。

单亲父母和性

该说说这件事了。在一个十几岁的孩子（甚至青春期前的孩子）就实验性行为的世界里，一个性被用来销售从啤酒到化妆品到咖啡等一切商品的世界里，以及一个不安全的性行为可能会造成灾难性后果的世界里，单亲父母们经常不确定如何感受、如何思考以及如何继续一段恋情就不足为奇了。存在“正确”的方法或“错误”的方法吗？尽管亲密关系不是本书讨论的范围，但有几个观念可能会帮助你对作为单身的成年人——尤其是有一个观察着你的一举一动的小观众的单亲父母——的生活做出健康的决定。

凯思琳 38 岁那年，她的丈夫死于癌症。他生病的最后阶段，对全家人来说都是一种心理创伤。他们的悲伤非常强烈，有时感到仿佛这种悲伤永远不会结束。在第一年，对凯思琳来说埋头于她的孩子和工作是很容易的——保持忙碌会减轻痛苦。

“在很长很长一段时间里，”有一天吃午饭时，她告诉一个朋友，“我甚至从来没有想到过性。好吧，有时候我会想念被拥抱和被爱着。道格和我的关系曾经那么好。但是，我感到那么伤心和空虚，以至于从来没有想到过性生活。我不是没有吸引力，并且我想我可以偶尔出去约会。我猜我只是麻木了。”

“但是，突然之间，”凯思琳有些不好意思地继续说，“我满脑子想的似乎都是这个。如果我去看一场电影或读一本小说，性的部分真的会打动我。我开始认为我着迷了。我该怎么办？我有什么问题吗？”

很多单亲父母，不管是男性还是女性，可能都会与凯思琳产生共鸣。配偶的死亡或离婚造成的情感动荡可能会将性感觉扼杀几个月，有时候甚至几年，即使对一个喜欢与挚爱的人有活跃的性生活的人来说也是如此。其他事情似乎要重要得多：确保孩子们调整好、处理工作压力，以及我们所熟悉的所有那些压力。然而，或迟或早，冰封的感情会开始解冻。与一个人发生性关系，不仅开始看起来是可能的，而且可能是必要的！

要记住，性是成年人生活中一个正常的部分，而且性感觉完全是健康的。你不但是唯一能决定你是否想让你的情感关系中包括性，以及如何处理性关系的人，而且感到渴望与人接触和交往是正常的。

要记住，你的孩子会通过观察你来形成他们自己对什么是对和错的决定。他们在你与一个新伴侣的关系中观察到的，可能与他们从你上一次婚姻中观察到的很不一样，时常核实一下他们的看法和感受可能是明智的。即便孩子喜欢你的新朋友，他们也可能会相信接吻、拉手或其他形式的接触是对不在的那个父母的不忠诚。坦诚的沟通、积极的倾听、保持敏感和一点耐心，将帮助你们一起解决这些问题。

还要记住，在经历过死亡或离婚之后，或者当你单身很长一段时间时，你是非常容易受到诱惑的。太多的时候，单身的成年人会受到低自我价值感的折磨，并会因为有人想要他们的陪伴是那么令人陶醉，而陷入一段他们还没有准备好（或他们以后会感到羞愧的）的情感关系中。当你一直独自生活或当你受到了伤害时，你很容易与一位有同情心的朋友、一位律师、心理咨询师，或一个偶然相识的朋友陷入浪漫关系（以及性关系）。毫无疑问，说起来容易做起来难，但要努力耐心而温柔地对待自己，而且不要害怕把步子放慢。

尊重自己会带来相互尊重

当单亲父母感到孤独和不安全时，他们可能更关心自己被别人需要，而不是考虑自己想要什么。也就是说，他们可能会问："这个人想要我吗?"而不是"我想要这个人吗?"太多悲剧性的两性关系都是因为人们不珍视自己以及自己健康的需要或愿望而造成的。想要被"随便什么人"爱，不是一种健康的需要或愿望。想要被你尊重的人爱，才是一种非常健康的需要和愿望。

这也许是一个陈词滥调，但却是无可否认的事实：健康的人更有可能拥有健康的恋情。只有当你学会珍视并滋养你自己时，你才能与一个伴侣建立一种相互依赖的两性关系，一种既能让你们两个人坚持做你们自己，又能够享受与对方真正的亲密的恋情。你在独自一个人时感到越舒适、越完整（因为你珍视自己），当你开始约会时就可能做出更好的选择。

尽量不要把你遇到的每个人都认为是潜在的配偶。大多数单身的成年人有时都会感觉到有一点绝望，尤其是如果他们已经单身了一段时间，或者如果亲密的朋友或前配偶即将结婚或找到了爱情。有时候，我们会只以一个人作为伴侣的吸引力或适合性来评价同事、同学、邻居或我们在教堂遇见的人。以这种方式来评价人，会使我们忽视那些可能会成为很好的朋友的人——所有的单亲父母都需要的支持网络的一部分。如果你正在花时间滋养你自己并做你喜欢的事情，你就会有很好的机会遇到能成为好朋友的人，或者，或许不只是好朋友的人。

孩子怎么办？

但是，你可能想知道，如果我确实遇到了我想交往的人呢？有正确的方法——或错误的方法——来处理与我的孩子的关系吗？如果我开始有性生活，他们也会认为没问题吗？我想有一段浪漫关系，但我不确定如果我有了这种关系是否还能自在地和我的孩子相处！

厘清情侣关系以及孩子们对此会如何反应可能会很困难。兰迪与他的妻子玛丽离婚仅一个月就遇到了莉。当莉和兰迪在一起的时候，爱情的火花飞溅——他们彼此都感到激情难抑，并很快就把两人所有的空闲时间都用来待在一起。兰迪迫不及待地把莉介绍给了他7岁的女儿莎拉。莎拉当时正要过来和爸爸过周末。他知道莎拉还在父母离婚的决定中挣扎，但他确信她会喜欢莉，而且他认为这个周末将是她们认识的好时机。

然而，这个周末过的并不顺利。兰迪对他的女朋友是那么迷恋，以至于他似乎无法把手从她身上挪开。当莎拉看着爸爸和莉嬉笑并调情的时候，她感到越来越尴尬；她爸爸绝对没有这样对待过她妈妈。兰迪想都没想就邀请莉留下过夜，而莎拉立刻变得更不舒服了。当爸爸把她放到床上时，他咧开嘴笑着说："莉是不是很棒，宝贝？"莎拉默默地点了点头，眨眨眼睛，强忍着困惑、愤怒的泪水。

> 你在独自一个人时感到越舒适、越完整（因为你珍视自己），当你开始约会时就可能做出更好的选择。

第二天早上，当莎拉醒来时，她完全忘记了莉的事——直到她蹦蹦跳跳地进入爸爸的卧室去说早上好，发现他正在和莉做爱。莎拉把话强咽了回去。她困惑而害怕地哭着跑回自己的房间。她给她的妈妈打了电话，并恳求妈妈早点来接她。

莎拉回到了家，感到自己被忽视了并且被兰迪对莉的行为搞得很困惑。莎拉的妈妈非常生气，并立即给她的律师打了电话，要求限制莎拉对她爸爸的探望。

法官后来裁定，莎拉需要时间来适应她父母的离婚。只有在爸爸没有客人时她去探望才最符合她的利益——而且，六个月内，她在探访爸爸时不应该在那里过夜。

兰迪对他的新欢的激情是可以理解的，但是，他忘了考虑莎拉的感受。这不意味着孩子应该支配整个家庭，也不意味着父母们不能做自己的孩子不喜欢的任何事情。然而，如果兰迪考虑到莎拉的脆弱，他或许应该更加小心，给莎拉留出按照她自己的节奏来适应的时间。莎拉可能永远都不会喜欢莉，即便她的父亲没有流露出那么多情感；大多数孩子都很难眼睁睁地看着一个人替代自己的妈妈或爸爸的位置。然而，当父母们体贴并尊重他们自己和他们的孩子的需要时，孩子们最终能够学会接受他们生活中的其他成年人。

无论是否喜欢，你处理自己的恋情和亲密生活的方式对你的孩子都有直接影响。记住几项研究告诉我们的发人深省的事实可能也是明智的：当单亲父母邀请一位无血缘关系的成年人与他们一起生活时，孩子受到虐待的风险会显著增加。也许看上去不公平，但单亲父母在自己当下的幸福（或快乐）和他们的孩子的幸福之间，可能面临着一个选择。做到谨慎和克制可能会很困难，甚至是痛苦的——但是，这给你和你的孩子带来的益处可能会证明这种努力是值得的。

当父母们体贴并尊重他们自己和他们的孩子的需要时，孩子们最终能够学会接受他们生活中的其他成年人。

但是，你能让每个人都高兴吗？

即使在一个健康的情侣关系中，要理解其细节，对于相关的每个人来说可能都是困难的。一天晚上，珍妮特叹了一口气，瘫坐在单亲父母养育小组的一把椅子里。小组主持人笑着说："看上去你好像遇到了一个问题，珍妮特。"

珍妮特又叹了口气。"我不知道有一个男朋友是不是值得这么麻烦。"然后，她笑了，"对于一个 45 岁的男人来说，'至关重要的那一位'是多么愚蠢的一个词啊。不管怎样，我的女儿杰西卡喜欢史蒂夫。当他来做客的时候，杰西卡就缠着我们，想要我们的关注并且会打断我们试图做的每一件事情。我告诉她我想和史蒂夫单独待一会儿，但她说他是她的男朋友，而且她也想和他单独待着。事实上，她想让他当她的爸爸。

"我该怎么办？虽然史蒂夫和我彼此都只和对方约会，但我害怕让杰西卡过于依恋他，因为我不知道我们是否会结婚。如果我们结束关系的话，我不想让她受到伤害。而且，我有时想和史蒂夫有单独在一起的时间。我们总是不得不到外面单独相处吗？"

珍妮特一说完，几个人就用力地点着头；另一些人也有同样的问题。

"我们为什么不看看是否能为珍妮特的问题想出一些解决方法呢？"主持人问道。对于这个小组来说，运用他们丰富的经验来提出一些建议并不难。珍妮特听到了她想尝试的几个主意。当珍妮特下一周来参加会议时，她把发生的事情告诉了她的朋友们。

"史蒂夫和我决定与杰西卡一起召开一个家庭会议（尽管我觉得让一个'外人'参加'家庭'会议有点尴尬）。我花了一些时间告诉杰西卡，我多么感激她这个星期帮我做家务。然后，我们每个人都得到一个机会说说我们的感受，以及我们想从我们的关系中得到什么。这很有趣——我了解到了史蒂夫和杰西卡的一些事情，而如果不开家庭会议我永远不会知道。然后，我们决定用头脑风暴想出一些如何安排我们的时间才能让每个人都不感觉受到冷落的主意。

“我们计划了杰西卡和我单独在一起时要做的一些事情——她想放学后去买冰淇淋，或许是去公园——而且，我们谈论了史蒂夫和我计划单独做的一些事情。然后，我们约定，当史蒂夫来我们家时，他和杰西卡将单独在一起 10 分钟，可能是读一个故事或玩一个游戏。

“我们约定，在杰西卡与史蒂夫单独在一起的时间结束后，我们将一起吃晚餐。然后，杰西卡将让我们单独待一会儿。她说，如果她能邀请一位朋友来家里，对她会有帮助。这是我从来没有想到过的。我们还约定，允许杰西卡打扰我们三次。毕竟，她需要知道我不会忙到顾不上她。到目前为止，我们的约定看起来非常管用，而且当史蒂夫来我们家时，我们所有人现在都感觉更舒服了。而且，如果这个方法不管用了，我们只要在下一次家庭会议上再讨论一次就行了。”

杰西卡之所以愿意跟妈妈和妈妈的男朋友合作，是因为她通过参与感受到了一种归属感和价值感——而且因为她感觉到爱。确保把爱的信息传递给孩子是非常重要的，然而，在繁忙的生活和新的情侣关系中，这做起来往往比我们想象的更难。

处理行为背后的信念

正如在第 10 章讨论过的那样，行为从来不是在真空中发生的——其背后总是有一些信念和感受。有时候，父母们试图通过说教和控制来直接解决孩子的行为，但是，安妮，一位有了新男朋友的单亲妈妈，找到了通过其小儿子的行为来处理其背后的信念的一种特殊方式。

安妮对于带理查德回家见她的两个儿子感到很紧张，但理查德是一个很好的男人，而且她相当肯定自己的两个儿子会喜欢他。她的大儿子杰夫热情地接受了理查德，但是，她的小儿子乔纳森的反应则带有公然的敌意。

几个有效的养育原则的综合运用

珍妮特的经历结合了有效养育的几个原则：

- 孩子们需要知道他们对你很重要，以及即使在你很忙或与别人在一起时，他们仍然能接近你。如果这种接近不是事先计划好的，他们就无论如何也要通过不断地要求你的关注来实现。而且，当孩子们帮助计划了他们可以打扰你的次数时，他们很少会全部用完。参与带来合作。
- 当孩子参与解决问题或讨论计划时，他们会感到自己有归属感和价值感。而当他们感到自己有归属时，他们就不太可能感到丧失信心——也不太可能做出不良行为。
- 当一个困难的情形出现时，要决定你怎么做而不是要迫使你的孩子怎么做。试图强迫孩子做事情，往往会招致权力之争。让孩子事先知道你的期望，能给他们一个机会来选择自己的回应——并体验他们的选择所带来的后果。和善而坚定地坚持到底是很重要的。坚定需要行动；和善需要消除说教和贬损。

“我们这里不需要你。”他对震惊的理查德说。然后，伴随着“砰”的一声响亮的摔门声，他消失在了自己的房间里。

安妮既惊讶又尴尬，但她认识到乔纳森可能是害怕——害怕改变他们在一起的生活，害怕如果妈妈爱上了别人就不那么爱他了，害怕所有的事情都会出问题。

一天晚上，在吃完晚饭并把晚上要做的所有事情都做完之后，安妮和乔纳森一起坐了下来。“你想听一个故事吗?”她问，“这是一个关于我们家的故事。”

当这个小男孩紧紧地依偎在她身边时，安妮向坐在房间另一头的杰夫微笑了一下，并点燃了一支长蜡烛。

“这些蜡烛代表我们一家人，”她对两个儿子说，“这支长蜡烛代表我，”她指着自己刚刚点燃的蜡烛说，“这个火焰代表我的爱。”

“它很亮。”被闪烁的火焰迷住了的乔纳森说。

“是的，”妈妈赞同地说，“那是因为我有很多爱。”安妮拿起一支小一点的蜡烛，并用自己那支蜡烛的火焰点燃了它。“这支蜡烛代表你的哥哥杰夫。当他出生的时候，我给了他我全部的爱。但是，看——我的爱一点儿都没少。”

她把代表杰夫的蜡烛放在一个烛台上，并拿起一支更小一点的蜡烛。“这支蜡烛代表你，乔纳森。”

“是红色的，”小男孩高兴地说，“是我最喜欢的颜色!”

安妮笑着揉揉他的头发，并用代表她的长蜡烛点燃了代表他的红色小蜡烛。“当你出生的时候，我给了你我全部的爱。杰夫仍然拥有我全部的爱，而我的爱一点儿都没少。”蜡烛的火焰明亮地跳跃着。“看见我们在这个家里所拥有的全部明亮的爱了吗?”

然后，安妮拿起另一支长蜡烛，并用代表她自己的那支蜡烛的火焰点燃了它。“现在，我把我的爱给了理查德。”安妮指着两支仍然闪耀着火焰光芒的小蜡烛，对乔纳森说，“你仍然拥有我全部的爱，杰夫仍然拥有我全部的爱，而我的爱一点儿也没少。这就是爱。你付出的爱越多，拥有的爱就越多。我们给家里增加的每一支蜡烛，都只会给我们家带来更多的爱。理查德是一个新来的人，你们需要用一些时间才能了解他。但是，我有足够的爱给你们每个人。”

安妮和两个儿子静静地坐了一会儿，看着蜡烛的火焰，让这些话被充分理解。然后，乔纳森给了妈妈一个大大的拥抱，就离开去准备上床睡觉了。

还会有需要解决的问题，以及需要做出的调整。未来无疑会有艰难的时刻。但是，理解了妈妈有足够的爱，让乔纳森觉得不那么脆弱了，并且增加了他最终接受家里有一位新人的可能性。

面对家庭中发生的变化可能是一个复杂的过程，但这也可以是一个与你的孩子建立一种真正特殊而持久的关系，并教给他们终生拥有的理解和处理问题的技能的机会。如果这需要的时间看上去比你愿意付出的更多，要尽量保持耐心。你的孩子可能相信你是他们唯一的救生索，而且他们可能不愿意把你放开，让你回到你自己的生活或情感关系中。

要相信，随着时间的推移，你的孩子能够处理这个挑战，并且会由于在此过程中培养的技能而成为更好的人。如果你们的生活中能平衡好孩子的幸福和你自己的快乐与满足，从长远来看，你们都会更健康。要学会用你的心灵和头脑倾听，这种平衡最终就会实现。

面对家庭中发生的变化可能是一个复杂的过程，但这也可以是一个与你的孩子建立一种真正特殊而持久的关系，并教给他们终生拥有的理解和处理问题的技能的机会。

第 *15* 章

你的孩子的另一位父母：离婚之后

虽然成年人独自抚养孩子有很多原因，但绝大多数单亲父母都经历过一次离婚。这意味着，对大多数单亲父母来说，养育中的一个重要问题——而且通常是带来很大压力的问题——是如何对待自己孩子的另一位父母。

既然你们离婚了，该如何相处呢？你们如何处理探望、监护权以及自己和对方的新恋情？如果你们就是无法相互容忍，该怎么办？如果你的孩子的另一位父母从来不探望孩子、从来不打电话、不关心孩子，该怎么办？如果他或她从来不支付抚养费，该怎么办？你该怎么跟你的孩子说？

妥善对待离婚

离婚在任何人的生活中都是一个会造成很大创伤的事件。即使是对那些相信离婚是他们能为自己和自己的孩子做出的最好选择的人来说，离婚仍然是一种精神创伤。离婚不仅涉及到家庭结构的彻底改变，而且还涉及到新家、新工作、新的居住环境和新的生活。大多数离婚中的父母都意识到，当父母之间能够建立一种友好的关系、当孩子能够爱父母双方并有时间和他们在一起，并且当孩子深爱着的双亲没有公开的敌意时，孩子们就会有最好的机会完整而健康地摆脱离婚的影响。然而，大多数离婚中的父母深深地沉湎于自己的痛苦和愤怒之中，以至于他们经常忽略自己的行为会对孩子造成的影响。

那些刚离婚的父母往往在必须做出重大决定，并且自己各方面处于低谷时，试图满足自己孩子的物质和情感需求。那些在离婚的痛苦中挣扎的成年人往往遭受着抑郁和焦虑的折磨，这会让他们难以对孩子的需要做出回应——反过来，这可能造成孩子沮丧并感到害怕，他们会为了与父母连接而错误地尝试不良行为。大人和孩子都会在离婚后的一段时期感到痛苦，还有什么可奇怪的吗？

“建立一种友好的关系”听上去很好。但是，无论你离婚的原因是什么，你不可避免地出现的纷乱的情感都会让其成为不可能。“你不了解我的前妻。”一个男人咕哝着说。“我愿意尝试，”一个女人插话道，“但我的前夫会想尽办法来伤害我。”

大多数父母都爱他们的孩子，而且会担心离婚给孩子造成的影响（当他们理性思考的时候）。大多数人都知道，对缺席的那位父母公开的敌意、负面和批评的话语（即便都是事实），以及操纵性的行为和议论，对孩子都可能是灾难性的。然而，反击的诱惑有时候是不可抗拒的。很多时候，父母们感觉留住孩子的爱的唯一方法就是竞争——比另一位父母对孩子表现出更多的爱，买更多的礼物，做更多的事情。而困惑、伤心并且经常自责的孩子们，可能会成为交战的父母之间最有力的武器——以及最终的受害者。

离婚后要保持联系（无论以何种方式）

当你和一个人有了孩子时，那个人可能在若干年里都是你的生活的一部分，无论你是否喜欢。把伤心、愤怒、失望、嫉妒、内疚和后悔克服到足以与那个人继续保持一种民事关系，似乎是不可能的。是的，有太多的父母消失，不关心孩子，不支付抚养费。但是，有一些父母希望自己能参与到自己孩子的生活中，并希望自己能找到一种与前配偶友好相处的新方式。

这真的是可能的吗？离婚的父母能够共同参与他们的孩子的生活吗？他们能够出席学校的活动、高中毕业典礼或婚礼，而不必分坐在房间的两头吗？他们能讨论学校、疾病或财务安排的问题，而不像以前那样吵架吗？这些受到伤害的成年人有可能把他们的孩子放在首位吗？

或许并非总是能做到；毕竟，我们是人类，我们有我们自己的需要，而且我们确实会犯错误。但是，在离婚后建立一种工作关系是可能的，而且无论是大人还是孩子都会因此而生活得更好。

当你和一个人有了孩子时，那个人可能在若干年里都是你的生活的一部分，无论你是否喜欢。

建立一种工作伙伴关系

离婚并不是养育的终结。它标志着一种方向的改变，但仍然有机会让孩子们知道双亲都爱他们。疗愈、原谅以及以一种新形式重建一种原有的关系需要时间、成熟的时机和大量的付出——在这些事情都有可能的情况下——但不幸的是，不是所有的故事都有幸福的结局。面对伤害和过去的回忆是痛苦的，而且这种痛苦并不会像我们希望的那样很快消退。然而，我们孩子的情感健康和幸福仍然是我们努力让事情变得不同的最好理由。但是，该怎么做呢?

认为作为夫妻无法和睦相处的父母就无法作为孩子的共同父母（coparent）一起养育孩子，完全是不对的。他们能。但是，作为共同父母一起养育孩子，意味着要打破彼此相处的旧模式并学习新模式。这意味着要把你们的孩子的幸福放在首位——放在你们的痛苦、愤怒和其他情绪之前。这意味着要与对方在抚养孩子的事情上合作，无论你们对彼此有什么感觉。这意味着对你们的孩子的活动和感受要有共同的兴趣，分担照顾孩子的责任，尊重对方的权利和隐私，并且形成沟通孩子的需求和问题的方式。这还意味着要接受一个难以接受的事实——你可能无法改变你的前配偶，或者他或她选择的管理一个家庭的方式。

关于父亲们

有很多具有奉献精神的单亲爸爸，无论有监护权还是没有监护权，他们都为自己的孩子奉献了无尽的时间、精力和资源。这些父亲们在看着他们的孩子成长和发展的过程中，既分担了挫折，也分享了快乐，他们应该得到认可和鼓励。然而，统计数据告诉了我们一些发人深省的事实。所有十八岁以下的孩子中，有超过四分之一的孩子生活在单亲家庭——而这些单亲父母绝大多数都是母亲。不幸的是，统计数据还告诉我们，在所有离婚的父亲中，几乎有一半人没有定期看望自己的孩子，而且有三分之二没有支付足够的抚养费。这在经济上和情感上给孩子带来的都是灾难性的后果。

美国文化多年来一直倾向于极度轻视父亲的重要性。我们传统上把养育孩子，尤其是小孩子，看作是女人的职责。尽管这种认知正在改变，但是，换尿布、用勺子喂蔬菜泥，以及抱着一个哭泣的婴儿在地板上走来走去，仍然不被看作是男性该做的事情。

父亲们通常是在自己的孩子长得更大一些才更多地参与，但是，从一开始就连续而经常地参与到孩子的日常生活中是很重要的。父亲们在孩子的情感、精神和智力的发展中起着至关重要的作用，而且父亲的缺失会造成一种空缺。

孩子需要他们的母亲吗？绝对需要。继父和亲如家人的朋友能够帮助填补空缺并提供一个积极的男性行为榜样吗？当然能。然而，最重要的一点仍然没变：没有人能真正取代一个孩子的父亲。而且，即使一个小孩子、一个十几岁的孩子、一个年轻的成年人多年没有见过自己的父亲，但那种对父亲的渴望可能依然存在。有时候，一种被背叛和遗弃的感觉也会依然存在，而这可能会严重损害一个孩子对自己结婚和生儿育女的信任和意愿。

如果你是一位父亲，你在你的孩子的生活中有着至关重要的作用——而且，除了你，没有人能发挥这种特殊的作用。如果你已经从你的孩子的生活中消失了，现在开始出现也不晚。是的，你也许会遇到孩子母亲的抵制，或许还有你的孩子的抵制。花时间学习有效的沟通技巧和正面管教养育的原则，将有助于你做出回应。还有越来越多的为单亲父母提供支持的团体和网站。如果你需要，就要请求帮助；要愿意保持耐心。但是，可能再也不会有比现在开始更好的时机了。

没有监护权的父母

在一个理想的世界里，孩子们应该享受双亲积极的爱和投入。如果你是一位没有监护权的父母，你可能很难经常参与到你的孩子的生活中。如果你住得比较远，你与你的孩子的联系可能会局限于暑假和节假日的偶然探望。那些没有监护权的父母经常说，由于不是每天都生活在一起，他们失去了家庭的连接感。与孩子在一起的时间和情感连接是密切相关的；没有监护权的父母有时候不支付孩子的抚养费的一个原因，就是他们可能不再能够感觉到与偶尔才能见面的孩子们之间的情感连接了。没有监护权的父母（尤其是母亲们）有时候会相信，这个社会因为他们没有和自己的孩子在一起而看不起他们；他们可能会感到羞愧并需要戒备，这不是一种促进亲近和理解的氛围。

然而，当父母双方都与孩子保持联系和参与时，孩子会获益，而且有许多能在孩子的生活中发挥重要作用的方法。定期打电话是保持联系的一个好方法。信和贺卡能够被保存下来，反复阅读并珍藏。甚至传真机和电子邮件也能派上用场。一个父亲送给他的孩子们一台传真机作为圣诞礼物，而且无论他在哪里，都会定期给孩子发便条、素描、漫画和消息。

> 如果你是一位父亲，你在你的孩子的生活中有着至关重要的作用——而且，除了你，没有人能发挥这种特殊的作用。

如果你旅行时没有带你的孩子，或者你住在离他们很远的地方，寄一个装满贝壳、叶子、小石头或者从你游览的地方购买的小纪念品的“宝盒”，就能够让孩子知道你的心里始终

与孩子保持联系：给没有监护权的父母的建议

- 定期打电话。即使你们住在同一个镇上，打一个简短的电话说晚安，并听听一天中发生的事情，都有助于你和你的孩子感觉到情感连接。如果与你的前配偶联系有问题，要安排一个特定的时间打电话，并要求允许你的孩子接电话。
- 记住假日、生日和特殊事件。如果你不能到场，要寄贺卡、发电子邮件或传真。
- 来回传递一个复式日志本，以便记录事件、想法和感受。
- 与你的孩子聊聊你自己。要花时间告诉孩子你的个人经历、爱好和技能。
- 当你与你的孩子们在一起时，要召开家庭会议并运用正面管教养育技能来建立信任和亲密关系。绝对不要将你和孩子在一起的时间用来操纵他们的行为；例如，不要说："如果你不守规矩，我下个周末就不接你了。"
- 要有信心。即便在你不能一直和孩子们在一起时，他们也会感觉到你的心态，并感觉到你的爱的能量。

想着他们并与他们很贴心。要尝试来回传递一个复式日志本，把你的活动和想法记录下来，并给你的孩子留出记录他们的活动和想法的空间。任何能让你们保持相互了解和联系的事情都是非常值得努力的。

当你没有你的孩子们的监护权时，有时很难感觉到自己是一位父母。当你与孩子们在一起的时间有限时，有时候他们的感受和行为可能更难处理；而且，你可能会感觉和孩子偶尔共度的一个周末几乎不值得付出努力。如果你们在一起的时间不太多，就要努力提高你们在一起的时间的质量。要做一些简单的事情，但要一起做。要和孩子聊聊你自己；要把你的技能教给他们，让他们参与到你的爱好和兴趣中，让他们看到你是什么样的人以及你在做什么，并且要让他们成为你的生活的一部分。最好的解决方法可能是最难找到的：在连续性和一致性、爱和关注之间保持平衡。

要尽量以积极的心态结束每一次探望。孩子们往往害怕如果他们做出不良行为，没有监护权的父母就不想再见他们了，而且，父母有时会用这种威胁来刺激孩子行为得体。如果你们在孩子离开之前解决了所有分歧，你的孩子就不太可能感觉被拒绝。让家庭会议成为你们在一起共同度过的时间的一部分可能会有帮助。

如果有可能，要尽量在养育你们的孩子的事情上与你的孩子的另一位父母共同合作。要表现出你对选择儿童看护、学校活动、宗教教育有兴趣。要说出你的观点，而不要批评你的前配偶的观点。你或许可以试试把这本书给对方、参加同样的养育班（或许是在不同的时间!），或找出其他方法来为你们挚爱的孩子创造一个一致的环境。

即便在非常艰难的时候，你也要努力记住，你的孩子天生是有双亲的，而你是其中之一，对于孩子来说是不可替代的。孩子们能够感觉到真诚的爱和关怀的能量，并且会知道即便你不能花很多时间和他们在一起，你对他们也是全身心投入的。无论对于母亲还是父亲来说，在离婚后继续参与孩子的生活可能是困难的，甚至是痛苦的，然而，这可能是你给你的孩子的

即便在非常艰难的时候，你也要努力记住，你的孩子天生是有双亲的，而你是其中之一，对于孩子来说是不可替代的。

最伟大的礼物。

离婚是怎么影响孩子的？

大多数离婚的父母都听说过那些孩子们的可怕的故事——他们因为父母离婚而受到了极大的伤害，以至于永远无法发展自信、自尊或他们自己的健康的两性关系。最近，有几个州已经考虑立法，来终止无过错离婚[①]，其理由是，当离婚中的两个成年人不再为谁应该承担婚姻终结的责任而争吵时，他们往往会把孩子的抚养、监护权和探望变成战场——这对孩子会造成严重的后果。父母们有可能在不伤害自己的孩子——以及彼此——的情况下结束婚姻吗？

最近，内布拉斯加州立大学的一项研究发现，孩子们的调整以及他们的情感健康更多地取决于其父母之间冲突的激烈程度、有监护权的父母的养育技能、没有监护权父母的参与、经济困难的程度以及生活压力的变化，而不是取决于离婚本身。好消息是，所有这些关键因素都是那些全身心地关爱孩子的父母在某种程度上可以做到的。

离婚确实会影响孩子。然而，如果父母们注意自己的言辞和态度，在需要的时候得到帮助，并考虑到他们的行为对自己孩子

---

① 无过错离婚（No - fault Divorce）是指要求离婚的一方配偶无需证明对方存有过错，而只需简单说明夫妻双方无法继续共同生活便可获取法庭的离婚判决。1969 年，美国加州（California）成为美国（乃至西方世界）第一个适用无过错离婚的州，在此之前，离婚的唯一方式是证明对方存有过错或因对方的不当行为而导致婚姻完全破裂。一般情况下，准予无过错离婚的理由通常为：无法相处（Incompatibility）、无法协调的差异（Irreconcilable Differences），或婚姻完全破裂（Irremediable Breakdown Of The Marriage）。——译者注

理解离婚对孩子的影响

- 孩子对于离婚的感受与父母的完全不同。
- 离婚对不同年龄孩子有不同的影响。
- 有效的沟通技巧将帮助你进入孩子的内心世界，并理解他的感受和担忧。

的影响，伤害就会降到最低。尽管父母离婚的孩子们能够而且确实有人成长为了有能力、自信、幸福的人，但是，对于父母们来说，记住以下这几件事情是有帮助的。

孩子对于离婚的感受与父母的完全不同。孩子们把他们的整个世界都建立在自己的家庭结构之上。当这个结构坍塌时，孩子的世界就暂时失去了支撑。孩子们对于时间的观念与大人的不同，他们不理解这些混乱是暂时的。他们知道的是他们依赖这个家庭，而这个家现在已经土崩瓦解了。

孩子们常常会感到无助。他们无法阻止离婚、摆脱困境或者解救妈妈或爸爸。没有一个人把他们的愿望、担忧和恐惧放在首位。孩子们可能有强烈的孤独感。离婚是一种极为痛苦、难以忘记的经历，孩子们可能要长期忍受自己在这个世界上很孤独这种不安的感觉。

离婚对不同年龄孩子有不同的影响。安东尼·E. 沃尔夫博士[①]发现，孩子们要努力解决各种各样的问题，这取决于孩子自身的发展阶段。当孩子小于两岁时，父母的离婚似乎会影响他们的信任感和依恋。从两岁到五岁，他们遭受的最大痛苦来自于与

---

① 安东尼·E. 沃尔夫博士（Dr. Anthony E. Wolf），养育专家、儿童行为专家、临床心理学博士，著有包括“Why Did You Have to Get a Divorce——and When Can I Get a Hamster?” *A Guide to Parenting Through Divorce* 在内的若干著作。——译者注

变化和失去有关的压力。

到六岁时，孩子已经足够大，他们会担心，并且常常为自己将住在哪里、会发生什么事情，以及他们将如何处理自己冲突的忠诚感而感到焦虑。当十几岁孩子的父母离婚时，他们既想独立又渴望连接的复杂需要会遭到破坏，这可能会恶化他们对父母双方的叛逆和冲突。

有效的沟通技巧将帮助你进入孩子的内心世界，并理解孩子的感受和担忧。大多数父母都难以接受一个事实：他们无法保证自己的孩子不感到痛苦，也没有神奇的话语和做法能消除这种痛苦。如果你既能克制住责怪你的前配偶，又能克制住为自己辩解，而只是倾听，你的内在智慧和对孩子的爱会让你知道如何去帮助孩子。避免陷入离婚后的养育陷阱，并与你的孩子的另一位父母建立一种尊重的共同的养育关系（如果有可能的话）也会有帮助。

缺席的父母

问：当我怀第二个孩子 3 个月的时候，我的丈夫就离开了我。我们的大女儿那时刚三岁，所以不记得她的父亲。他们的父亲从来没出现过；事实上，我已经好几年没有听到他的消息了。现在，两个孩子都上小学了，而且一直问关于他们的父亲的各种问题。我想他们感到很沮丧，因为他们没有爸爸，而他们的朋友都有。我怎样才能帮助他们处理这个问题呢？

答：因为孩子在出生后头几年的大部分时间里都是以自我为中心的（把自己看作他们的世界的中心），他们有时候相信一位父母之所以不见了，在某种程度上是他们的过错。孩子还是天才的观察者，但却是糟糕的解释者；他们能看到别的孩子有爸爸，只会奇怪为什么他们没有。

那些在其他情况下很管用的技能，在这里也能帮助你。要运用积极的倾听来了解你的孩子的感受，并认可那些感受。要运用情感诚实，把你与他们的父亲之间发生的事实简单地告诉他们。要保持“可以问问题”的态度；要让他们知道想知道更多没关系。要尽你的最大努力，不要把他们的感受和渴望看作是针对你个人的；他们因不了解爸爸而感到的悲伤，并不意味着他们不爱你、不感激你。而且，要相信你的孩子处理这个挑战的能力。有效的父母不是努力保护自己的孩子免于所有的痛苦，而是帮助他们学会处理痛苦。

孩子对一位不在的父母表现出好奇心是很正常的。他可能会因为那个父母的消失而感到愤怒。而且，他需要理解，那位父母不是因为他是个“坏孩子”而离开的。他可能会将自己不了解的那位父母理想化。想象有时似乎会比现实好得多。

鼓励、大量地倾听以及诚实地对待你的家庭与“正常”家庭的传统画像之间的不同之处，将帮助你的孩子理解这个有时令人困惑并失望的世界。而且，是的，一位全身心地爱他们的父母真的就足够了。

避免落入离婚后的养育陷阱

没有人能确切地告诉你如何与你的孩子的另一位父母建立一种工作伙伴关系；这需要反复试验、努力和全力以赴。然而，有几个陷阱是要注意并避免的。

避免落入离婚后的养育陷阱

- 尊重你的孩子爱另一位父母并与其在一起的需要。
- 抑制住利用你的孩子当间谍的诱惑。
- 要接受你无法控制你的孩子的另一位父母。
- 不要通过批评你的前配偶或解救你的孩子而让孩子操纵你。

尊重你的孩子爱另一位父母并与其在一起的需要。孩子们是令人惊异的。他们有能力清楚地看到自己父母的错误和缺点，然而无论如何都会爱父母。比如，他们可能知道爸爸经常不遵守承诺，或者妈妈很古怪而且不可靠。然而，他们还知道父母是他们自身的一部分，攻击你的孩子的另一位父母或干涉他们彼此之间的关系，会让孩子伤心——并且可能会损害他对你的尊重。大多数孩子都想继续爱父母双方，无论父母对彼此有什么看法——而且尽管父母常常忽视他们、不遵守承诺并且经常犯错误。

父母在离婚后的一段时间可能没有安全感并且很脆弱，而且，可能很容易通过贬低另一位父母或通过占有和控制来影响一个孩子的忠诚。记住这一点会有帮助：你的孩子想见另一位父母并花时间和他或她在一起，并不意味着你的孩子在背叛你或者不爱你。孩子们通常会发现，爱几个成年人要比被迫在两个成年人中做选择容易得多。

当现实情况要求我们放弃与自己的孩子待在一起的时间时，即使是一个周末，我们的感情也很容易受到伤害。不幸的是，孩子们最终往往会与爸爸在一起时害怕爱妈妈，而与妈妈在一起时害怕爱爸爸，害怕让任何一位父母知道自己喜欢与另外一位在一起。生活变成了一种努力让父母双方都高兴并且有安全感的平衡行为——而最终的输家将是孩子。

有时候，一位想参与孩子生活的无监护权的父母也会被一位没有安全感的有监护权的父母拒之门外。不仅孩子失去了与两位主动的父母一起生活的机会，而且有监护权的父母也可能会失去支持、帮助和建议的一个宝贵来源。

有时候，没有监护权的父母会通过每次与孩子在一起时做一名“好”父母、给孩子提供特殊的款待和出游来争取孩子对自己的忠诚。这既会给需要秩序和日常惯例的孩子的生活造成困难，又会给可能怨恨自己承担的日常管教责任的有监护权的父母的生活造成困难。（最终，也会给那位“好”父母的生活造成困难，因为孩子们会学会总是期待特殊款待。）

要记住，孩子们想让自己的父母在一起是很正常的——而且，他们有时会试图策划一场和解。尽管这些努力可能会让你感到沮丧和尴尬，但是，你可以以同情和理解认可你的孩子的感受，同时仍然诚实地对待你的情况。（见第 4 章）

抵制住利用你的孩子当间谍的诱惑。很难对另一位父母家里发生的事情不感到好奇。比如，当前配偶开始一段新恋情的时候，你可能会发现自己感到伤心、痛苦、愤怒或被抛弃。一想到你的前配偶正在那里与新欢享受爱情和浪漫，就像你鞋里有一粒沙子一样——不断刺激着你。

当我们意识到自己的孩子确切地知道前配偶家里发生的事情，而我们需要做的只是问一个小问题时，诱惑就来了。

一天早上，埃迪从他妈妈家回到了家里，说他和妈妈与妈妈的新男友杰瑞度过了一个美妙的夜晚。

“我们出去吃了比萨，”埃迪说，“然后我们一起玩了一个游戏。”接着，他又天真地补充说：“然后杰瑞在我们那儿过了一夜。”爸爸既伤心又嫉妒，还有一点生气，他说：“哦，是吗？那他在哪里睡的？”

埃迪如何回答并不重要。正如我们提到过的，孩子们拥有探测自己父母的感受和动机的令人难以置信的敏感天线，而且到爸爸提出问题的时候，埃迪已经在权衡他的回答的后果——并且内心在局促不安。他能避免背叛妈妈，同时又满足爸爸的好奇心的唯一方法，就是说谎，或者说：“我不知道。”

那些夹在父母双亲之间的孩子，忍受着对父母相互冲突的忠诚，他们要爱父母双方，想要保护伤心的那个父母，想要避免父母的冲突。即使两个前配偶之间的关系是友好的，两个家里的生活也无可避免地会存在差异，而知道我们的孩子能够成为“内部信息”的来源，本身就是一种危险的诱惑。

但是，将我们的孩子当作间谍是一件很危险的事情。大多数孩子都想自由地爱着双亲并完全地参与到两个家庭中——拥有两个家。被妈妈当作对付爸爸的一个武器，或者被爸爸当作妈妈家里的一个间谍，会让孩子痛苦和不安，而孩子往往会求助于把被分成两半的家庭尽可能地区分开，因为害怕造成伤害或愤怒而不与一位父母谈论另一位父母的事情。而且，无论“不谈论”的规则因何而起，在情感上都是灾难性的。

单亲父母应该怎么做呢？或许，最好的办法就是拥有你自己的“天线”，变得能够知道并聆听你的孩子的感受，并且愿意尊重地对待这些感受。当你能够理解整个情形以及相关的每个人的感受时，你们至少能够一起谈一谈——并且有可能达成一种理解，使得疗愈开始发生。

一天下午，贝丝开车接她的儿子马克放学回家。马克的父亲刚告诉她，他打算圣诞节的时候带马克一起去亚利桑那州看望他的新女朋友和她的孩子们。距离圣诞节只有一个月了，但马克还没有对他的妈妈提及这次旅行，而贝丝的直觉告诉她，她需要帮助他谈论这件事。尽管贝丝完全不确定当唯一的儿

大多数孩子都想自由地爱着双亲并完全地参与到两个家庭中——拥有两个家。

子与他父亲在一起的时候，她一个人是否会开心地过圣诞节，但她知道自己必须让马克感觉去旅行并享受与爸爸在一起的时光是安全的。

“你或许会与爸爸和卡罗尔过一个很好的圣诞节。”当他们驶离学校时，贝丝以交谈的语气说。马克转头看着她，满脸的震惊。“你知道这件事？”他问。正如贝丝看到的那样，他的肩膀明显如释重负地松弛了下来。

贝丝的内在智慧给了她需要用来理解马克的反应的线索。“你害怕告诉我这次旅行，是因为你害怕这会伤害我的感情吗？”她问道。马克点了点头，仍然不好意思说太多。

然后，贝丝能解释她的感受了。“如果你最好的朋友突然有了一位新朋友，而且再也不想和你一起玩了，你会有什么感受？”马克立刻就知道了答案。“我会感觉很难过。”他简单地说。

“嗯，”贝丝继续平静地说，“我对你爸爸不再想和我在一起仍然感到有点伤心。但是，我知道你爱他并且真的喜欢卡罗尔，而且你期待着这次旅行。我希望你快乐，小伙子。”

虽然需要些时间，但马克开始认识到，他的妈妈能够接受他的感受，即使她自己的感受不一样。渐渐地，他开始自由地谈论他的另一个家和新的家庭。对贝丝来说，听这些并不总是很容易，但她真的很高兴马克感到跟她说实话很愉快，而且他不再感到他必须对她隐瞒自己的一部分生活。一旦她能看到他很满足并且在茁壮成长，她就知道在另外一个家里没有什么需要她担心的——并且不需要用马克当一个间谍了。

认真关注——而不是刺探——你的孩子给出的那些语言和非语言的线索，还会告诉你什么时候确实需要知道另一位父母的家里发生的事情，而且如果出现这种情况，你将能够处理。建立一种真诚的爱和亲密的关系，并保持沟通渠道的畅通，是确保你的孩子良好成长的最好方法。

要接受你无法控制你的孩子的另一位父母。星期六早上，苏珊的两个女儿早早地就起床并且打扮好了。他们的爸爸要来陪她们一天。她们几乎没怎么看星期六早上的卡通片——她们的耳朵随时听着门铃，而且她们经常站起来往下看街上的情况。苏珊无助地看着时钟滴答作响，卡通片结束了，午餐时间到了又过了。她看着两个女儿的笑容和兴奋逐渐褪去，看着她们的头垂了下来。她不知道该对她们说什么，所以她就忙忙碌碌地做着家务，偶尔停下来拍拍她们的头或抱抱她们，在心里对她们的父亲发着火。

到了下午三点左右，两个女儿的爸爸罗伯特终于来了，看上去非常内疚。苏珊满脑子还是两个女儿的失望，门一打开，她就抨击了他。

“你去哪里了？”她喊道，“难道你不知道两个女儿在等你吗？你为什么不打个电话？你总是这样！如果你不能遵守你给孩子的承诺，也许你就不应该再来探望。”

“我答应了带我女朋友和她的孩子一起吃午饭。我把这件事忘得一干二净。别唠叨我了！”罗伯特感到要为自己辩解并感到很羞愧，他把这种感受隐藏在了愤怒之下，像苏珊一样大声喊叫着。在父母当着两个女孩的面争吵时，她们站在那里看着自己的鞋子、摆弄着自己的衣服，默默地希望自己能够逃到一个远离这种喊叫和失望的地方。

> 认真关注——而不是刺探——你的孩子给出的那些语言和非语言的线索，还会告诉你什么时候确实需要知道另一位父母的家里发生的事情，而且如果出现这种情况，你将能够处理。

婚姻中的夫妻对于养育孩子有时也会有分歧，或对养育有不同的看法。但是，当夫妻离婚后，这些分歧不知怎么似乎就被放大了。人们很难不想控制另一位父母的家里发生的事情，或强迫另一位父母在某种程度上做出改变。而且，很难接受几乎不可能做出这种改变的现实。

“但是，我的前妻太娇纵孩子——她把孩子们都宠坏了。”一位爸爸可能会说。“我的孩子们的爸爸太严厉。我讨厌把他们送到那儿，因为他对他们太苛刻了。”一位妈妈回应道。“我的前夫从来不见孩子。”“我的孩子们的妈妈只关心她的男朋友。”“他的家里像个猪圈。”“她让他们看电视太多了。”有什么方法解决所有这些差异吗?

苏珊可能会以两个女儿的失望为自己的发怒辩护。然而，她的反应可能对女儿造成了同样的伤害。罗伯特可能犯了一个无心之过，但他没有考虑两个女儿的感受确实是很粗心。无论哪一种情况，他们都不太可能改变对方，尤其是通过叫喊和争吵的方式——而且，两个孩子是真正遭受痛苦的人。

有效的沟通会有很大的帮助。然而，一位单亲父母唯一能控制的是他自己的生活。试图操纵另一位父母或迫使其改变态度和方法，只可能造成怨恨和愤怒——让夹在中间的孩子很难办。

对于一个孩子来说，应对由一位不负责任的父母造成的失望无疑是痛苦的。然而，我们所有人都必须学会处理失望并接受现实，而且，你可以通过专注于孩子们的感受而不是另一位父母的失职来帮助他们。要努力使你自己的家成为一个安全而健康的地方。必要时，要和你的孩子谈谈——不要责备对方——为什么你做事的方式与他们的另一位父母不同。当出现冲突和失望时，要认可孩子们的感受并解释你自己的感受。有时候，家庭会议可以帮助你们找到一个问题的解决方案。

一位单亲父母唯一能控制的是他自己的生活。试图操纵另一位父母或迫使其改变态度和方法，只可能造成怨恨和愤怒——让夹在中间的孩子很难办。

不要通过批评你的前配偶或解救你的孩子而让孩子操纵你。佩吉正准备洗澡，电话铃响了。“妈妈？”一个很小的声音说，“妈妈，我想你。我不想待在爸爸的家里。请你来接我！”

佩吉能听出6岁的保罗说话带着哭音，而且，他的低语告诉她，他的爸爸不知道他在打电话。佩吉缓缓地深吸了一口气，并忍住了立即开车去前夫家的几乎无法抗拒的冲动。“宝贝，”她饱含着所有的爱意说，“发生什么事了？”

这时，保罗哭了出来。“我就是不想在这儿了。我需要你！妈妈，别让我待在这儿了。”

佩吉搜寻着合适的措辞。“保罗，宝贝儿，我知道你很伤心。我能听出来这对你有多难。我也想你。我正在通过电话给你一个大大的拥抱——你能感觉到吗？”

电话的另一端传来一阵压抑的抽噎声。“嗯。”他说。然后，佩吉问：“保罗，你爸爸在哪儿？你能让他接我的电话吗？”

等到她的前夫接过电话的时候，佩吉已经恢复了镇静。“本，保罗刚刚给我打电话了。他非常不安而且非常孤独。我想，如果你坐下来和他谈谈会有帮助。”佩吉听到本深吸了一口气；然后，他感谢她打电话过来，并提议让保罗第二天早上给她打电话。

佩吉挂断电话，感到自己既凄凉又孤独，但她相信自己做得对。尽管她有时很生本的气，但她知道他是一个认真对待父亲这个角色的尽职尽责的好爸爸。她希望他们的儿子对父母双方都感觉很亲密——而且她不想让保罗知道他能让一位父母对抗另一位，即便是以真诚的感受。随着时间的推移，他的父母做出的合作而不是为了得到他的爱而争斗的决定，会让保罗爱并尊重他们双方。

> 当父母能为自己的感受和行为承担起责任、把孩子们的需要放在首位，并且努力建立一种相互尊重的共同养育的关系——即便不再可能是一种爱的关系——孩子们就能茁壮成长。

想要干预孩子与其另一位父

母的关系，是很有诱惑力的——有时其诱惑是难以抗拒的。孩子们通常不知道自己需要什么；在另一些时候，他们的父母互相攻击的欲望会加剧孩子们已经分裂了的忠诚，并且让他们有可能操纵一些情形——以及他们的父母。管住你的嘴、克制住对另一位父母的批评和攻击是很难的。但是，鼓励对双亲的尊重和亲密（在没有实际的虐待或忽视的情况下），从长远来看只会对你和你的孩子有益。

期待离婚的成年人永远不争吵、不说不友好的话或不把孩子们夹在中间，或许是不现实的。疗愈并适应变化是需要时间的，而且正如我们经常说的那样，我们所有人都会犯错误。然而，当父母能为自己的感受和行为承担起责任、把孩子们的需要放在首位，并且努力建立一种相互尊重的共同养育的关系——即便不再可能是一种爱的关系——孩子们就能茁壮成长。

第 16 章

建立一种尊重的共同养育关系

正如我们在上一章看到的那样，前配偶们是能够合作的，但没有人说过这种合作会很容易。法律上的离婚是不够的——在你能真正改变与你的前配偶相处的旧模式，并且开始建立一种共同养育的工作关系之前，“情感上的离婚”是必要的。不幸的是，情感上的离婚——包括从离婚的创伤中痊愈和康复——可能需要时间。学会滋养并照顾你自己，将有助于你们从亲密关系变成一种合作养育关系（见第 13 章）——但是，这个过程很少会没有痛苦。

经历着离婚的悲伤的成年人，与失去伴侣的丧偶的成年人是一样的。有时候，当你应对着内疚感或被抛弃感，而“失去”的那个人仍然在那里时，这个悲伤的过程似乎会持续更长时间。你必须学会处理与他或她见面，放下你对一个“完整”家庭的幻想，而且如果你们有孩子的话，要找到一种经常接触又不会不停地痛苦和生气的方法。

疗愈需要时间

在情感疗愈的过程中，有一些事件可能会引起旧伤复发。诸如签署离婚协议、最终办完离婚手续、独自庆祝节假日，或者看到前配偶再婚、买新房子或新生了一个小宝宝之类的事情，无论对你还是对你的孩子们来说，都会导致再次揭开旧伤疤。疗愈是分阶段发生的，但是，每完成一个阶段，你离真正的完全治愈就会更近一些。

屋子里静悄悄的，芭芭拉洗完脸准备睡觉。她打开窗户，让清凉的晚风吹进来，然后检查了房门，最后走进10岁的艾比的房间去给她盖被子。然而，当芭芭拉走到床边时，压抑的抽泣声让她知道了她的女儿根本没有睡着。

“怎么了，艾比?”芭芭拉轻声问道，并坐在了女儿的床边，轻抚着女儿的头发，“我以为你睡着了。我们需要拥抱一下，并且谈谈吗?”

“哦，妈妈，”艾比叹了一口气，并且坐了起来，“我想和你谈谈，但我不知道该怎么说。”

“嗯，宝贝，”芭芭拉回答说，“不管是什么事情，我都愿意帮助你。你为什么不直接告诉我发生了什么事呢?”

> 法律上的离婚是不够的——在你能真正改变与你的前配偶相处的旧模式，并且开始建立一种共同养育的工作关系之前，“情感上的离婚”是必要的。

一段长时间的沉默。芭芭拉能感觉到女儿正在鼓起勇气。终于，她说话了。

“爸爸要和琼结婚了，妈妈。下个月。我要和琼的女儿凯茜一起当花童，而且我们会陪他们一起去度蜜月并做每一件事。我的意思是，婚礼会很好玩，而且我为爸爸感到高兴。我真的非常喜欢琼和凯茜，而且我一直想要一个妹妹。我们将有一个新家，而且凯茜和我将有我们自己的房间。但是，妈妈，现在再也不会只有爸爸和我了——别人始终会在那里。所有的事情都会改变。而且，如果我想花更多的时间与爸爸和琼在一起，你就只有你自己了，我讨厌这样。也许你也应该结婚。哦，妈妈！”艾比把头靠在妈妈的肩膀上，抑制不住地又抽泣起来。

芭芭拉震惊了。她不知道该怎么回答。她很高兴丹找到了像琼这样体贴和值得尊重的人。而且，她一方面真的为他们高兴，但另一方面，她感觉好像肚子被用力地踢了一脚。她深深地吸了一口气。离婚并非她的选择，而且她已经花了很长时间适应独自生活。

“妈妈？”艾比问，“你还好吧？”

芭芭拉晃了晃身体，让自己回到了现实中，看着女儿的脸。“是的，我很好。只是想到你爸爸要和别人结婚，让我感觉很古怪——我猜还是有点儿伤心。这让我很吃惊。我知道你爸爸和琼早晚会结婚，而且我认为我不会介意。但是，我知道你真的很喜欢琼和凯茜，而且她们一直对你很好。如果你决定要开始在你爸爸的家里待更长时间，你知道我会想念你，但我确信我们能处理好这件事。”

“至于留下我一个人，艾比，”芭芭拉接着说，并紧紧地拥抱了女儿一下，“我感谢你的爱和关心，但是，照顾我自己是我的事情，不是你的。你永远都是我宝贝的小姑娘，无论你在哪儿。而且，你知道，我真的很喜欢现在的生活。我有一些好朋友，而且我热爱我的工作。我有一天会结婚，但不会很快。我很好，亲爱的。”芭芭拉平静地说，“现在，你最好睡一会儿。感觉好些了吗？”

艾比用一个苍白的微笑和一个拥抱回答了妈妈，然后钻进了被窝。那天晚上，芭芭拉躺在床上久久不能入睡，她思考着、回忆着，而且流下了眼泪。她认识到，看到丹再婚以及艾比成为一个没有她的位置的家庭的一员，比她曾经以为的要难。她知道，她将听到很多关于婚礼的消息，而且她可能不得不帮助女儿准备花童的礼服，这可能是她不太喜欢的。

但是，芭芭拉还认识到，正像她已经适应了丹的离去一样，她也会适应他的再婚。而且，她对艾比说的是实话：她确实很喜欢她现在的生活，而她一年前甚至完全不相信有这种可能。

“我会做到的，”她在睡着前告诉自己，“情况会有些不一样，我可能不得不咬紧牙关，但我会做到的。”

尽管很痛苦，但芭芭拉能接受前夫再婚，意味着她最终很有可能与他建立一种不同类型的关系，一种作为工作伙伴养育他们的女儿的关系。他们的旧关系会缓慢但坚定地转变成某种新关系，某种最终会帮助他们的家庭疗愈和改变的关系。

“旧”家庭怎么办？

学会新的模式和新的回应方式可能需要花一些时间。前伴侣们有时困惑地发现，自己会纯粹出于习惯称呼彼此为“宝贝”或“亲爱的”，而且其他习惯可能也会继续存在。“旧”家庭的其他成员——祖父母或外祖父母、姑姑（姨）、叔叔（舅舅）、表亲——也在努力适应婚变，而且想知道他们怎么才能适应这种新的安排。家庭成员有时候会偏袒一方，而且离婚的父母可能会切断孩子与前配偶家人之间的联系。

虽然可能会很难——毕竟，被排除在“家庭”活动之外会让人很伤心——但是，要努力记住，你的孩子可能仍然认为自己是“旧”家庭的一员，并且仍然会想和奶奶（外婆）和爷爷（外公）、凯特阿姨和比尔叔叔见面。

另外，那些大家庭的成员可能会为你提供宝贵的支持和安慰，尤其是当每个人都开始疗愈的时候。祖父母或外祖父母和其他家庭成员能够成为孩子与他们的过去的一个重要纽带，并且能在其他一切事情似乎都被动摇时，提供一种持久感和连贯感。努力保持这些关系的活力和稳固可能是非常值得的。

有效地沟通

或许，为了在离婚后建立一种工作关系，前配偶们所能做的最积极的一件事就是学会有效的沟通。你可以选择平静地沟通，即使你的前配偶不这么做。情感诚实（见第 4 章）并不需要两个人都有这方面的专长——一个人就足够了。你可以说出你的想法、你的感受以及你想要什么。关键是不要期望你的前配偶与你有相同的想法、相同的感受，或者能给你想要的。诚实地表达你自己，是健康的自尊和健康的关系的一个重要关键。下一步就是决定你怎么做（并且要坚持到底），即便在你无法控制别人怎么做的时候。

> 祖父母或外祖父母和其他家庭成员能够成为孩子与他们的过去的一个重要纽带，并且能在其他一切事情似乎都被动摇时，提供一种持久感和连贯感。

一些离婚的父母们发现，把他们的新关系看作是在养育孩子这件事上的一种搭档关系是有帮助的。你们有可能解决探望孩子的细节，并且共享体育活动、学校、生病和特殊事件的信息，而不涉及与婚姻的终结相关的情感问题。

想一想你在职场的那些人际关系。你可能并不爱与你一起工作的每一个人——事实上，你甚至可能不喜欢一些同事。然而，大多数人都明白个人的感情会使工作关系复杂化，并且都能够选择尊重对方并做到最起码的礼貌。你与你的前配偶的关系也能按照这种方式运转。要控制好你的情绪，把约定的事情坚持到底，并将精力集中于把事情完成。

前配偶们可以学会接纳和体谅彼此的感受，并避免做出那些自己知道会导致冲突的行为。他们可以聊聊养育理念；甚至可以像我们建议的那样，一起参加养育课程，以便形成相似的养育方法。得到一位好的心理咨询师或调解人的帮助，有时候是有益的——甚至是必要的。孩子应当得到了解并爱父母双方的机会——而且，父母有责任使之成为可能。当你的前配偶拒绝一种互相尊重的关系时，如果你和你的孩子都不认为这是针对你们的，会很有帮助。要认识到，你的前配偶的选择是他或她的选择，与你无关。如果你不报复，你将会让你和你的孩子免于很多痛苦和悲伤。

> 你可以说出你的想法、你的感受以及你想要什么。关键是不要期望你的前配偶与你有相同的想法、相同的感受，或者能给你想要的。

我们从哪里开始？走向共同养育

在埃索利娜·里奇的杰出著作《妈妈的房子，爸爸的房子：为你的孩子建造两个家》中，她建议将离婚作为一个家庭的重组而不是破坏，其目标是成为“两个没有战斗的家庭”。这是个好建议——但有时候说起来容易做起来难。父母们在能够开始建立一种新型的关系之前，必须先处理法律上的分手这一挑战。不幸的是，离婚的程序和法律事务往往会造成强烈的情感——和大量的混乱。

抚养费和探望的法律问题超出了本书的讨论范围；然而，这里列出的几个与之有关的一般性事实可能会有帮助。很多司法管辖区现在要求离婚中的成年人去参加一些有关他们的决定如何影响他们的孩子的课程。很多司法管辖区还鼓励父母商定一个“养育计划”——一份明确说明每位父母的责任和权利的文件。我们鼓励离婚中的父母考虑这个主意；有一个一致同意的框架能让每个人省去很多冲突和悲伤。

尽管有些父母选择自己写一份这样的文件，但另一些父母发现，没有专业人员的帮助是不可能的。你的内在智慧会告诉你该怎么做。大多数人发现法律制度和离婚的术语令人生畏（甚至令人沮丧)；如果你觉得自己需要，不要害怕寻求帮助。

法律一般会声明父母们不得被强制探望他们的孩子，但是，他们确实有法律义务提供抚养费。如果你没有收到你的孩子应得的抚养费，你就应该尽一切努力让你的离婚判决书中的抚养费条款得以强制执行或修改；这既符合你自己的最大利益，也符合你的孩子的最大利益。强制执行孩子抚养费条款花费最少的办法，是通过存放抚养费支付令档案的地区检察官办公室。

法律还承认，持续而经常地与父母双方接触对孩子最好。只有在有证据证明探望会给孩子造成实际伤害时，法院才会限制一方父母的探望权。如果你与孩子的另一位父母在监护权、抚养费或探望方面存在严重的分歧，一个可能的解决方法是由一个客观的第三方进行调解。离婚调解现在是一个得到认可的专业；你们当地的家庭法法庭可以给你推荐一些你们社区里训练有素的调解员。

什么是养育计划?
要考虑的问题

在离婚的司法程序进行到某个时刻时，你应该考虑以下问题，并努力与你的孩子的另一位父母达成协议：

- 探望的安排（过夜、周中探视、暑假探望、节假日和特殊事件探望）
- 监护权：法定监护权和（或）生活监护权
- 责任：谁将做出哪些决定?
- 教育、大学和花费
- 医疗保健、牙齿保健和保险
- 心理健康保健
- 其他保险：人寿保险或汽车保险（针对十几岁的孩子）
- 儿童看护（确保要包括接送孩子的说明）
- 宗教教育
- 养育教育
- 与大家庭的联系（探望祖父母、外祖父母和其他家庭成员）
- 搬家：任何一位父母能带着孩子搬离本地吗?
- 活动（体育、舞蹈、音乐等）：谁来付钱?谁开车接送孩子?谁陪孩子参加?
- 交通
- 查看学校和其他记录
- 税务问题：谁能扣税?
- 探望安排发生变化如何处理?
- 如何解决分歧?

为你的孩子创造两个健康的家庭

如前所述，共同养育——为孩子创造两个家和两个家庭——有时侯是不可能的。你的孩子的另一位父母可能对此不感兴趣或找不到，或者也许你已经尝试过但就是做不到。共同养育不是必需的；只要有一位爱孩子的父母，他们就能健康快乐地成长。但是，与你的前配偶建立一种互相尊重的工作关系，对你和你的孩子都是有益的。以下是可以考虑的一些主意。

给予对方尊重和尊严。“但是，我不尊重我的前妻!”你可能会说，“我甚至不喜欢她!”要记住，感受和行为之间是有区别的；你可以不喜欢一个人，但仍然选择礼貌而尊重地对待他。你无法强迫你的前配偶以同样的方式对待你，但即便只有一个尊重他人的配偶也会带来改变。

建立框架并遵守协议。商定一个养育计划将帮助你和你的前配偶（以及你的孩子）知道将会发生的事情，这能帮助你们避免大量的混乱和冲突。无论你们手中是否有书面文件，都要知道一致性和可预测性会帮助每个人一起顺畅地工作。

大多数父母（和孩子）发现，当有一份探望安排并且每个人都能据此做出相应的计划时，共同监护和探望的交接会容易得多。虽然计划难免会有一些意想不到的变化，但要尽你们的最大努力保持一致性并遵守你们的协议。当你做不到时，要提前让你的孩子的另一位父母知道，并一起做出新的安排。

当心诉讼战。有时侯，采取法律行动是不可避免的，但是，法庭通常不是解决问题的最好的地方。诉讼战往往会比任何人预期的持续时间都长；律师也很贵。而且，在法庭这种充满压力和对抗的环境里，保持冷静和尊重都很难。

尽管并非总是有可能，但要努力解决分歧，而不要威胁提起诉讼。要考虑聘请一名调解员、一名牧师或一名咨询师来帮助你们找到解决方案。诉讼战通常会使前配偶之间的愤怒和敌意升级——并造成孩子的焦虑和痛苦。

在适当的时候表达感激。“我和我女儿的父亲经历的离婚非常混乱，”一个母亲说，“所以我花了很长时间才接受共同养育。造成这一巨大变化的一件事情，是他付钱——我甚至都没有提出要求——送我们的女儿参加了一个很棒的暑期芭蕾项目。我根本负担不起。虽然对我来说不容易，但我给他打电话并感谢了他。我们的关系从那以后变得轻松多了。”

当两个人分担任务和责任时，养育孩子可能会更简单。如果你的前配偶做了一些有帮助或体贴的事情，要花时间来表达感激。如果打电话太难，一个友好的感谢便条就足够了。我们所有的人都喜欢被感激；说声谢谢可以创造一种尊重的气氛。

一起努力让转换变得更容易。很多单亲父母说，当孩子从另一位父母家里回来时，其情绪和行为都会发生变化。很多孩子发现在两个父母家往返很困难，但是，这个过程在父母的帮助下可以变得更顺畅。你和你的前配偶的养育方式可能很不一样；如果你们两个人都愿意在自己的家里和善而坚定地对待规则，你们的孩子就能学会适应。（要记住，你无法控制你的前配偶家里的规则！）有时候，孩子们会在每次换到一位父母家里的时候试探一些已经很明确的界限，以此消除自己的疑虑；你的正面管教养育技能和耐心将帮助你们所有人都适应调整。

> 大多数父母（和孩子）发现，当有一份探望安排并且每个人都能据此做出相应的计划时，共同监护和探望的交换会容易得多。

建立一种共同养育的关系

- 给予对方尊重和尊严。
- 建立框架并遵守协议。
- 当心诉讼战。
- 在适当的时候表达感激。
- 一起努力让转换变得更容易。
- 共享信息。
- 尊重你的过去。

有些单亲父母发现，运用日常惯例表有助于简化行李的收拾，尤其是当书籍、家庭作业和衣服必须在两个家庭之间随身携带的时候。对于“忘记”的东西要有耐心，但要避免解救或说教：通过练习，孩子会学会承担责任，记住把东西放在该放的地方。

让孩子在每个家里都有自己的个人空间也会有帮助。如果不可能拥有一个单独的房间，要尽量提供一些抽屉、架子和收纳箱，以便孩子能整理自己的个人物品。（为学步期和学龄前的孩子在两个家里准备完全一样的小毯子、泰迪熊玩具和让孩子有安全感的其他物品可能是明智的！）

共享信息。与你的孩子的活动、健康和取得的进步有关的信息，能够成为帮助父母双方保持联系的一种宝贵的工具——或者，这也可能变成争夺孩子的爱的战争中的一种武器。这里有一个很管用的黄金准则——要尽量让你的孩子的另一位父母知道你处于他或她的位置时想知道的那些事情。要记住，你的孩子会从

> 你和你的前配偶的养育方式可能很不一样；如果你们两个人都愿意在自己的家里和善而坚定地对待规则，你们的孩子就能学会适应。

你们两个人主动的爱和参与中受益。要把学校会议、足球比赛和孩子生病的信息告知你的前配偶；他或她可能会参与，也可能不参与，但你会知道你已经表现出了尊重和礼貌。如果你无法平静地与你的孩子的另一位父母交谈，可以用电子邮件或语音信箱来共享信息。

尊重你的过去。许多离婚的成年人都经历过这样的冲动：烧掉相册和情书、扔掉结婚戒指和纪念品、抹去失败婚姻的所有记录。一个女人甚至在搬出去的时候，把自己的结婚礼服留下挂在了卧室的壁橱里，作为对跟她离婚的丈夫的无声谴责。但是，很多父母发现，时间的流逝会让他们后悔做出这些行为。婚姻可能已经结束了，但是孩子对传承的需要会继续下去。

八岁的儿子克里斯一踏进家门，安妮就知道出事了。她从自己坐着学习的沙发上站了起来，并走过去给了儿子一个拥抱。“你和爸爸在一起过得愉快吗，克里斯？”她问道。

克里斯摇了摇头。然后，他抬起头看着妈妈，下巴颤抖着说：“爸爸又要出门了，妈妈。我们这个周末本来要去看球赛的，但现在我们去不了啦。他说他很抱歉——他不得不去工作。”克里斯有那么一会儿努力克制着自己的情感，然后爆发了。“他不爱我，妈妈。我讨厌他！他的破工作总是比我重要。从现在开始我只和你在一起。”

安妮的脑海中出现了很多种回应和说教，从对儿子生气的同情到为他爸爸辩护。安妮知道卡尔爱克里斯，她也知道卡尔如此拼命工作的一部分原因是为了抚养克里斯。她盯着儿子低垂的头，感受着他的伤心，并做出了一个决定。

> 这里有一个很管用的黄金准则——要尽量让你的孩子的另一位父母知道你处于他或她的位置想知道的那些事情。

“我跟你说，”她拥抱着儿子说，“吃过晚饭后到沙发这里来见我，我要给你看一些重要的东西。”

吃完晚饭并收拾好餐具后，克里斯带着既戒备又好奇的表情，在妈妈的身边坐了下来。“那是什么，妈妈?”他问。

“嗯，你告诉我你爸爸不爱你。我可以证明你是错的。”安妮平静地说着，伸手拿起一本相册。她花了一下午的时间在车库里翻箱子，寻找那些放有克里斯从婴儿到学步期的照片的相册。她有好几年没有看过这些照片了，但现在似乎正是时候。

妈妈和儿子一起翻着相册。有一张卡尔自豪地抱着刚出生的儿子的照片。“他比我抱你的时间都早，克里斯。”安妮说。有一些是爸爸和克里斯玩耍、一起大笑、挠痒痒和蜷缩着身子睡觉的照片。还有一些是克里斯用爸爸为他做的一套小工具和爸爸在车库里工作的照片。克里斯没有多说话，但他如饥似渴地看着那些照片。最后，他指着一张爸爸和妈妈把他抱在中间的照片。

“我能要这一张吗，妈妈?”他轻轻地问。

当他们看完相册时，安妮从自己的口袋里拿出了一样东西，递给她的儿子。克里斯手里拿着的是一个背面刻着日期的小金盒子。“打开它，克里斯。”他的妈妈说。

在这个小盒里，一个年轻的男人和一个年轻的女人微笑着看着对方。“这是你爸爸给我的结婚礼物。我想让你保存它，宝贝，这样你就能记住你有两个曾经深爱着彼此的父母，而且当他们有了一个小男孩时，他们非常幸福。我们现在可能不在一起了，但有一件事没有变。我们两个都爱你，克里斯。”

克里斯看看小盒子，然后看看妈妈。“谢谢你，妈妈，”他说，“我能给爸爸打个电话吗?”

安妮知道她的儿子时不时地会对他的父亲和母亲感到失望，而且他们三个人都会犯错误。但是，她意识到，了解他自己的过去将有助于克里斯适应家里已经发生的变化。无论前方有什么，他会始终知道他来自哪里。

即使你不再爱你的孩子的另一位父母，你也可以努力帮助你的孩子感激你们曾经共有的美好时光，并理解他在这个世界上的特殊位置。尊重你的家庭的过去，是你能给予你的孩子的一件无价之宝。

即便最好的共同养育关系也会有艰难的时刻。你们可能不会总是达成一致，而且保持沟通的畅通需要付出努力和耐心。然而，当孩子们能在两个幸福的家里与两位父母一起生活时，他们会受益。

当孩子“钻空子”时

或早或晚，全世界的单亲家庭里都会发生一件事。这是对一个单亲父母的终极威胁，而且孩子们会以惊人的速度明白这一点。“我想和我的爸爸（或我妈妈）住在一起，”他们说，“我再也不想和你住在一起了。”很少有哪个父母在听到这些话时不感到伤心和恐慌。

孩子为什么会这么说？（而且，大多数孩子最终都会这么说。）孩子们都很聪明，他们会做管用的事——而威胁离开就非常管用，因为单亲父母爱自己的孩子，而且常常没有安全感，尤其是在这种情况第一次出现的时候。还记得不良行为的错误目的吗？一个威胁要去和自己的另一位父母一起住的孩子，可能是在将报复的欲望付诸行动。他可能因为某种原因而感到伤心，并且可能想在最方便找到的关心他的人——他的父母——身上进行反击。或者，他威胁离开可能是权力之争的一部分。孩子

尊重你的家庭的过去，是你能给予你的孩子的一件无价之宝。

们常常挑动一位父母去对抗另一位父母，从而得到他们想要的东西，即便在他们的父母没离婚的时候也是如此；而当父母分手后，这种策略就变得更有效了。或者，这种需要可能是真实的——孩子可能有迫不得已的理由想和另一位父母住在一起。这甚至可能是你的孩子告诉你他只是需要与自己的另一位父母有更多时间在一起的一种方式。

你如何才能判断出到底是怎么回事呢？快速回顾一下错误目的表（见第 142 ~ 143 页）会有帮助。如果你能够弄清楚当孩子威胁要离开你时你有什么感受，你对到底是怎么回事就会有一个重要的线索。运用积极的倾听和情感诚实来充分讨论这个问题，将会帮助你和你的孩子和平地解决它。尽量不要反应过度。事实上，很多时候，当父母拒绝上钩，并且只简单地说一句（而且不发怒或挖苦）“好吧，我们可能需要谈谈这件事”，这一威胁就会失去一些魔力，而且孩子就会放弃。

孩子们常常挑动一位父母去对抗另一位父母，从而得到他们想要的东西，即便在他们的父母没离婚的时候也是如此；而当父母分手后，这种策略就变得更有效了。

当梅琳达 13 岁的女儿梅根声称“我想去和爸爸一起住”时，梅琳达的第一反应是感到伤心。然后，她想起了两个星期前在单亲养育班刚好讨论过这个问题。她平静地说：“我很想在今天晚上晚些时候和你谈谈这个问题。”

梅根反驳说：“你改变不了我的想法。”

梅琳达说：“我的目的不是改变你的想法，而是要真正地倾听并尊重你的想法和感受，而且我知道再过几个小时我会处理得更好。今晚七点半怎么样？“

梅根闷闷不乐地同意了。

七点半，梅琳达和梅根坐在了餐桌旁，梅琳达开始说：“我准备好听你说说怎么回事了。”

梅根叹了口气，说：“我只是想和爸爸一起住。”

梅琳达说：“我理解，而且我没有说你不能。我想知道背后的原因是什么。你为什么想和你爸爸一起住？”

“我就是想，这就是为什么。”梅根说。

梅琳达说：“梅根，我有一个预感，你感到对什么事情伤心。我已经努力想过自己可能做了什么让你伤心的事情，但我没有线索。你有什么事情没有告诉我吗？”

梅根开始哭了起来，“我就是想念我爸爸。安吉拉的爸爸今年夏天要带她去露营，而我几乎见不到我爸爸。他从来没去过我的钢琴独奏会或任何活动。我就是讨厌父母从来都不在一起！”

梅琳达伸出双臂搂住了梅根。“哦，梅根，”她说，“我很抱歉。我知道这有多么让人难过。我知道你有多么爱你的爸爸。其实，我能明白为什么你想像和我在一起那样和他在一起。至少我希望你还想和我在一起。”

梅根承认：“是这样，但我就是讨厌你和爸爸离婚了。”

梅琳达说：“我知道，梅根。有时候我也讨厌这一点。生活给了我们一些无情的教训，但我知道你和我能熬过去，而且还能享受人生中所有美好的东西。我要和你做一个交易。你可以尝试和你爸爸住一段时间。如果你改变了主意，想回来和我一起住，那也很好。你不可以做的是，每当遇到困难就改变主意。你有两次改变主意的机会，所以要仔细想清楚。”

梅根很惊讶。她问：“你的意思是如果我和爸爸住一段时间，你不会生我的气吗？”

梅琳达温柔地说：“我会非常想你，但我不会生气。”

梅根给她的爸爸打了电话，并决定试试与他一起住。一年后，她决定回来和她的妈妈住在一起。许多单亲父母不愿意考虑让他们的孩子选择跟谁住，但是，梅琳达愿意。有几个因素使得这对她来说是可行的：

1. 她一开始就足够聪明地等待了一段冷静期，之后才讨论这么“让人容易发火”的一个问题。
2. 梅琳达知道（从她的单亲养育班和关于错误目的的讨论中），梅根可能没有意识到她的伤心激发了她的行为。她用愤怒掩盖了伤心——这是很多人的常见做法。她的困惑导致了敌意；她在最方便找到的人——她的妈妈——身上进行了反击。梅琳达的目标就是帮助她厘清她的感受，并想出一些解决方案。
3. 与自己的感受相比，梅琳达更愿意关心女儿的感受。（实际上，她用她的感受给了自己一个线索——梅根可能感到伤心，即便最初这对她们俩来说都没有“意义”。）
4. 梅琳达愿意尊重梅根做出某些决定的能力，但会申明界限，以便梅根能做出深思熟虑而非被动反应的决定。

很多父母甚至不考虑自己孩子的愿望，而是为孩子争吵，就好像只有父母的愿望才算数。梅琳达鼓励梅根爱父母双方，而不是觉得如果她既想和妈妈住又想和爸爸住就是不忠诚。

梅琳达允许梅根做出选择。在一些情况下，只是允许孩子公开表达自己的感受就足够了。并不是每一件事情都需要“解决”或解决方案。通常，只要与孩子进行一次体贴的讨论，让孩子们能更了解他们的感受并表达出来就足够了。这能开启一个疗愈和（或）自然解决的过程。

> 并不是每一件事情都需要“解决”或解决方案。通常，只要与孩子进行一次体贴的讨论，让孩子能更了解他们的感受并表达出来就够了。

如果你和你的孩子的另一位父母决定让孩子参与做出探望或居住安排的决定，不要招致孩子的操纵；要确保你们对选择设立限制。孩子们有时候会由于特殊的事件或需要而希望临时改变探望的安排。有些父母发现，让大一点的孩子与涉及到的那位父母直接商量这些改变，效果会很好。你与你的孩子的另一位父母沟通的能力越强，这样的改变就会越顺利。

“我需要你们两个！”

当父母们考虑自己孩子的想法和愿望时，他们会知道，有时候孩子需要两位父母同时出现在同一个地方。如果你的孩子足够幸运地拥有另一位父母的爱和积极的参与，那么只要你们共同抚养孩子，对方就会是你的生活的一部分。你的孩子会希望在学校的活动、少年棒球联合会的比赛、童子军集会、毕业典礼、婚礼——生命中所有重要事件和庆典上——看到你们两个人都出现。投入时间和精力与你的孩子的另一位父母建立一种积极而健康的关系（即使不能是一种爱的关系），会让你和你的孩子免受很多痛苦，并可能为你们每个人更快乐、更健康的人生打下基础。

如果你的孩子足够幸运地拥有另一位父母的爱和积极的参与，那么只要你们共同抚养孩子，对方就会是你的生活的一部分。

第 17 章

赞美你的家庭

几年前，好奇的研究人员进行了一个调查，以确定成年人是如何看待家庭的。他们要求来自不同种族和经济背景的成年人给“正常”家庭下定义。尽管我们的社会发生了变化——而且尽管他们自己的经历往往不同——但大多数成年人的回答都是，一个“正常”家庭是由从没离过婚或再婚的一位母亲和一位父亲以及几个孩子组成的。而且，有趣的是，在这个“正常”家庭里，母亲是不外出工作的！接着，研究人员决定看看有多少美国家庭符合这种描述。他们发现符合的家庭不到10%。

这意味着单亲父母和他们的孩子就不是“正常”的吗？不——但这项研究确实告诉我们，我们长期抱有的关于什么使得一个家庭健康的信念，有时候会妨碍我们欣赏我们现有的家庭（无论这些家庭的形式或规模如何）。心态可能不是一切，但它是极其重要的。单亲父母面临的一个最重要的任务，就是不仅要学会接受而且要学会赞美他们现有的家庭。

如果你已经读到了这里，你可能会开始认识到，单亲家庭可以成为孩子成长的美好之所。单亲家庭不是“破碎”的家庭，而单亲家庭的孩子也不是注定会失败和令人失望。单亲家庭需要一些时间来调整，但对于生活在其中的大人和孩子来说，单亲家庭能够成为平静、安全、充满爱的家。

认可你的单亲家庭的价值

你能为你的单亲家庭做的第一件事——可能也是最重要的一件事——就是认可其价值和独特之处。无论是作为个人还是作为一个家庭，你和你的孩子们都有其他任何人所没有的优势、能力和认识。你的家庭可能看上去或者其运作与隔壁的家庭（或者你每个星期在电视上看到的那些家庭）不太一样，但具有同样的价值。

通常，人们更容易关注错误的事情，而不是关注正确的事情，但是，单亲家庭有很多积极的方面。正如我们在前面说过的那样，在养育方式上出现分歧和冲突的可能性小，而且很多单亲父母说他们喜欢有了更多陪伴孩子的时间，并且能不由自主地这样做。

> 心态可能不是一切，但它是极其重要的。单亲父母面临的一个最重要的任务，就是不仅要学会接受而且要学会赞美他们现有的家庭。

要记住，虽然可能需要一段时间，我们才能发现单亲养育中的幸福，但是，有很多方法可以开阔我们的视野，并将那些看起来可能是消极的事情变成积极的机会。

我们的家庭有什么特别之处？

人类是很奇妙的生物。我们每个人都是独特的，拥有一种别人所没有的品质、见解和能力的组合。而且，正因为我们每个人都那么特别，我们组成的家庭也是特别的。我们的期望塑造我们的现实；作为一位单亲父母，你可能总是在想那些困难的事情，或者那些看上去与你在“传统”家庭中看到的不一样的事情。但是，随着生活稍微稳定下来一些，你就能够运用你自己的智慧和创造力来做出一些改变——或许不是改变你生活中的那些事实，而是改变你看待和理解它们的方式。

不久后的一天（也许是在一次家庭会议上），要花些时间和你的孩子一起，拿出一张大纸，并开始思考、讨论，写下那些让你们的家庭很特别的事情。“我们根本就不特别，”你可能会说，“我们只是努力凑合着过日子的普通人。”但是，你会发现，如果你们花时间和精力探索的话，是有一些让你们的家庭与众不同的美好事物的。

你们的发现可能会让你吃惊。你的家里可能有一种温暖和接纳的特殊氛围，或者一股积极向上和热情的感觉。每一个孩子都有爱好——棒球、音乐、芭蕾、视频游戏、阅读——能让他或她充满激情。你也有你自己的能力和天赋。你们家可能有有趣的宠物或共同的兴趣（比如你们的教堂、露营、自行车骑行或园艺），给你们一种认同感。你们的家、你们的邻居，你们所有的一切——甚至那些让人不舒服的部分——都让你们与众不同而特别。

> 正因为我们每个人都那么特别，我们组成的家庭也是特别的。

一旦你们填好了这张纸，要一起花时间从旧杂志上剪下一些能说明你们写下的那些事情的图片。然后，把你们的“家庭画像”贴在一个显眼的地方，并在你有灵感的时候再往上添加。你甚至可能会发现，有一个家庭座右铭或谚语能作为这张画像的完美标题。留出时间来寻找你们作为一个家庭的特别之处，将有助于给你们所有人一种团结感并感恩你们所拥有的——而且，这会帮助你们看到，你们家的不同之处可能就是它最大的优势。

建立新的传统

一个家庭的身份认同和特殊性在很大程度上在于它的传统——那些我们用来度过特别时光的方式，我们一起使之成为生活的一部分的庆祝活动和仪式。对于单亲父母来说，节假日可能是一段尤为艰难的时期。与孩子们在一起的时间必须在父母之间分配，而且，对于一个独自过节或生日的单亲父母来说，生活可能会显得相当凄凉。

很多时候，我们过去依赖的那些家庭传统和庆祝活动，在单亲的时候感觉就“不对”了。假日对于当今几乎所有的家庭来说都有压力，而对于那些因为离婚、丧偶或再婚而变得复杂的家庭来说似乎尤其如此。你要和哪边的父母一起度过假日？你不得不吃几顿火鸡大餐？谁的孩子和哪位父母在一起？有时候，似乎无论你如何选择度过那些特殊的日子，都一定会

留出时间来寻找你们作为一个家庭的特别之处，将有助于给你们所有人一种团结感并感恩你们所拥有的——而且，这会帮助你们看到，你们家的不同之处可能就是它最大的优势。

有人感到伤心，而且一定会有人觉得受到了冷落。再加上前面说的经济压力的推波助澜，难怪单亲父母可能会发现节假日令人沮丧。

以下是你可以做的让节假日和家庭聚会重新充满欢乐的几件事情。

调整你的期望，以适应你的情况。我们大多数人仍然相信家庭庆祝活动应该像诺曼·洛克威尔[①]的油画中画的那样。你知道那幅画——爸爸在一个装饰着美丽饰物的餐桌上切着肥美多汁的火鸡，而脸颊红润、面带微笑的家人们满怀幸福和期待坐在那里。没有争吵，没有哼哼唧唧的疲倦的孩子，没有痛苦的回忆。不幸的是，现实很少是这样的，即使是那些最幸福的家庭。或许，对待家庭传统的最好的方式就是有什么就接受什么，并且尽量使其对相关的每个人都成为最好的。与以前不一样并不意味着"更糟糕"。

不要害怕临时起兴或做一些不同的事情。我们很难不受"但我们一直就是这样做的"影响，但是，不要害怕为适应你的情况而改变你的做法。如果你的孩子在节假日时不能和你在一起，就要在你们在一起的某一天策划一个特别的庆祝活动。日历没有什么神奇之处——重要的是创造一些在一起的特别时刻。

乍一看，你们的一些老传统可能已经显得破烂不堪了。如果你们珍爱的圣诞节装饰品被你的前配偶带走了一半，要与你的孩子花一天时间一起做些新的。一些丝带和彩色卡纸、旧圣诞卡、

> 日历没有什么神奇之处——重要的是创造一些在一起的特别时刻。

① 诺曼·洛克威尔（Norman Rockwell），1894年2月3日~1978年11月8日，是20世纪早期美国重要的画家和插画家。作品横跨商业宣传和爱国宣传领域，其中最知名的系列作品出现在20世纪40年代至50年代之间。——译者注

让节假日再次充满欢乐

- 调整你的期望以适应你的情况。
- 不要害怕临时起兴或做一些不同的事情。
- 问问你的家人什么对他们最重要，然后围绕这些答案确立你们的庆祝活动。
- 要努力抵制赠送大量礼物的压力。

空蛋壳、照片以及一点想象力将不仅能填满你们的圣诞树上空出来的地方，还将创造出让你和你的家人珍惜很多年的宝贝——以及与之相伴的一些美好回忆。

问问你的家人什么对他们最重要，然后围绕这些答案确立你们的庆祝活动。询问孩子哪个传统对他们最重要可能会很有趣。你可能会发现，没有哪个孩子特别在乎你多年来一直费尽心思做的那些奢侈的甜点，但是，每个孩子都喜欢用来一起玩游戏或看一部特别的电影的时间。不要害怕让事情变得简单——你可能会发现，你们的特别日子里最棒的部分是晚饭后一起去公园散步。

你们当地的书店或图书馆是一个寻找灵感的好地方——那里有很多关于创建家庭庆祝活动的好书。无论你和你的家人决定怎么做，花时间创造特别的回忆，将帮助你们形成一种归属感、圆满感和喜悦感。

要努力抵制赠送大量礼物的压力。不要把爱和给予大量礼物混为一谈。如果你要在随后的几个月里为如何支付账单而担心，就没有人能享受假期。要记住，即使在双亲家庭里，也会有孩子在拆开堆积成山的礼物之后说："就这些吗？"不要为你不能给孩子足够的礼物感到内疚，而要利用这个机会教给你的孩子其他的可能性。

你可能想给每个孩子一个特别的礼物，并使用你的预算中剩下的钱——不管有多少——来帮助别人，或许是“领养”一个家庭。尽管有时候看起来令人惊讶，但总有人过得比我们还艰难。找到一种方法来帮助别人，既能让你们恢复“节假日的真正意义”，还能为你的孩子们提供分享和给予的宝贵机会。

新的庆祝方式

找到庆祝节日以及将一个单亲家庭凝聚在一起的新方式，可能是需要勇气的。爱伦正在为即将到来的感恩节担心。这不仅是她离婚后的第一个节日，而且，她的两个孩子将和他们的爸爸及爷爷奶奶共度这个周末，和所有的家人一起吃传统的火鸡大餐——除了爱伦。一想到独自坐在她那空荡荡的公寓里，她的眼泪就出来了，但她不确定该怎么办。

当她在一本杂志上读到一篇关于太平洋海岸的文章时，她忽然有了主意，她拿起电话，在改变主意之前预订了房间。那天晚上，爱伦和她的孩子们坐在一起制订计划。

“你们两个都知道今年你们将和爸爸以及爷爷奶奶一起过感恩节，对吧?”爱伦问道。两个孩子点了点头，不确定他们的妈妈将做何反应。

爱伦笑着说：“我还是想和你们一起庆祝感恩节，尽管我们在感恩节当天不在一起，所以，我想我们可以在星期三一起吃一顿特别大餐，只有我们三个。你们认为怎么样?”

找到一种方法来帮助别人，既能让你们恢复“节假日的真正意义”，还能为你的孩子们提供分享和给予的宝贵机会。

孩子们以热情的笑容欢迎这个建议，而且爱伦和她的两个孩子一起筹备了一个美妙的感恩节庆祝活动。孩子们决定，因为他们将在奶奶家吃火鸡，所以他们更愿意和妈妈一起吃芝士汉堡。爱伦大笑着同意了。他们一起用蜡烛和印第安玉米做了一个放在餐桌中央的装饰品，并在制作的过程中讨论了感恩节的意义。当属于他们三个人的感恩节到来时，他们把最好的餐具摆在了桌子上，点燃了蜡烛，关上了灯。

在柔和的烛光里，爱伦拉着她的两个孩子的手，问他们每个人要感谢什么。这花了一些时间思考——这一年对每一个人来说都很艰难——但是，家里的每个人至少都有一件事是真心要感谢的。

然后，小儿子本尼有些犹豫地问："我们能说我们不感谢的事情吗？"爱伦冲儿子点了点头。

"我不感谢离婚，"本尼平静地说，"但我很高兴我们仍然爱着彼此。"那天晚上，他们在餐桌旁流了许多眼泪，但这也是一个疗愈和理解的时刻，而且，当爱伦拥抱她的孩子并道晚安的时候，她知道他们的特殊感恩节是一个好主意。

第二天，当爱伦把两个兴奋的孩子送到他们的父亲那里后，她收拾了一个手提箱，并开车去了那个海滨小镇，她已经在那里的一家家庭式酒店预订了房间。独自一人并不容易，尤其是当别人似乎都是夫妻或一个家庭的一员时。然而，她发现她喜欢这种平和与安静，喜欢有时间读一本书并在海滩上散步——而且在一个新鲜而有趣的地方消除了她重新安排假期的苦恼。事实上，她决定当明年轮到她与孩子们过感恩节的时候，她要带他们一起来这个海滩。这是一个美丽的地方，爱伦想。为什么不尝试一些新东西呢？

创造一些特别的时刻

那些能让我们凝聚成一个家庭的时刻，不需要只留给节假日和特别的情形。特别的“在一起”的时刻可以出现在每一天——而且，我们在忙碌的生活中为此留出时间是很重要的。

透过布拉德家的窗户向里看，邻居们可能会认为里面的生活有点不寻常。布拉德每天晚上回到家都要面对三个饥肠辘辘的孩子。通常，还要洗衣服，指导家庭作业，还有构成日常家庭生活的所有零零碎碎的事情需要照顾。

但是，布拉德的做法有点不一样。他会走进前门，脱下鞋子，并伸展四肢躺在地毯上，“我的孩子们在哪儿?”他喊道，“我所有的孩子们都在哪儿?”

布拉德的孩子们无论恰巧在哪儿，在院子里或者在屋里，都会跑过来扑到爸爸的肚子上，挠着痒痒、咯咯地笑着、喊着。在那一刻，这就是一场混战。然后，当笑声平息之后，布拉德和他的孩子会聊聊当天发生的事情，他们都有什么感受，以及晚上要做什么。在邻居们看来，这可能像是一个愚蠢的仪式，但是，对布拉德一家来说，这是保持连接并为欢笑留出时间的一个好方法。然后，他们会一起做晚餐和家务。

> 特别的“在一起”的时刻可以出现在每一天——而且，我们在忙碌的生活中为此留出时间是很重要的。

特别的时刻可以围绕着一家人喜欢的任何活动来创造。定期的家庭会议不仅提供了解决问题的时间，而且还在每个人参与并分享的过程中形成一种家庭和整体意识。家庭会议还教给家人知道单亲家庭是能运转的，而且还为倾听、交谈以及纯粹开心地玩耍提供了时间。

为你的家庭创造特别的时刻或许包括诸如以下这些事情：每天晚上睡觉前轮流大声朗读一本书（还有另外一个好处，因为为孩子阅读是鼓励大脑健康发育并为入学做准备的一种最好的方式），周末出去骑自行车，野餐或参加棒球比赛，或者只是一起出去闲逛。这些时刻不需要完美——事实上，或许也不会完美。但是，这样的时刻越多，你们家的基础对每个人来说都会变得越牢固。你和你的孩子度过的那些时刻不需要花费很多金钱，也不需要当成重大事件——花时间在一起才是最重要的。

父母能给予自己孩子的最珍贵的东西之一，就是那些一起度过的时光的记忆。这些珍贵的记忆是家庭之树赖以生长的根。而且，对于单亲父母来说，特别的时刻是将家庭凝聚在一起、疗愈并且带来快乐的一种方式。

仪式的力量

在现代生活中，似乎没有很多时间用于仪式。事实上，我们大多数人都不太确定仪式这个词的含义。然而，将仪式编织进我们的日常生活中，可以让生活变得丰富多彩并且带来能使我们的生活快乐起来的庆祝的感觉，至少大部分时间是这样。

仪式是那些已经成为我们生活中的一部分的熟悉的重复事件。有时候，它们自己就产生了，但有时我们可以计划它们、创造它们，并用它们将我们的家人聚集并凝聚在一起。一个

父母能给予自己孩子的最珍贵的东西之一，就是那些一起度过的时光的记忆。

熟悉——并且非常有效——的例子就是就寝仪式。让孩子，尤其是年幼的孩子上床睡觉，可能会变成让每个家庭成员都非常恼火的每晚都会发生的争斗。形成一个仪式（我们将其中的一些称为“惯例”）会让孩子感到安全而舒适，而且会让整个过程更容易。

仪式可以帮助我们标记并庆祝我们生活中的那些转变和重要事件。它们可以帮助我们疗愈，并给我们一种表达悲伤或喜悦的途径。我们大多数人都很熟悉生日仪式——蛋糕、蜡烛、熟悉的生日歌——但你还可以做更多事情让这个时刻很特别。你可以选择带过生日的孩子出去吃一顿“只有我们俩”的特别午餐。或许，过生日的孩子可以选择晚餐的菜谱并使用一个特别的盘子。或许，蛋糕上可以有一个古老而珍贵的装饰。一位妈妈把几个硬币和一个幸运符用蜡纸包起来，放在了蛋糕夹层中的糖霜里。得到幸运符的人要许一个特别的愿望。如果你的孩子是领养的，庆祝他或她来和你一起生活的那一天，会是加强你们之间亲情联结的一种很好的方式。

如果你的孩子的一位父母或一个兄弟姐妹去世了，你可能希望在他或她的周年纪念日开始一个特别的“纪念”仪式。你可以选择种一棵树或一株玫瑰、翻看旧相册或只是吃一顿特别的晚餐并分享对他们的最美好的回忆。尤其是在难受的头几年里，这样的仪式会给你们全家人一个说出他们的悲伤、怀念以及疗愈的机会。

仪式是将一个家庭凝聚在一起的一种强有力的方式。然而，当你在策划生活中的这些特殊的庆祝活动时，要确保你考虑到你们家的独特之处和情形。虽然沿袭下来的或传统的庆祝活动能够成为一个家庭生活中的美好事件，但只是因为应该做而去做一件事，可能会造成一种不得不做的感觉和无聊感，而不是你所追

仪式可以帮助我们标记并庆祝我们生活中的那些转变和重要事件。

求的身份认同精神和喜悦。要努力让你的仪式适应你们家的现实生活；让它们成为你们家的个性而特别的事件。将仪式融入日常生活可以给你们全家人一个接触、期望和庆祝的机会。

将爱的信息传递给孩子

父母们——所有的父母们——都太容易陷入日常生活的忙碌中。我们忙着做事情、处理问题、倾听、交谈、将我们的家人维系在一起。有时候，我们忘记了花时间提醒孩子我们爱他们，或者不确定该如何提醒。有时候，我们会忽略他们努力说爱我们的方式。

互联网上流传着有关一个孩子的爱的美丽故事。我们怀着对其未知作者的谢意，将其分享在这里。

不久前，一位父亲因为自己3岁的女儿浪费了一卷金色包装纸而对她发火。他手头的钱很紧张，所以，当这个孩子试图装饰一个盒子来放在圣诞树下时，他就被激怒了。

然而，第二天早上，这个小女孩把这件礼物拿给了她的爸爸，并且说："这是送给你的，爸爸。"他为自己之前的过度反应感到很尴尬，但是，当他发现盒子是空的时，他的怒火再次爆发了。他压抑不住自己的愤怒，对女儿说："难道你不知道送给别人一件礼物时，里面应该有东西吗?"

小女孩抬头看着他，眼里含着泪说："哦，爸爸，这不是空的。我把很多吻吹进了盒子里。都是给你的，爸爸。"这位父亲被震惊了。他用胳膊搂住女儿，并请求她的原谅。

这位父亲把这个金色的盒子放在床边很多年。每当他沮丧的时候，他都会拿出一个想象的吻，并想起孩子的爱。

传递爱的信息

向孩子表达爱是如此重要，而且有那么多富有创意（而且很便宜）的方法！以下这些建议也许能促使你发现你自己的一些方法：

- 送便条。要试试往你的孩子的午餐饭盒里放一张便条，告诉他你想着他，或者当他去另一位父母家里时，在他的背包上放一张“便利贴”。一首有趣的诗、一句“我爱你”或只是一个“笑脸”都会告诉他他是特别的。
- 利用科技。在这个电脑化的时代，很多父母发现科技提供了许多与孩子保持联系的方法。如果你的孩子使用互联网，要试试给他发一张“电子贺卡”。
- 使用象征物品。一天晚上，一位妈妈告诉自己心烦意乱的小儿子，他可以把烦恼告诉他的毛绒玩具小兔，这个小兔子总能理解。几年来，每当这个男孩离开家时，他都会发现在行李中的某个地方藏着这个小兔子，并会想起爱着他的妈妈。
- 与孩子共度“特别时光”。没有什么能比定期花时间和孩子一对一地相处、分享想法、一起玩耍，或只是待在一起，更能表达“我爱你”。

无论我们是否意识到，我们每个人都已经得到了一个金色的容器，里面装满了来自我们的孩子的无条件的爱和吻。如果你曾请求过一个孩子的原谅，你无疑已经体验过那种难以抗拒的爱的冲击。而且，如果我们得到的爱的保证对我们有这么大的作用，它对我们的孩子的作用会小吗？

“哦，我的孩子知道我爱他们，”大多数父母会说，“我一直这样跟他们说。”然而，只是说这些话可能是不够的。一些有趣的研究表明，传递爱的最有力的方式不是我们说了什么，而是我们做了什么：眼神交流，以充满爱的方式抚摸，花时间陪孩子，建立一个孩子的归属感和价值感。当我们从女儿坐着学习的椅子旁经过时，揉一下她的头发，或者，当儿子在尽责地洗碗时，给他一个意想不到的拥抱，都是在用一种很棒的方式说：“我爱你，而且我很欣赏你。”偶尔用“是”代替“不”，尤其是在最意想不到的时候，能够让孩子高兴，并让每个人都感到更快乐。即便是最便宜的款待（一包口香糖，一些棒球卡），在给孩子的时候只需说一句“你是特别的”，就会呈现出魔力。

电影《欢乐满人间》[①] 的一首插曲告诉我们，“一勺糖能让苦药得以下咽”。当我们设法在孩子日常生活的困难中传递爱的时候，这些困难看起来可能就不那么痛苦并难以承受了。当你的孩子做出不好的选择时，你可能会发现有必要运用一些正面管教方法，但是，你仍然可以微笑或给孩子一个表示“你仍然是我的孩子，而且我爱你”的深情的抚摸。

一些家庭发现，即使在最激烈的讨论中，一个无言的信号，比如指着自己的心，也能够表达爱和安慰。无论对你和你的家人最管用的是什么，都要确保你花时间将爱的信息传递给孩子——这能够改变世界的一切。

> 当我们设法在孩子日常生活的困难中传递爱的时候，这些困难看起来可能就不那么痛苦并难以承受了。

① Mary Poppins，英国作家特拉芙斯所写的一个美丽的童话，发表于1943年。1964年，美国迪士尼影业将其改编为电影，中文译名《欢乐满人间》。该童话的中译本书名为《随风而来的玛丽阿姨》。——译者注

欢笑是最好的药

表达爱与和睦的最好的（而且最健康的）方式之一就是欢笑。这有时候说起来容易做起来难，但是，培养你的幽默感、学会认可并享受生活中可笑的一面，并找到与你的孩子一起欢笑的方法，能够让你们所有人对生活的感受发生令人吃惊的变化。

一个夏天的晚上，当皮特正在给枯萎了的矮牵牛花浇水时，他的双胞胎儿子泰勒和特拉维斯从屋子里走到了前院。“爸爸，我们很无聊，”他们抱怨道，“没什么事可做，而且屋里太热了。我们也不想上床睡觉——天还亮着呢。”两个男孩一模一样地皱着眉，一屁股坐在前廊上。

皮特感到了一丝恼火。他们这个星期至少已经说过两次这样的话了。他们已经用头脑风暴想过可以做的事情，而且他们一致同意当有足够的钱时就买一台风扇；然而，这两个孩子现在又这么说。他看着两个儿子，恼怒的话到了嘴边，这时，那两张生着气的一模一样的脸突然让他觉得很好笑。

“嘿，”他咧开嘴笑了，“这可能会让你们降降温。”他用花园里的浇水的软管向两个男孩光着的腿喷水。

> 培养你的幽默感、学会认可并享受生活中可笑的一面，并找到与你的孩子一起欢笑的方法，能够让你们所有人对生活的感受发生令人吃惊的变化。

两个男孩都生气地抗议着跳了起来。“爸—爸！”他们尖叫着跑进屋里，使劲摔上了门。哦，坏了，皮特想，现在我把他们气疯了。他刚准备关上水管并进屋和两个儿子谈谈，特拉维斯和泰勒出现在了房子的一角——

全副武装，拿着他们的强力水枪。

在接下来的十五分钟里，邻居们有幸目睹了发生在皮特家前院的一场激战。当三个战士最终瘫倒在草地上时，他们浑身上下都湿透了。

“嗯，”泰勒低头看着他湿漉漉的T恤，严肃地说，“我想我再也不热了。”他的声音里有什么东西把他的哥哥和爸爸逗乐了，他们三个人都开始大笑起来，排着队走到了屋里，淋浴，睡觉。

乔茜和她的三个孩子决定在他们家里举办一场持续的比赛，看看谁能最先发现一个情形中的幽默。其基本规则是，这种幽默必须能让他们一起大笑，而不是相互取笑。有一天，当全家人结束一次野餐回家时，乔茜因为超速行驶被一名警察拦了下来，并被开了一张罚单。她对这笔不得不支付的罚款感到很烦躁。

她的一个孩子打趣说：“嘿，妈妈，你总是告诉我们错误是学习的大好机会。你刚好得到了一个大好的机会。”另一个孩子补充道：“嘿，没错。而且那个警察通过教给你慢点儿开，可能救了我们的命。这张罚单可能是为我们的生命而付出的一点小小的代价。”乔茜插话说：“好吧，我总是去参加个人成长的工作坊。看上去就像我刚刚为我们提供了一次个人辅导。现在，我不必再唠叨你们要慢下来了，因为我刚刚演示了后果。”他们都笑了——并学到了东西。

乔茜和她的孩子们还决定做一个卡通剪贴簿。他们浏览了报纸和杂志，并把他们最喜欢的卡通画剪了下来，贴在剪贴簿上。他们每次的家庭会议，都以一起欣赏最新增加到剪贴簿里的卡通画做为结束。这个家里的每个人都培养了极好的幽默感。

欢笑能解决你的所有问题吗？当然不能——但是，肯定会让你的问题显得不那么令人难以承受。重要的是要认识到，一起欢笑与嘲笑是有区别的。如果你倾听你内心的智慧，你会知道什么时候的笑是积极的，什么时候的笑是伤人的。

运用你的幽默感和一点儿创造力，能够消除日常生活中很多烦恼。一场自发的枕头大战或挠痒痒比赛，或在一个意想不到的时刻做个鬼脸，能提醒父母和孩子们想起生活仍然是相当精彩的——既便是在有很多家务活要做的时候。有时候，当你把收拾玩具变成一个游戏时，一个不愿意收拾玩具的孩子会赶紧去收拾。有时候，一个微笑加上一句“我打赌，到我数到 10 的时候，你收拾不好那些玩具（或穿上你的睡衣或刷牙）”，会让这个任务成为一件好玩的事情，而不是一场权力之争。有时候，只是互相讲笑话和搞笑的故事，就能给每个人一个一起大笑的机会，而这在我们大多数家庭中做得都远远不够。

> 欢笑能解决你的所有问题吗？当然不能——但是，肯定会让你的问题显得不那么令人难以承受。

精神信仰的价值

那些对健康的家庭进行研究的专家告诉我们，很多这种家庭共有的一个品质，是一种精神意识。对于一些家庭来说，这意味着对一个有组织的教会的认同。对于其他家庭来说，这可能意味着某种完全不同的事物。

一位著名的神学家曾经将精神信仰定义为“一种对比自身更伟大的能赋予人生意义和目的某些事物的积极认同感”。宗教和精神信仰可能不一样，但是，诸如爱国主义、信仰上帝或一个更强大的力量，或关注平等或环境之类的事情，在本质上可能都是深刻的精神信仰。

对大多数人来说，精神生活是一种力量的源泉，一个构建人生的基础，一种建立对比自己更伟大的事物的归属感的有效方式。你和你的孩子可能会发现，祈祷或践行你们的信仰，会让你们相互之间以及与一个更大的群体结合在一起。

你所选择的精神信仰的形式，没有你们拥有的信仰重要。无论你如何定义精神信仰，为你自己和你的孩子找到一种实践精神信仰的方式，是增强你们作为一个健康的家庭认同感的重要组成部分。

创造值得珍惜的记忆

有时候，当你有一个安静的时刻，要回想一下你自己的童年，看看你最喜欢的回忆是什么——或者你希望自己记住的是什么。你的孩子们会有欢笑、庆祝活动和其他美好时光作为回忆吗？创造这些特殊时光要比你以为的要容易（而且更便宜）。而且，这实际上能变成一种生活方式，并且能够改变你家里的氛围。为仪式、传统、欢笑以及共同的记忆留出时间，会让你的家感觉像一个家，并会帮助你创造一个人们都想来并愿意待一段时间的家。

为仪式、传统、欢笑以及共同的记忆留出时间，会让你的家感觉像一个家，并会帮助你创造一个人们都想来并愿意待一段时间的家。

我们没有谁可以选择我们生活的所有环境。有一句古老的谚语告诉我们：“每个人的生活中都难免有风雨。”——对于我们中的一些人来说，这似乎是一场名副其实的大洪水！然而，正如另一个谚语告诉我们的："眼睛没流过眼泪，心中就不会有彩虹。"无论做一名单亲父母是不是你的选择，你的家庭都是你的家庭。你有勇气让它成为什么样子，它就会成为什么样子。要在你的心里相信，你的家会变得很美好，要采取你能够采取的任何措施，并且要庆祝！

结　语

我们已经到了本书的结尾，但这只是一段旅程的开始。单亲养育可能是你一直认真考虑的计划——或者，可能是你从来都不想要的一段旅程。你可能会发现它令人害怕、困惑或不知所措。或者，你可能认识到了，像大多数旅程一样，这段旅程会有一些坑坑洼洼，但也将会有一些美妙的时刻。

养育，几乎始终都更多地是父母的一段学习经历，而不是孩子们的，而单亲养育为成长和改变提供了特别的机会。无论是大人还是孩子，可能都会很不情愿地对待它；他们可能会受到极大的打击和伤害，或者只是不确定自己能够应付得了。但是，在最好的情况下，单亲养育是创造一些美好的事物、为家庭生活建立一个新愿景，并看到其结出硕果的机会。

是的，作为一个单亲父母，你是有可能养育出负责任、尊重别人而且足智多谋的孩子，并看着他们成长为能干的、幸福的成年人的。作为本书的作者和母亲，我们的希望是，你现在拥有了能帮助你实现这一目标的技能和理解。你能够建立一个安全并充满爱的家，一个你和你的孩子们能够茁壮成长和学习的地方。这不会总是很容易，但你和你的孩子得到的回报将是巨大的。

你有机会给予你的孩子以爱、智慧和自信来面对人生以及所有挑战的能力。你能够通过在他们面前诚实地生活并尽你最大的努力确保言行一致，来教他们做人。你的孩子们会明白，尽管有时会有磨难和挑战，但人生是一场值得细细品味的历险。

做一名单亲父母，可能是你曾经做过的最困难的事情，但无疑也是最重要的事情。无论单亲与否，你首先是你的孩子的父母。你做过的任何事情都不可能比你通过孩子留下的传承对这个世界造成的影响大。

在和小孩子在一起的忙碌的日常生活中，我们会强烈地希望到达下一个阶段，无论那个阶段是什么。当他们是婴儿时，我们期待着他们蹒跚学步（再也不用换尿布了!）。当他们是学龄前的孩子时，我们期待他们成为学生。当我们面对青春期的挑战时，我们可能会渴望自己的孩子独立的那一天。

尽管现在可能令人难以相信，但大多数父母发现，有那么一天，他们会只希望孩子能慢点儿长大，他们无法相信那个永远系不住鞋带的小孩子已经长成了一个有能力的、独立的年轻人，不再像过去那样需要父母。学会放慢脚步，欣赏与孩子在一起的每一个时刻，是太多父母太晚才发现的事情。是的，做一名单亲父母有时候是一件很难的事情——但是，也没有比与一个孩子一起生活更大的快乐。

还记得我们的柏树吗？如果那棵树会说话，它可能会告诉我们，有些时候，当牢牢扎根在岩石上所需要的力量和毅力似乎要比自己拥有的更多时，它希望自己可以生长在其他任何地方。向暴风雨屈服、简单地放弃可能是很大的诱惑。

但是，无论是柏树还是单亲父母，都拥有一种来自于暴风雨本身的优点。他们忍耐，他们成长，而且他们会为那些聚集在自己树枝下的孩子提供庇护、美好和激励。而当太阳破云而出时，那景象就是一个奇迹。

每一位单亲父母最终都必须找到属于她或他自己的路，学会相信他或她自己的智慧，学会在正确的时机做出看起来必要的改变。错误和挫折是不可避免的——但真正重要的不是你在哪里，而是你要去哪里。我们没有一个人能成为完美的父母；我们的孩子也没有可能成为完美的孩子。如果你在尽自己最大的努力，偶尔犯错误但能从中学习，并且自始至终爱你的孩子，你将会知道自己在朝着正确的方向前行。这就是任何一位父母所能做到的全部——而且，是的，这就足够了。

[美] 简·尼尔森 著
玉冰 译
北京联合出版公司
定价：38.00 元

《正面管教》

如何不惩罚、不娇纵地有效管教孩子

畅销美国 400 多万册 被翻译为 16 种语言畅销全球

自 1981 年本书第一版出版以来，《正面管教》已经成为管教孩子的“黄金准则”。正面管教是一种既不惩罚也不娇纵的管教方法……孩子只有在一种和善而坚定的气氛中，才能培养出自律、责任感、合作以及自己解决问题的能力，才能学会使他们受益终生的社会技能和人生技能，才能取得良好的学业成绩……如何运用正面管教方法使孩子获得这种能力，就是这本书的主要内容。

简·尼尔森，教育学博士，杰出的心理学家、教育家，加利福尼亚婚姻和家庭执业心理治疗师，美国“正面管教协会”的创始人。曾经担任过10年的有关儿童发展的小学、大学心理咨询教师，是众多育儿及养育杂志的顾问。

本书根据英文原版的第三次修订版翻译，该版首印数为 70 多万册。

[美] 简·尼尔森
玛丽·尼尔森·坦博斯基
布拉德·安吉 著
花莹莹 杨森 张丛林 林展 译
北京联合出版公司出版
定价：42.00 元

《正面管教养育工具》

赋予孩子力量、培养孩子能力的 49 种有效方法

家庭教育畅销书《正面管教》作者力作
不惩罚、不娇纵养育孩子的有效工具

正面管教是一种不惩罚、不娇纵的管教孩子的方式，是为了培养孩子们的自律、责任感、合作能力，以及自己解决问题的能力，让他们学会受益终生的社会技能和人生技能，并取得良好的学业成绩。

1981 年，简·尼尔森博士出版《正面管教》一书，使正面管教的理念逐渐为越来越多的人接受并奉行。如今，正面管教已经成了管教孩子的“黄金准则”。其理念和方法已经传播到将近 70 个国家和地区，包括美国、英国、冰岛、荷兰、德国、瑞士、法国、摩洛哥、西班牙、墨西哥、厄瓜多尔、哥伦比亚、秘鲁、智利、巴西、加拿大、中国、埃及、韩国。由简·尼尔森博士作为创始人的“正面管教协会”，如今已经有了法国分会和中国分会。

本书对经过多年实际检验的 49 个最有效的正面管教养育工具作了详细介绍。

[美]简·尼尔森 琳·洛特
斯蒂芬·格伦 著
花莹莹 译
北京联合出版公司
定价：45.00 元

《正面管教 A-Z》

日常养育难题的 1001 个解决方案

家庭教育畅销书《正面管教》作者力作
以实例讲解不惩罚、不娇纵管教孩子的“黄金准则”

无论你多么爱自己的孩子，在日常养育中，都会有一些让你愤怒、沮丧的时刻，也会有让你绝望的时候。

你是怎么做的？

本书译自英文原版的第 3 版（2007 年出版），包括了最新的信息。你会从中找到不惩罚、不娇纵地解决各种日常养育挑战的实用办法。主题目录，按照 A–Z 的汉语拼音顺序排列，方便查找。你可以迅速找到自己面临的问题，挑出来阅读；也可以通读整本书，为将来可能遇到的问题及其预防做好准备。每个养育难题，都包括 6 步详细的指导：理解你的孩子、你自己和情形，建议，预防问题的出现，孩子们能够学到的生活技能，养育要点，开阔思路。

[美]简·尼尔森
谢丽尔·欧文
罗丝琳·安·达菲 著
花莹莹 译
北京联合出版公司
定价：42.00 元

《0 ～ 3 岁孩子的正面管教》

养育 0 ～ 3 岁孩子的“黄金准则”

家庭教育畅销书《正面管教》作者力作

从出生到 3 岁，是对孩子的一生具有极其重要影响的 3 年，是孩子的身体、大脑、情感发育和发展的一个至关重要的阶段，也是会让父母们感到疑惑、劳神费力、充满挑战，甚至艰难的一段时期。

正面管教是一种有效而充满关爱、支持的养育方式，自 1981 年问世以来，已经成为了养育孩子的“黄金准则”，其理论、理念和方法在全世界各地都被越来越多的父母和老师们接受，受到了越来越多父母和老师们的欢迎。

本书全面、详细地介绍了 0 ～ 3 岁孩子的身体、大脑、情感发育和发展的特点，以及如何将正面管教的理念和工具应用于 0 ～ 3 岁孩子的养育中。它将给你提供一种有效而充满关爱、支持的方式，指导你和孩子一起度过这忙碌而令人兴奋的三年。

无论你是一位父母、幼儿园老师，还是一位照料孩子的人，本书都会使你和孩子受益终生。

美] 简 · 尼尔森
谢丽尔 · 欧文
罗丝琳 · 安 · 达菲　著
肙子　译
匕京联合出版公司
E价：42.00 元

《3 ~ 6 岁孩子的正面管教》

养育 3~6 岁孩子的“黄金准则”

家庭教育畅销书《正面管教》作者力作

3~6 岁的孩子是迷人、可爱的小人儿。他们能分享想法、显示出好奇心、运用崭露头角的幽默感、建立自己的人际关系，并向他们身边的人敞开喜爱和快乐的怀抱。他们还会固执、违抗、令人困惑并让人毫无办法。

正面管教会教给你提供有效而关爱的方式，来指导你的孩子度过这忙碌并且充满挑战的几年。

无论你是一位父母、一位老师或一位照料孩子的人，你都能从本书中发现那些你能真正运用，并且能帮助你给予孩子最好的人生起点的理念和技巧。

[美] 简 · 尼尔森
琳 · 洛特　著
尹莉莉　译
北京联合出版公司出版
定价：35.00 元

《十几岁孩子的正面管教》

教给十几岁的孩子人生技能

家庭教育畅销书《正面管教》作者力作
养育十几岁孩子的“黄金准则”

度过十几岁的阶段，对你和你的青春期的孩子来说，可能会像经过一个“战区”。青春期是成长中的一个重要过程。在这个阶段，十几岁的孩子会努力探究自己是谁，并要独立于父母。你的责任，是让自己十几岁的孩子为人生做好准备。

问题是，大多数父母在这个阶段对孩子采用的养育方法，使得情况不是更好，而是更糟了……

本书将帮助你在一种肯定你自己的价值、肯定孩子价值的相互尊重的环境中，教育、支持你的十几岁的孩子，并接受这个过程中的挑战，帮助你的十几岁孩子最大限度地成为具有高度适应能力的成年人。

[美] 简・尼尔森 琳・洛特
斯蒂芬・格伦　著
梁帅　译
北京联合出版公司出版
定价：30.00 元

《教室里的正面管教》

培养孩子们学习的勇气、激情和人生技能

家庭教育畅销书《正面管教》作者力作
造就理想班级氛围的"黄金准则"
本书入选中国教育新闻网、中国教师报联合推荐
2014 年度"影响教师 100 本书"TOP10

很多人认为学校的目的就是学习功课，而各种纪律规定应该以学生取得优异的学习成绩为目的。因此，老师们普遍实行的是以奖励和惩罚为基础的管教方法，其目的是为了控制学生。然而，研究表明，除非教给孩子们社会和情感技能，否则他们学习起来会很艰难，并且纪律问题会越来越多。

正面管教是一种不同的方式，它把重点放在创建一个相互尊重和支持的班集体，激发学生们的内在动力去追求学业和社会的成功，使教室成为一个培育人、愉悦和快乐的学习和成长的场所。

这是一种经过数十年实践检验，使全世界数以百万计的教师和学生受益的黄金准则。

[美] 简・尼尔森　史蒂文・福斯特
艾琳・拉斐尔　著
甄颖　译
北京联合出版公司
定价：32.00 元

《特殊需求孩子的正面管教》

帮助孩子学会有价值的社会和人生技能

家庭教育畅销书《正面管教》作者力作

每一个孩子都应该有一个幸福而充实的人生。特殊需求的孩子们有能力积极成长和改变。

运用正面管教的理念和工具，特殊需求的孩子们就能够培养出一种越来越强的能力，为自己的人生承担起责任。在这个过程中，他们会与自己的家里、学校里和群体里的重要的人建立起深入的、令人满意的、合作的关系，从而实现自己的潜能。

[美]海姆·G·吉诺特　著
京华出版社出版
定价：24.00 元

《孩子，把你的手给我》

与孩子实现真正有效沟通的方法

畅销美国 500 多万册的教子经典，以 31 种语言畅销全世界
彻底改变父母与孩子沟通方式的巨著

本书自 2004 年 9 月由京华出版社自美国引进以来，仅依靠父母和老师的口口相传，就一直高居当当网、卓越网的排行榜。

吉诺特先生是心理学博士、临床心理学家、儿童心理学家、儿科医生；纽约大学研究生院兼职心理学教授、艾德尔菲大学博士后。吉诺特博士的一生并不长，他将其短短的一生致力于儿童心理的研究以及对父母和教师的教育。

父母和孩子之间充满了无休止的小麻烦、阶段性的冲突，以及突如其来的危机……我们相信，只有心理不正常的父母才会做出伤害孩子的反应。但是，不幸的是，即使是那些爱孩子的、为了孩子好的父母也会责备、羞辱、谴责、嘲笑、威胁、收买、惩罚孩子，给孩子定性，或者对孩子唠叨说教……当父母遇到需要具体方法解决具体问题时，那些陈词滥调，像“给孩子更多的爱”、“给她更多关注”或者“给他更多时间”是毫无帮助的。

多年来，我们一直在与父母和孩子打交道，有时是以个人的形式，有时是以指导小组的形式，有时以养育讲习班的形式。这本书就是这些经验的结晶。这是一个实用的指南，给所有面临日常状况和精神难题的父母提供具体的建议和可取的解决方法。

——摘自《孩子，把你的手给我》一书的“引言”

[美]海姆·G·吉诺特　著
张雪兰　译
京华出版社　中央编译出版社
定价：21.00 元

《孩子，把你的手给我（II）》

与十几岁孩子实现真正有效沟通的方法

《孩子，把你的手给我》作者的又一部巨著
彻底改变父母与十几岁孩子的沟通方式

本书是海姆·G·吉诺特博士的又一部经典著作，连续高踞《纽约时报》畅销书排行榜 25 周，并被翻译成 31 种语言畅销全球，是父母与十几岁孩子实现真正有效沟通的圣经。

十几岁是一个骚动而混乱、充满压力和风暴的时期，孩子注定会反抗权威和习俗——父母的帮助会被怨恨，指导会被拒绝，关注会被当做攻击。海姆·G·吉诺特博士就如何对十几岁的孩子提供帮助、指导、与孩子沟通提供了详细、有效、具体、可行的方法。

[美] 海姆·G·吉诺特　著
张雪兰　译
京华出版社　中央编译出版社
定价：27.00 元

《孩子，把你的手给我（Ⅲ）》

老师与学生实现真正有效沟通的方法

《孩子，把你的手给我》作者最后一部经典巨著
以 31 种语言畅销全球
彻底改变老师与学生的沟通方式
美国父母和教师协会推荐读物

本书是海姆·G·吉诺特博士的最后一部经典著作，彻底改变了老师与学生的沟通方式，是美国父母和教师协会推荐给全美教师和父母的读物。

老师如何与学生沟通，具有决定性的重要意义。老师们需要具体的技巧，以便有效而人性化地处理教学中随时都会出现的事情——令人烦恼的小事、日常的冲突和突然的危机。在出现问题时，理论是没有用的，有用的只有技巧，如何获得这些技巧来改善教学状况和课堂生活就是本书的主要内容。

书中所讲述的沟通技巧，不仅适用于老师与学生、家长与孩子之间的交流，而且也可以灵活运用于所有的人际交往中，是一种普遍适用的沟通技巧。

[美] 默娜·B·舒尔 特里萨·
　　弗伊·迪吉若尼莫　著
张雪兰　译
京华出版社出版
定价：22.00 元

《如何培养孩子的社会能力》

教孩子学会解决冲突和与人相处的技巧

简单小游戏　成就一生大能力
美国全国畅销书（The National Bestseller）
荣获四项美国国家级大奖的经典之作
美国“家长的选择（Parents'Choice Award)”图书奖

社会能力就是孩子解决冲突和与人相处的能力，人是社会动物，没有社会能力的孩子很难取得成功。舒尔博士提出的“我能解决问题”法，以教给孩子解决冲突和与人相处的思考技巧为核心，在长达 30 多年的时间里，在全美各地以及许多其他国家，让家长和孩子们获益匪浅。与其他的养育办法不同，“我能解决问题”法不是由家长或老师告诉孩子怎么想或者怎么做，而是通过对话、游戏和活动等独特的方式教给孩子自己学会怎样解决问题，如何处理与朋友、老师和家人之间的日常冲突，以及寻找各种解决办法并考虑后果，并且能够理解别人的感受。让孩子学会与人和谐相处，成长为一个社会能力强、充满自信的人。

默娜·B·舒尔博士，儿童发展心理学家，美国亚拉尼大学心理学教授。她为家长和老师们设计的一套“我能解决问题”训练计划，以及她和乔治·斯派维克（George Spivack）一起所做出的开创性研究，荣获了一项美国心理健康协会大奖、三项美国心理学协会大奖。

[美]默娜·B·舒尔　著
刘荣杰　译
北京联合出版公司出版
定价：28.00元

《如何培养孩子的社会能力(Ⅱ)》

教8～12岁孩子学会解决冲突和与人相处的技巧

全美畅销书《如何培养孩子的社会能力》作者的又一部力作！
让怯懦、内向的孩子变得勇敢、开朗！
让脾气大、攻击性强的孩子变得平和、可亲！
培养一个快乐、自信、社会适应能力强、情商高的孩子

8～12岁，是孩子进入青春期反叛之前的一个重要时期，是孩子身体、行为、情感和社会能力发展的一个重要分水岭。同时，这也是父母的一个极好的契机——教会孩子自己做出正确决定，自己解决与同龄人、老师、父母的冲突，培养一个快乐、自信、社会适应能力强、情商高的孩子——以便孩子把精力更多地集中在学习上，为他们期待而又担心的中学生活做好准备。

本书详细、具体地介绍了将"我能解决问题"法运用于8～12岁孩子的方法和效果。

[美]爱丽森·戴维　著
宋苗　译
北京联合出版公司
定价：26.00元

《帮助你的孩子爱上阅读》

0~16岁亲子阅读指导手册

没有阅读的童年是贫乏的——孩子将错过人生中最大的乐趣之一，以及阅读带来的巨大好处。

阅读不但是学习和教育的基础，而且是孩子未来可能取得成功的一个最重要的标志——比父母的教育背景或社会地位重要得多。这也是父母与自己的孩子建立亲情心理联结的一种神奇方式。

帮助你的孩子爱上阅读，是父母能给予自己孩子的一份最伟大的礼物，一份将伴随孩子一生的爱的礼物。

这是一本简单易懂而且非常实用的亲子阅读指导手册。作者根据不同年龄的孩子的发展特征，将0~16岁划分为0~4岁、5~7岁、8~11岁、12~16岁四个阶段，告诉父母们在各个年龄阶段应该如何培养孩子的阅读习惯，如何让孩子爱上阅读。

[美]约翰·霍特　著
张雪兰　译
北京联合出版公司
定价：30.00 元

《孩子是如何学习的》

畅销美国 200 多万册的教子经典，以 14 种语言畅销全世界

孩子们有一种符合他们自己状况的学习方式，他们对这种方式运用得很自然、很好。这种有效的学习方式会体现在孩子的游戏和试验中，体现在孩子学说话、学阅读、学运动、学绘画、学数学以及其他知识中……对孩子来说，这是他们最有效的学习方式……

约翰·霍特（1923 ~ 1985），是教育领域的作家和重要人物，著有 10 本著作，包括《孩子是如何失败的》、《孩子是如何学习的》、《永远不太晚》、《学而不倦》。他的作品被翻译成 14 种语言。《孩子是如何学习的》以及它的姊妹篇《孩子是如何失败的》销售超过两百万册，影响了整整一代老师和家长。

[美]唐·坎贝尔　著
高慧雯　王玲月　娟子　译
北京联合出版公司出版
定价：32.00 元

《莫扎特效应》

用音乐唤醒孩子的头脑、健康和创造力

从胎儿到 10 岁，用音乐的力量帮助孩子成长！
享誉全球的权威指导，被翻译成 13 种语言！

在本书中，作者全面介绍了音乐对于从胎儿至 10 岁左右儿童的大脑、身体、情感、社会交往等各方面能力的影响。

本书详细介绍了如何用古典音乐，特别是莫扎特的音乐，以及儿歌的节奏和韵律来促进孩子从出生前到童年中期乃至更大年龄阶段的发展，提高他们的各种学习能力、情感能力和社会交往能力。对于孩子在每个年龄段（出生前到出生，从出生到 6 个月，从 6 个月到 18 个月，从 18 个月到 3 岁，从 4 岁到 6 岁，从 6 岁到 8 岁，从 8 岁到 10 岁）的发展适合哪些音乐以及这些音乐的作用都进行了详细的说明。

唐·坎贝尔，古典音乐家、教育家、作家、教师，数十年来致力于研究音乐及其在教育和健康方面的作用，用音乐帮助全世界 30 多个国家的孩子提高了学习能力和创造性，并体验到了音乐给生活带来的快乐。他是该领域闻名全球、首屈一指的权威。

[美]伯顿·L·怀特　著
宋苗　译
北京联合出版公司
定价：39.00 元

《从出生到 3 岁》

婴幼儿能力发展与早期教育权威指南

畅销全球数百万册，被翻译成 11 种语言

没有任何问题比人的素质问题更加重要，而一个孩子出生后头 3 年的经历对于其基本人格的形成有着无可替代的影响……本书是唯一一本完全基于对家庭环境中的婴幼儿及其父母的直接研究而写成的，也是惟一一本经过大量实践检验的经典。本书将 0~3 岁分为 7 个阶段，对婴幼儿在每一个阶段的发展特点和父母应该怎样做以及不应该做什么进行了详细的介绍。

本书第一版问世于 1975 年，一经出版，就立即成为了一部经典之作。伯顿·L·怀特基于自己 37 年的观察和研究，在这本详细的指导手册中描述了 0~3 岁婴幼儿在每个月的心理、生理、社会能力和情感发展，为数千万名家长提供了支持和指导。现在，这本经过了全面修订和更新的著作包含了关于养育的最准确的信息与建议。

伯顿·L·怀特，哈佛大学"哈佛学前项目"总负责人，"父母教育中心"（位于美国马萨诸塞州牛顿市）主管，"密苏里'父母是孩子的老师'项目"的设计人。

[美]特蕾西·霍格
　　梅林达·布劳　著
北京联合出版公司
定价：42.00 元

《实用程序育儿法》

宝宝耳语专家教你解决宝宝喂养、睡眠、情感、教育难题

《妈妈宝宝》、《年轻妈妈之友》、《父母必读》、"北京汇智源教育"联合推荐

本书倡导从宝宝的角度考虑问题，要观察、尊重宝宝，和宝宝沟通——即使宝宝还不会说话。在本书中，作者集自己近 30 年的经验，详细解释了 0 ~ 3 岁宝宝的喂养、睡眠、情感、教育等各方面问题的有效解决方法。

特蕾西·霍格（Tracy Hogg）世界闻名的实战型育儿专家，被称为"宝宝耳语专家"——她能"听懂"婴儿说话，理解婴儿的感受，看懂婴儿的真正需要。她致力于从婴幼儿的角度考虑问题，在帮助不计其数的新父母和婴幼儿解决问题的过程中，发展了一套独特而有效的育儿和护理方法。

梅林达·布劳，美国《孩子》杂志"新家庭（New Family）专栏"的专栏作家，记者。

[美] 奥黛丽·里克尔
卡洛琳·克劳德　著
张悦　译
北京联合出版公司
定价：20.00 元

《孩子顶嘴，父母怎么办？》

简单 4 步法，终结孩子的顶嘴行为

全美畅销书

顶嘴是一种不尊重人的行为，它会毁掉孩子拥有成功、幸福的一生的机会，会使孩子失去父母、朋友、老师等的尊重。

本书是一本专门针对孩子顶嘴问题的畅销家教经典。作者里克尔博士和克劳德博士以著名心理学家阿尔弗雷德·阿德勒的行为学理论为基础，结合自己在家庭教育领域数十年的心理咨询经验，总结出了一套简单、对各个年龄段孩子都能产生最佳效果，而且不会对孩子造成伤害的“四步法”，可以让家长在消耗最少精力的情况下，轻松终结孩子粗鲁的顶嘴行为，为孩子学会正确地与人交流和交往的方式——不仅仅是和家长，也包括他的朋友、老师和未来的上级——奠定良好的基础。

本书包含大量真实案例，可以让读者在最直观而贴近生活的情境中学习如何使用四步法。

奥黛丽·里克尔博士，美国著名心理学家，既是一名经验丰富的教师，也是一名母亲，终生与孩子打交道。卡洛琳·克劳德博士，管理咨询专家，美国白宫儿童与父母会议主席，全国志愿者中心理事。

[美] 安吉拉·克利福德－波斯顿　著
王俊兰　译
北京联合出版公司出版
定价：32.00 元

《如何读懂孩子的行为》

理解并解决孩子各种行为问题的方法

孩子为什么不好好吃、不好好睡？为什么尿床、随地大便？为什么说脏话？为什么撒谎、偷东西、欺负人？为什么不学习？……这些行为，都是孩子在以一种特殊的方式与父母沟通。

当孩子遇到问题时，他们的表达方式十分有限，往往用行为作为与大人沟通的一种方式……如何读懂孩子这些看似异常行为背后真实的感受和需求，如何解决孩子的这些问题，以及何时应该寻求专业帮助，就是本书的主要内容。

安吉拉·克利福德－波斯顿（Andrea Clifford-Poston），教育心理治疗师、儿童和家庭心理健康专家，在学校、医院和心理诊所与孩子和父母们打交道 30 多年；她曾在查林十字医院（Charing Cross Hospital，建立于 1818 年）的儿童发展中心担任过 16 年的主任教师，在罗汉普顿学院（Roehampton Institute）担任过多年音乐疗法的客座讲师，她还是《泰晤士报》“父母论坛”的长期客座专家，为众多儿童养育畅销杂志撰写专栏和文章，包括为“幼儿园世界（Nursery World）”撰写了 4 年专栏。

[美] 杰拉尔德 · 纽马克　著
叶红婷　译
北京联合出版公司
定价：20.00 元

《如何培养情感健康的孩子》

孩子必须被满足的 5 大情感需求

畅销美国 250000 多册的家教经典

孩子的情感健康，取决于情感需求是否得到满足。每个孩子都有贯穿一生的 5 大情感需求，满足了这些需求，会为把孩子培养成为自信、理智、有同情心和有公德心的人提供一个良好的基础，让他们更有可能在学业、职场、婚姻和生活中取得成功。

杰拉尔德 · 纽马克博士既是一位父亲，又是一位教育家、研究员，从事与学校和孩子相关的咨询已经超过 30 年，他在教育领域所取得的卓越成就曾得到美国总统嘉奖。

美] 道格拉斯 · 莱利博士　著
旭　译
京联合出版公司
价：28.00 元

《孩子爱发脾气，父母怎么办》

孩子发脾气的 11 种潜在原因及解决办法

美国“妈妈的选择”图书金奖

没有哪个孩子会无缘无故地发脾气，也没有哪个孩子在每一件事情上都发脾气。孩子的每一次脾气爆发，都是有原因的，是孩子在试图告诉父母或其他成年人一些什么……有时候，孩子无法用口头方式表达自己的烦恼或不快，而情绪和行为才是他们的语言，为了倾听他们，你必须学会破解这种语言……孩子在小时候改掉发脾气的毛病，在青春期和成年后才能快乐、平和，并有所成就。

道格拉斯 · 莱利博士，临床心理治疗师，擅长于治疗 3~19 的孩子。他还投入大量精力对父母们进行培训，教给他们改正自己孩子行为的方法和技巧。